Dr. Oetker ITALIENISCH KOCHEN VON A–Z

Dr. Oetker

ITALIENISCH KOCHEN

VON A–Z

Dr. Oetker Verlag

Abkürzungen

EL	=	Esslöffel
TL	=	Teelöffel
Msp.	=	Messerspitze
Pck.	=	Packung/Päckchen
g	=	Gramm
kg	=	Kilogramm
ml	=	Milliliter
l	=	Liter
evtl.	=	eventuell
Fl.	=	Fläschchen
geh.	=	gehäuft
gestr.	=	gestrichen
TK	=	Tiefkühlprodukt
°C	=	Grad Celsius

Kalorien-/Nährwertangaben

E	=	Eiweiß
F	=	Fett
Kh	=	Kohlenhydrate
kcal	=	Kilokalorie
kJ	=	Kilojoule

Hinweise zu den Rezepten

Lesen Sie vor der Zubereitung – besser noch vor dem Einkauf – das Rezept einmal vollständig durch. Oft werden Arbeitsabläufe oder -zusammenhänge dann klarer. In jedem Rezept ist die Anzahl der Portionen angegeben.

Zutatenliste

Die Zutaten sind in der Reihenfolge ihrer Bearbeitung angegeben.

Arbeitsschritte

Die Arbeitsschritte sind einzeln hervorgehoben, in der Reihenfolge, in der sie von uns ausprobiert wurden.

Backofeneinstellung

Die in den Rezepten angegebenen Gartemperaturen und -zeiten sind Richtwerte, die je nach individueller Hitzeleistung des Backofens über- oder unterschritten werden können. Die Temperaturangaben beziehen sich auf Elektrobacköfen. Die Temperatur-Einstellmöglichkeiten für Gasbacköfen variieren je nach Hersteller, sodass wir keine allgemeingültigen Angaben machen können. Beachten Sie bitte deshalb bei der Einstellung des Backofens die Gebrauchsanleitung des Herstellers.

Zubereitungszeiten

Die Zubereitungszeit ist ein Anhaltswert für die Zeit der Vorbereitung und die eigentliche Zubereitung. Die Garzeiten sind, in der Regel, gesondert ausgewiesen. Bei einigen Rezepten setzt sich die Gesamt-Garzeit aus mehreren Teil-Garzeiten zusammen. Längere Wartezeiten, z.B. Kühl- und Auftauzeiten, sind nicht mit einbezogen.

Vorwort

Europas ältester Küche ist dieses Buch gewidmet. Kenner behaupten, die „cucina italiana" sei auch die beste Küche. Einfach, natürlich und bekömmlich ist sie, die italienische Küche, und bei uns überaus beliebt.

Durch die Spezialitäten, die in den verschiedenen Regionen gekocht werden, entsteht eine Vielfalt, die für jeden etwas bietet. Von Amaretti bis Zwiebel-Orangen-Salat finden Sie Gerichte, Gebäcke und Getränke aus der italienischen Küche. Klassiker und moderne Rezepte haben wir in diesem Buch zusammengestellt.

Die Rezepte sind nach den deutschen Rezept-Bezeichnungen – bis auf einige Gerichte die unter ihrem italienischen Namen bekannter sind – sortiert und die italienische Bezeichnung ist daruntergesetzt.

Entdecken Sie also Italiens Küchenreichtum, von pikant bis süß. Empfangen Sie Ihre Freunde, Verwandten oder die Liebsten ganz entspannt und überraschen Sie sie mit italienischen Köstlichkeiten.

Buon appetito! – Guten Appetit!

Amaretti Mandelgebäck | **Für Gäste**

50 Stück

Insgesamt:
E: 68 g, F: 164 g, Kh: 334 g, kJ: 12849, kcal: 3070

Für die Baisermasse:

300 g abgezogene, gemahlene Mandeln
6 Tropfen Bittermandel-Aroma
300 g Zucker
3 Eiweiß (Größe M)
etwas Puderzucker

Zubereitungszeit: 45 Minuten
Backzeit: etwa 25 Minuten

1. Für die Baisermasse Mandeln, Aroma und Zucker in einer Rührschüssel mischen. Eiweiß mit Handrührgerät mit Rührbesen auf höchster Stufe steif schlagen. Der Schnee muss so fest sein, dass ein Messerschnitt sichtbar bleibt. Den Eischnee nach und nach unter die Mandelmischung rühren.

2. Aus der Baisermasse kleine Kugeln formen und in größeren Abständen auf ein Backblech (mit Backpapier belegt) legen. Das Backblech in den vorgeheizten Backofen schieben.
Ober-/Unterhitze: 140–160 °C
Heißluft: 120–140 °C
Backzeit: etwa 25 Minuten
(die Amaretti sollen mehr trocknen als backen).

3. Das Backblech auf einen Kuchenrost stellen. Die Amaretti noch warm mit Puderzucker bestreuen, etwas abkühlen lassen und anschließend vom Backpapier lösen. Amaretti auf dem Kuchenrost erkalten lassen.

Tipps: Frisch gebacken schmecken die Amaretti am besten. Die Teighäufchen vor dem Backen mit Puderzucker bestäuben.

Amaretti-Pfirsiche

Pesche agli amaretti e lamponi

Raffiniert – mit Alkohol – gut vorzubereiten

4 Portionen

Pro Portion:
E: 2 g, F: 3 g, Kh: 15 g, kJ: 411, kcal: 99

4 reife Pfirsiche
1 Bio-Zitrone (unbehandelt, ungewachst)
1 Vanilleschote
200 ml halbtrockener Weißwein oder Traubensaft
75 ml Wasser
1 EL Zucker
einige Blättchen frische Minze
200 g frische Himbeeren oder Johannisbeeren
4 TL Crème fraîche
etwa 8 kleine Amarettini (italienisches Mandelgebäck)

Zubereitungszeit: 20 Minuten, ohne Abkühlzeit

1. Die Pfirsiche waschen, kurze Zeit in kochendes Wasser legen (nicht kochen lassen), in kaltem Wasser abschrecken und enthäuten. Pfirsiche halbieren und entsteinen.

2. Zitrone gründlich heiß abwaschen, abtrocknen und in Scheiben schneiden. Vanilleschote längs aufschneiden.

3. Wein oder Saft, Wasser, Zucker, Vanilleschote und Zitronenscheiben in einem breiten Topf zum Kochen bringen. Die Pfirsichhälften hinzugeben und kurz aufkochen lassen. Topf von der Kochstelle nehmen. Minzeblättchen abspülen, trocken tupfen, in Streifen schneiden und in den Weinsud geben. Pfirsichhälften im Weinsud erkalten lassen.

4. Himbeeren verlesen oder Johannisbeeren waschen, abtropfen lassen und entstielen. Pfirsichhälften mit einer Schaumkelle aus dem Weinsud nehmen und in einem Sieb abtropfen lassen.

5. Pfirsichhälften mit Himbeeren oder Johannisbeeren auf Tellern anrichten. Jeweils 1 Teelöffel Crème fraîche daraufgeben.

6. Amarettini in einen Gefrierbeutel geben, Beutel verschließen. Amarettini mit einer Teigrolle fein zerbröseln. Die Pfirsichhälften mit den Amarettinibröseln bestreuen. Sofort servieren.

Tipp: Die Pfirsichhälften können schon einen Tag vor dem Verzehr zubereitet werden.

Amaretti-Pudding mit Schlagsahne

Budino di amaretti con panna montata

Dauert länger

4 Portionen

Pro Portion:
E: 14 g, F: 60 g, Kh: 98 g, kJ: 4216, kcal: 1005

Für den Pudding:

1–2 EL Semmelbrösel
2 Dosen Mandarinen (Abtropfgewicht je 175 g)
150 g Butter
70 g Semmelbrösel
200 g Amaretti (italienisches Mandelgebäck)
20 g Weizenmehl
1 gestr. TL Dr. Oetker Backin
1 Pck. Dr. Oetker Finesse Geriebene Zitronenschale
3 Eigelb (Größe M)
1 TL Zitronensaft
30 g Zucker
3 Eiweiß (Größe M)

Für die Beilage:

250 g Schlagsahne
20 g Puderzucker

Zum Bestreuen:

30 g Zartbitter-Raspelschokolade

Zubereitungszeit: 20 Minuten, ohne Abkühlzeit
Garzeit: etwa 60 Minuten

1. Für den Pudding eine hitzebeständige Puddingform (Ø 16 cm, etwa 1,5 l) fetten und mit Semmelbröseln ausstreuen. Mandarinen in einem Sieb abtropfen lassen.

2. Butter in einer Pfanne zerlassen, Semmelbrösel darin kurz anrösten. Abkühlen lassen.

3. Amaretti in einen Gefrierbeutel geben, Beutel verschließen. Amaretti mit einer Teigrolle fein zerbröseln. Das Mehl mit Backpulver und Zitronenschale in einer

Schüssel mischen. Amarettibrösel und abgekühlte Semmelbrösel unterheben.

4. Eigelb mit Zitronensaft und Zucker zu einer dicklichen Creme aufschlagen und anschließend das Eiweiß steif schlagen.

5. Nacheinander die Eigelbcreme, die Mandarinen und den Eischnee unter die Bröselmasse heben. Die Masse in die vorbereitete Form füllen und mit einem Deckel oder mit Alufolie verschließen.

6. Die Form in einen hohen Topf setzen, so viel heißes Wasser hineingießen, dass die Form bis etwa 3 cm unter dem Rand im Wasser steht. Den Topfdeckel auflegen. Wasser aufkochen lassen. Den Pudding in schwach kochendem Wasser etwa 60 Minuten garen.

7. Für die Beilage Sahne mit Puderzucker steif schlagen, in eine Schüssel geben und mit Schokoraspeln bestreuen. Den Pudding mit der Sahne servieren.

Tipp: Gut schmeckt dazu auch eine leicht gebundene Orangensauce mit etwas Cointreau abgeschmeckt, oder eine pürierte Fruchtsauce mit dem passenden Obstgeist oder -likör abgeschmeckt.

Artischocken, römisch

Carciofi alla romana

Für Gäste – vegetarisch – mit Alkohol

6 Portionen

Pro Portion:
E: 8 g, F: 24 g, Kh: 12 g, kJ: 1362, kcal: 325

16	*junge, kleine Artischocken*
1/2	*Zitrone*
3	*Knoblauchzehen*
1 Bund	*glatte Petersilie*
10	*frische Minzeblättchen*
50 g	*Semmelbrösel*
50 g	*Parmesan-Käse*
125 ml (1/8 l)	*Olivenöl*
	Salz
	frisch gemahlener Pfeffer
250 ml (1/4 l)	*Weißwein*

Zubereitungszeit: 60 Minuten
Garzeit: etwa 35 Minuten

1. Artischocken unter fließendem kalten Wasser abspülen und gut abtropfen lassen. Äußere unansehnliche Blätter auszupfen. Stiele und Spitzen abschneiden. Die Schnittflächen mit Zitrone abreiben.

2. Knoblauch abziehen und sehr klein schneiden. Petersilie und Minzeblättchen abspülen und trocken tupfen. Von der Petersilie die Blättchen von den Stängeln zupfen. Petersilie- und Minzeblättchen klein schneiden. Semmelbrösel mit Parmesan-Käse und zwei Drittel des Olivenöls mischen. Die vorbereiteten Kräuter untermischen. Mit Salz und Pfeffer würzen.

3. Von den Artischocken die Mittelblätter lockern. Jeweils innen Herz und Stroh entfernen. Die Artischocken mit der Kräuter-Käse-Mischung füllen.

4. Restliches Olivenöl in einer feuerfesten Form erhitzen. Gefüllte Artischocken hineinlegen. Mit so viel Weißwein auffüllen, dass die Artischocken halb bedeckt sind. Anschließend die Form auf dem Rost in den vorgeheizten Backofen schieben.
Ober-/Unterhitze: etwa 200 °C
Heißluft: etwa 180 °C
Garzeit: etwa 35 Minuten.

Beilage: Frisches Stangenweißbrot.

Artischockenherzen mit Tomaten und Oliven

Cuore di carciofi con pomodori e olive I

Schnell

4 Portionen

Pro Portion:
E: 4 g, F: 23 g, Kh: 7 g, kJ: 1083, kcal: 258

16	*Artischockenherzen (aus der Dose)*
16	*Cocktailtomaten*
je 1 Glas	*grüne und schwarze Oliven ohne Stein (Abtropfgewicht je 85 g)*
2	*Knoblauchzehen*
3 EL	*Balsamico-Essig*
	Salz
	frisch gemahlener Pfeffer
5 EL	*Olivenöl*

Zubereitungszeit: 20 Minuten, ohne Durchziehzeit

1. Artischockenherzen in einem Sieb abtropfen lassen und vierteln. Tomaten waschen, trocken tupfen und die Stängelansätze entfernen.

2. Tomaten eventuell halbieren. Oliven abtropfen lassen. Artischockenherzen mit Tomaten und Oliven in einer Schüssel mischen.

3. Knoblauch abziehen und durch eine Knoblauchpresse drücken. Essig mit Knoblauch, Salz und Pfeffer verrühren. Olivenöl unterschlagen.

4. Die Marinade auf den Gemüsezutaten verteilen, untermischen und etwa 30 Minuten unter gelegentlichem Umrühren durchziehen lassen.

Tipp: Nach Belieben die Artischockenherzen mit vorbereiteten Basilikumblättchen garnieren.

Auberginen, gebacken

Melanzane al forno | **Für Gäste**

4 Portionen

Pro Portion:

E: 20 g, F: 28 g, Kh: 17 g, kJ: 1674, kcal: 399

4 kleine, schlanke Auberginen (etwa 600 g)
Salz

8 Tomaten
4–6 Knoblauchzehen
200 g Mozzarella-Käse
50 g Salamischeiben
6 EL Olivenöl

Außerdem:

4 Bögen Pergamentpapier

Zubereitungszeit: 40 Minuten, ohne Durchziehzeit
Garzeit: etwa 50 Minuten

1. Auberginen waschen, abtrocknen und die Stängelansätze entfernen. Auberginen der Länge nach in etwa 1 1/2 cm dicke Scheiben schneiden, jedoch nicht durchschneiden, so dass sie unten zusammenhängen. Die Einschnitte mit Salz bestreuen und Auberginen etwa 30 Minuten stehen lassen.

2. Auberginen unter fließendem kalten Wasser abspülen und trocken tupfen. Jeweils 1 Aubergine auf ein Stück Pergamentpapier (gefettet) setzen.

3. Tomaten waschen, kreuzweise einschneiden und einige Sekunden in kochendes Wasser legen. Tomaten kurz in kaltem Wasser abschrecken, enthäuten, halbieren, entkernen und Stängelansätze entfernen. Tomaten in Scheiben schneiden. Knoblauch abziehen und in dünne Scheiben schneiden. Mozzarella abtropfen lassen und ebenfalls in dünne Scheiben schneiden.

4. Abwechselnd Tomaten-, Mozzarella- und Salamischeiben in die Einschnitte der Auberginen stecken, Knoblauchscheiben dazwischen verteilen und mit Olivenöl beträufeln. Auberginen in dem Pergamentpapier einpacken und auf ein Backblech setzen. Das Backblech in den vorgeheizten Backofen schieben.
Ober-/Unterhitze: etwa 200 °C
Heißluft: etwa 180 °C
Garzeit: etwa 50 Minuten.

5. Pergamentpapier aufschneiden. Auberginen herausnehmen und anrichten.

Auberginen mit Petersilie

Melanzane al prezzemolo

Raffiniert – einfach

4 Portionen

Pro Portion:
E: 10 g, F: 33 g, Kh: 21 g, kJ: 1765, kcal: 420

8 mittelgroße Auberginen
Salz
1 Bund glatte Petersilie
3 Knoblauchzehen
frisch gemahlener Pfeffer
125 ml (1/8 l) Olivenöl

Zubereitungszeit: 20 Minuten, ohne Durchziehzeit
Backzeit: etwa 30 Minuten

1. Auberginen waschen, trocken tupfen und die Enden abschneiden. Auberginen der Länge nach durchschneiden. Die Schnittflächen mit Salz bestreuen und etwa 30 Minuten durchziehen lassen. Anschließend Auberginen abspülen und trocken tupfen.

2. Petersilie abspülen und trocken tupfen. Die Blättchen von den Stängeln zupfen. Blättchen klein schneiden. Knoblauch abziehen und in kleine Würfel schneiden. Petersilie und Knoblauch mischen, mit Salz und Pfeffer würzen. 3 Esslöffel des Olivenöls untermengen.

3. Auberginenhälften mit der Schnittfläche nach oben in eine flache, große Auflaufform (gefettet) legen. Die Kräutermischung darauf verteilen. Restliches Olivenöl daraufträufeln. Die Form auf dem Rost in den vorgeheizten Backofen schieben. Die Auberginen so lange überbacken, bis sie weich sind.
Ober-/Unterhitze: 180–200 °C
Heißluft: 160–180 °C
Backzeit: etwa 30 Minuten.

Beilage: Ofenfrisches Baguette oder aufgebackenes Ciabatta.

Auflauf von Ravioli

Pasticcio di ravioli **Preiswert – für Kinder**

8 Portionen

Pro Portion:
E: 16 g, F: 38 g, Kh: 49 g, kJ: 2572, kcal: 612

4	*Zwiebeln*
100 g	*Butter*
250 ml (1/4 l)	*Milch*
250 g	*Schlagsahne*
8	*Eigelb (Größe M)*
	Salz
	frisch gemahlener Pfeffer
3 Dosen	*Ravioli in Tomatensauce (je 800 g)*
150 g	*geriebener Gruyère-Käse*
2 EL	*gehackte Kräuter (z. B. Petersilie, Schnittlauch)*

Zubereitungszeit: 40 Minuten, ohne Abkühlzeit
Garzeit: etwa 40 Minuten

1. Zwiebeln abziehen und in kleine Würfel schneiden. Butter in einem Topf zerlassen. Zwiebelwürfel darin andünsten. Milch und Sahne hinzufügen, unter Rühren zum Kochen bringen und etwas einkochen lassen. Leicht abkühlen lassen.

2. Eigelb unter die Sahnemilch rühren. Mit Salz und Pfeffer abschmecken.

3. Ravioli in einer großen, feuerfesten Form (gefettet) oder in einer Fettfangschale (30 x 40 cm, gefettet) verteilen. Die Eier-Sahne-Milch darübergießen. Käse daraufstreuen. Die Form auf dem Rost oder die Fettfangschale in den vorgeheizten Backofen schieben.
Ober-/Unterhitze: etwa 200 °C
Heißluft: etwa 180 °C
Garzeit: etwa 40 Minuten.

4. Den Auflauf herausnehmen und mit gehackten Kräutern bestreut sofort servieren.

Beilage: Gemischte Blattsalate.

Tipps: Statt Milch 250 ml (1/4 l) Weißwein verwenden. Der Auflauf kann auch mit fertigen Ravioli aus dem Kühlregal zubereitet werden, dann die Tomatensauce durch passierte Tomaten aus der Dose ersetzen.

Baguette mit Tomaten und Mozzarella

Baguette con pomodoro e mozzarella

Einfach

4 Portionen

Pro Portion:
E: 18 g, F: 34 g, Kh: 36 g, kJ: 2175, kcal: 519

4 Baguettebrötchen
8 EL kalt gepresstes Olivenöl
4 vorbereitete Salatblätter
4 Fleischtomaten
250 g Mozzarella-Käse
1 Bund Basilikum
Salz, frisch gemahlener Pfeffer

Zubereitungszeit: 15 Minuten

1. Baguettebrötchen quer aufschneiden. Die Schnittflächen mit etwas Olivenöl beträufeln. Die unteren Brötchenhälften mit je 1 Salatblatt belegen.

2. Tomaten abspülen, trocken tupfen, halbieren und die Stängelansätze herausschneiden. Tomatenhälften in Scheiben schneiden. Mozzarella abtropfen lassen und ebenfalls in Scheiben schneiden.

3. Tomaten- und Mozzarellascheiben abwechselnd dachziegelartig auf die unteren Brötchenhälften legen.

4. Basilikum abspülen und trocken tupfen. Die Blättchen von den Stängeln zupfen. Blättchen in Streifen schneiden und auf den Tomaten- und Mozzarellascheiben verteilen. Mit Salz und Pfeffer würzen, mit dem restlichen Olivenöl beträufeln. Die oberen Brötchenhälften darauflegen.

Bandnudeln mit Ente

Tagliatelle all'anatra | **Mit Alkohol**

6 Portionen

Pro Portion:
E: 30 g, F: 18 g, Kh: 63 g, kJ: 2352, kcal: 561

2	*Entenbrustfilets (etwa 750 g)*
3 EL	*Olivenöl*
	Salz, frisch gemahlener Pfeffer
2	*Zwiebeln*
2	*Knoblauchzehen*
2–3 Stangen	*Staudensellerie*
1	*Möhre*
2 Gläser	*guter Rotwein (etwa 200 ml)*
4–5	*Tomaten*
5 l	*Wasser*
5 gestr. TL	*Salz*
500 g	*Bandnudeln (z. B. Tagliatelle)*

Zubereitungszeit: 35 Minuten

1. Entenbrustfilets unter fließendem kalten Wasser abspülen, trocken tupfen und die Haut entfernen. Das Fleisch in große Würfel schneiden.

2. Olivenöl in einer Pfanne erhitzen. Fleischwürfel darin von allen Seiten 8–10 Minuten anbraten. Mit Salz und Pfeffer würzen.

3. Zwiebeln und Knoblauch abziehen, in kleine Würfel schneiden. Sellerie und Möhre putzen. Von den Selleriestangen die harten Außenfäden abziehen. Möhre schälen. Selleriestangen und Möhre waschen, abtropfen lassen und in kleine Stücke schneiden. Die vorbereiteten Zutaten zu den Fleischwürfeln geben und mit andünsten. Rotwein hinzugießen, zum Kochen bringen und etwa 5 Minuten garen.

4. Tomaten waschen, kreuzweise einschneiden und einige Sekunden in kochendes Wasser legen. Tomaten kurz in kaltes Wasser legen, enthäuten, halbieren, entkernen und die Stängelansätze herausschneiden. Tomaten in kleine Würfel schneiden.

5. Tomatenwürfel zur Fleischmasse geben und kurz aufkochen lassen. Mit Salz und Pfeffer würzen.

6. Wasser in einem großen Topf mit geschlossenem Deckel zum Kochen bringen. Dann Salz und Nudeln zugeben. Die Nudeln im geöffneten Topf bei mittlerer Hitze nach Packungsanleitung kochen lassen, dabei zwischendurch 4–5-mal umrühren.

7. Anschließend die Nudeln in ein Sieb geben, mit heißem Wasser abspülen und abtropfen lassen.

8. Die Bandnudeln mit der Sauce vermengen, eventuell nochmals kurz erhitzen und sofort servieren.

Tipp: Statt Staudensellerie kann auch 1 kleines Bund Frühlingszwiebeln verwendet werden.

Bandnudeln mit Schinken und Erbsen

Tagliatelle al prosciutto e piselli **I Einfach**

4 Portionen

Pro Portion:

E: 31 g, F: 64 g, Kh: 82 g, kJ: 4383, kcal: 1048

1 Zwiebel
200 g Butter
300 g TK-Erbsen
Salz
frisch gemahlener Pfeffer
200 g Schlagsahne
150 g gekochter Schinken
4 l Wasser
4 gestr. TL Salz
400 g Bandnudeln
50 g frisch geriebener Parmesan-Käse

Zubereitungszeit: 25 Minuten

1. Zwiebel abziehen und in sehr kleine Würfel schneiden. Die Hälfte der Butter in einem Topf zerlassen. Zwiebelwürfel darin leicht bräunen.

2. Gefrorene Erbsen hinzufügen. Mit Salz und Pfeffer würzen. Die Erbsen in etwa 10 Minuten gar dünsten. Sahne hinzufügen und erhitzen.

3. Schinken in Streifen schneiden und kurz vor Ende der Garzeit mit den Erbsen vermengen. Sauce anschließend warm stellen.

4. Wasser in einem großen Topf mit geschlossenem Deckel zum Kochen bringen. Dann Salz und Nudeln zugeben. Die Nudeln im geöffneten Topf bei mittlerer Hitze nach Packungsanleitung kochen lassen, dabei zwischendurch 4–5-mal umrühren.

5. Anschließend die Nudeln in ein Sieb geben, mit heißem Wasser abspülen und abtropfen lassen.

6. Die Nudeln in eine vorgewärmte Schüssel geben. Die Sauce darauf verteilen. Butterflöckchen daraufsetzen. Die Nudeln sofort servieren. Parmesan-Käse dazureichen.

Tipp: Sie können die Sauce zusätzlich mit 1 Teelöffel Tessiner-Gewürz (eine Mischung aus Zwiebeln, Salz, Pfeffer, Sellerie, Rosmarin, Majoran, Basilikum, Knoblauch und Petersilie) verfeinern.

Bandnudeln mit Wildschwein

Tagliatelle al cinghiale | **Mit Alkohol**

4 Portionen

Pro Portion:

E: 31 g, F: 19 g, Kh: 77 g, kJ: 2670, kcal: 638

Für die Marinade:

2 kleine oder
1 große Zwiebel
2 Knoblauchzehen
2 Stangen Staudensellerie
2 Möhren
10 Stängel Petersilie
1 Lorbeerblatt
500 ml (1/2 l) Rotwein

Für die Wildschweinsauce:

250 g Wildschwein (aus der Keule, ohne Knochen)
4 EL Olivenöl
Salz, frisch gemahlener Pfeffer
Rosmarinnadeln
200 ml Weißwein (z. B. Chianti Classico)
40 g Tomatenmark
500 ml (1/2 l) Wildfond oder Gemüsebrühe
2 gestr. EL Weizenmehl
4 l Wasser
4 gestr. TL Salz
400 g Pappardelle (breite Bandnudeln)
40 g frisch geriebener Pecorino-Käse

Zubereitungszeit: 50 Minuten, ohne Marinierzeit

1. Für die Marinade Zwiebel und Knoblauch abziehen, in kleine Würfel schneiden. Sellerie putzen und die harten Außenfäden abziehen. Sellerie waschen, abtropfen lassen und in Stücke schneiden. Möhren putzen, schälen, waschen, abtropfen lassen und in Würfel schneiden. Petersilie abspülen und trocken tupfen. Die Blättchen von den Stängeln zupfen und Blättchen klein schneiden.

2. Die vorbereiteten Gemüsezutaten mit dem Lorbeerblatt mischen und in eine flache Schale geben. Rotwein hinzugießen.

3. Für die Sauce Wildschwein unter fließendem kalten Wasser abspülen, trocken tupfen, in etwa 1 x 1 cm große Würfel schneiden und in die Marinade legen. Die Fleischwürfel darin etwa 12 Stunden marinieren.

4. Fleischwürfel herausnehmen und trocken tupfen. Die Marinadezutaten in einem Sieb gut abtropfen lassen, Lorbeerblatt entfernen.

5. Das Olivenöl in einer Pfanne erhitzen. Fleischwürfel hinzufügen und von allen Seiten anbraten. Mit Salz, Pfeffer und Rosmarin würzen. Etwas Wein hinzugießen, zum Kochen bringen und etwa 45 Minuten garen, dabei nach und nach den restlichen Wein hinzugeben.

6. Klein geschnittenes Gemüse hinzufügen. Tomatenmark unterrühren, Fond oder Brühe hinzugießen, wieder zum Kochen bringen und weitere etwa 15 Minuten garen. Mehl mit etwas Wasser anrühren. Die Sauce damit binden.

7. Wasser in einem großen Topf mit geschlossenem Deckel zum Kochen bringen. Dann Salz und Nudeln zugeben. Die Nudeln im geöffneten Topf bei mittlerer Hitze nach Packungsanleitung kochen lassen, dabei zwischendurch 4–5-mal umrühren.

8. Anschließend die Nudeln in ein Sieb geben, mit heißem Wasser abspülen und abtropfen lassen.

9. Die Bandnudeln mit der Wildsauce und Pecorino-Käse servieren.

Bäuerliche Artischocken

Carciofi alla contadina | **Einfach**

4 Portionen

Pro Portion:
E: 5 g, F: 18 g, Kh: 9 g, kJ: 901, kcal: 215

8 kleine Artischocken

300 g kleine Zwiebeln
2 Knoblauchzehen
5–6 EL Olivenöl
Salz, frisch gemahlener Pfeffer
2 TL Tomatenmark
500 ml (1/2 l) Rindfleischbrühe
100 g entsteinte, grüne Oliven
2 TL Kapern

Zubereitungszeit: 60 Minuten
Garzeit: etwa 25 Minuten

1. Die Artischocken von den äußeren schlechten Blättern befreien, die oberen Spitzen gerade schneiden. Die Artischocken waschen, abtropfen lassen, trocken tupfen und längs halbieren. Zwiebeln und Knoblauch abziehen. 1 Zwiebel und den Knoblauch in sehr kleine Würfel schneiden.

2. Das Olivenöl in der Kasserolle oder in einem Topf erhitzen. Zwiebel- und Knoblauchwürfel darin andünsten. Artischockenhälften mit den restlichen Zwiebeln hinzufügen. Etwa 5 Minuten bei schwacher Hitze dünsten lassen. Mit Salz und Pfeffer würzen.

3. Tomatenmark unterrühren und Brühe hinzugießen. Die Zutaten zum Kochen bringen und zugedeckt etwa 10 Minuten einkochen lassen. Oliven und Kapern hinzufügen und anschließend noch weitere 10 Minuten kochen lassen.

Beilage: Ofenfrisches Baguette.

Bellini Pesche bianche allo Champagne

Mit Alkohol

4 Portionen

Pro Portion:

E: 1 g, F: 0 g, Kh: 11 g, kJ: 701, kcal: 168

2 weißfleischige Pfirsiche
oder 4 cl Pfirsichlikör
700 ml Prosecco oder Champagner

Zubereitungszeit: 20 Minuten

1. Pfirsiche kurz in heißes Wasser legen, mit kaltem Wasser abschrecken, enthäuten, halbieren und entsteinen. Pfirsichhälften pürieren.

2. Pfirsichpüree oder Pfirsichlikör in 4 Sektschalen geben und mit Prosecco oder Champagner auffüllen.

Tipp: Bellini ist ein Sommer-Aperitif aus Venedig.

Birnen in Rotwein Pere al vino rosso I

Gut vorzubereiten – mit Alkohol

6 Portionen

Pro Portion:
E: 1 g, F: 1 g, Kh: 64 g, kJ: 1300, kcal: 310

12 kleine, saftige Birnen
500 ml (1/2 l) Rotwein (z. B. Barolo)
200 g Zucker
einige Gewürznelken

Zubereitungszeit: 20 Minuten
Garzeit: etwa 60 Minuten

1. Birnen waschen und trocken tupfen. Mit einem spitzen Messer die Blütenansätze der Birnen entfernen, die Stängel aber nicht abschneiden.

2. Die ungeschälten Birnen nebeneinander in eine große, hohe Auflaufform (gefettet) setzen.

3. So viel Rotwein hinzugießen, dass die Stängelansätze bedeckt sind. Zucker und Nelken hinzufügen.

4. Die Form auf dem Rost in den vorgeheizten Backofen schieben und die Birnen weich dünsten lassen. Der Rotwein soll in der Zeit sirupartig eingedickt sein.
Ober-/Unterhitze: etwa 200 °C
Heißluft: etwa 180 °C
Garzeit: etwa 60 Minuten.

5. Die Form auf einen Rost stellen. Die Birnen in dem Saft erkalten lassen.

Beilage: Steif geschlagene Schlagsahne, Crème fraîche oder Mascarpone (italienischer Frischkäse).

Birnen mit Mascarpone

Pere al mascarpone | **Einfach**

4 Portionen

Pro Portion:
E: 7 g, F: 16 g, Kh: 41 g, kJ: 1432, kcal: 342

1 Dose Birnenhälften (Abtropfgewicht 460 g)
1 Pck. (50 g) rote Belegkirschen
30 g Amarettini (italienisches Mandelgebäck)
125 g Mascarpone (italienischer Frischkäse)
125 g Magerquark
1 EL Milch
1 gestr. EL gesiebter Puderzucker
25 g Zartbitter-Kuvertüre

Zubereitungszeit: 25 Minuten

1. Birnenhälften in einem Sieb gut abtropfen lassen und trocken tupfen. Die runden Außenseiten der Birnenhälften etwas flacher schneiden.

2. Die Belegkirschen in kleine Würfel schneiden. Amarettini in einen kleinen Gefrierbeutel geben, Beutel verschließen. Amarettini mit einer Teigrolle zerbröseln.

3. Mascarpone mit Quark, Milch und Puderzucker verrühren. Kirschstückchen und Amarettinibrösel unterrühren. Die Creme in die Birnenhälften füllen.

4. Kuvertüre in kleine Stücke hacken, in einem kleinen Topf im Wasserbad bei schwacher Hitze schmelzen. Kuvertüre in einen kleinen Gefrierbeutel füllen und eine kleine Ecke abschneiden.

5. Die Kuvertüre streifenweise auf die gefüllten Birnenhälften spritzen. Kuvertüre fest werden lassen. Die Birnenhälften auf einer Platte anrichten.

Bohneneintopf mit Oliven

Zuppa di fagioli con olive

Vegetarisch

8–10 Portionen

Pro Portion:
E: 13 g, F: 15 g, Kh: 37 g, kJ: 1420, kcal: 338

1,2 kg	*festkochende Kartoffeln*
2 Bund	*Majoran*
1 Bund	*Frühlingszwiebeln*
4 EL	*Olivenöl*
1 l	*Gemüsebrühe*
	Salz
	frisch gemahlener Pfeffer
2 Dosen	*weiße Bohnen (Einwaage je 800 g)*
240 g	*schwarze Oliven ohne Stein*

Zubereitungszeit: 90 Minuten
Garzeit: etwa 45 Minuten

1. Kartoffeln waschen, schälen, abspülen und in kleine Würfel schneiden. Majoran abspülen und trocken tupfen. Die Blättchen von den Stängeln zupfen. Blättchen klein schneiden. Frühlingszwiebeln putzen, waschen, abtropfen lassen und in kleine Stücke schneiden.

2. Olivenöl in einem großen Topf erhitzen. Kartoffelwürfel und Frühlingszwiebelstücke darin andünsten.

3. Gemüsebrühe hinzugießen, zum Kochen bringen und etwa 30 Minuten bei schwacher Hitze kochen lassen. Den Eintopf während des Kochens mit Majoran, Salz und Pfeffer würzen.

4. Bohnen mit dem Sud und Oliven hinzugeben. Den Eintopf wieder zum Kochen bringen und noch weitere 15 Minuten kochen lassen. Mit den Gewürzen abschmecken.

Tipp: Dazu in Knoblauchöl geröstete Weißbrotscheiben reichen.

Bohneneintopf mit Wirsing und Salciccia Zuppa di fagioli e verza

Klassisch

4–6 Portionen

Pro Portion:
E: 28 g, F: 43 g, Kh: 23 g, kJ: 2470, kcal: 590

300 g	*getrocknete weiße Bohnenkerne*
1 dicke Scheibe	*durchwachsener Speck mit Schwarte (100 g)*
3	*ungebrühte italienische Bratwurst (Salciccia)*
1	*Zwiebel*
½	*Wirsing (400 g)*
2 EL	*Olivenöl*
1 TL	*Fenchelsamen*
1 l	*Fleischbrühe*
	Salz, frisch gemahlener Pfeffer
1 Bund	*glatte Petersilie*
50 g	*geriebener Pecorino-Käse*

Zubereitungszeit: 25 Minuten, ohne Einweichzeit
Garzeit: etwa 90 Minuten

1. Bohnen in kaltem Wasser über Nacht einweichen.

2. Bohnen in einem Sieb abtropfen lassen, dabei das Einweichwasser auffangen. Den Speck in 6 gleich große Stücke schneiden. Die Bratwurst in etwa 2 cm dicke Scheiben schneiden. Zwiebel abziehen und grob würfeln.

3. Von dem Wirsing die groben, äußeren Blätter entfernen und den Strunk herausschneiden. Wirsing in Streifen schneiden, waschen und abtropfen lassen.

4. Olivenöl in einem Topf erhitzen. Speckstücke, Wurstscheiben und Zwiebelwürfel darin andünsten. Fenchelsamen mit andünsten. Bohnen und Wirsingstreifen hinzufügen. Brühe hinzugießen, zum Kochen bringen und etwa 90 Minuten garen. Mit Salz und Pfeffer abschmecken. Eventuell mit Einweichwasser auffüllen.

5. In der Zwischenzeit Petersilie abspülen und trocken tupfen. Die Blättchen von den Stängeln zupfen und Blättchen in grobe Streifen schneiden.

6. Die Suppe in tiefen Tellern mit Pecorino und Petersilie bestreuen und dann servieren.

Bohnen-Gemüse-Topf

Zuppa di fagioli e verdure | **Vegetarisch**

4 Portionen

Pro Portion:
E: 18 g, F: 7 g, Kh: 32 g, kJ: 1085, kcal: 259

250 g getrocknete, weiße Bohnen
1 1/2 l Wasser
2 Zwiebeln
3 Knoblauchzehen
2 EL Olivenöl
1 Lorbeerblatt
je 1/2 TL getrockneter, gerebelter Oregano und gerebeltes Basilikum oder 1 TL getrocknete italienische Kräuter
1 Bund Suppengrün
150 g grüne Bohnen
300 g Staudensellerie
150 g Zucchini
200 g Tomaten
2–3 Gemüsebrühwürfel (für je 500 ml Flüssigkeit) oder 2 geh. TL gekörnte Gemüsebrühe
1 EL Tomatenmark
Salz
frisch gemahlener Pfeffer
Cayennepfeffer
2 EL gehackte Kräuter (z. B. Basilikum, Thymian, Estragon, Oregano) oder Kräuter der Provence

Zubereitungszeit: 90 Minuten, ohne Einweichzeit
Garzeit: etwa 75 Minuten

1. Bohnen in ein Sieb geben, kalt abspülen und in dem Wasser 12–24 Stunden einweichen.

2. Die Bohnen mit dem Einweichwasser zugedeckt in einem großen Topf zum Kochen bringen.

3. Zwiebeln und Knoblauch abziehen, klein würfeln. Mit Olivenöl, Lorbeerblatt und Kräutern zu den Bohnen geben. Die Bohnen zugedeckt bei mittlerer Hitze etwa 55 Minuten fast gar kochen.

4. Suppengrün vorbereiten: Knollensellerie schälen, schlechte Stellen herausschneiden, Möhren schälen, Grün und Spitzen abschneiden. Sellerie und Möhren waschen und abtropfen lassen. Von dem Porree (Lauch) die Außenblätter entfernen, Wurzelende und dunkles Grün abschneiden. Die Stange längs halbieren, gründlich waschen und abtropfen lassen. Die vorbereiteten Suppengrünzutaten klein schneiden.

5. Von den grünen Bohnen die Enden abschneiden, eventuell Fäden abziehen. Bohnen waschen, abtropfen lassen, in Stücke schneiden oder brechen. Staudensellerie putzen und die harten Außenfäden abziehen. Die Stangen waschen und abtropfen lassen. Zucchini waschen, abtrocknen und die Enden abschneiden. Zucchini halbieren oder vierteln. Sellerie und Zucchini in Scheiben schneiden.

6. Tomaten waschen, abtropfen lassen, kreuzweise einschneiden, kurz in kochendes Wasser legen und in kaltem Wasser abschrecken. Tomaten enthäuten, die Stängelansätze herausschneiden und Tomaten in Stücke schneiden.

7. Grüne Bohnen, Möhren, Knollensellerie und Brühe zu den weißen, fast garen Bohnen geben, zum Kochen bringen und zugedeckt weitere etwa 12 Minuten kochen lassen. Dann Porree, Staudensellerie und Zucchini hinzufügen und zugedeckt noch weitere 5 Minuten garen. Zuletzt Tomatenstücke und Tomatenmark hinzugeben, 2–3 Minuten mitgaren lassen.

8. Die Suppe mit Salz, Pfeffer und Cayennepfeffer abschmecken und mit den Kräutern bestreut servieren.

Bohnensalat mit Kapern

Insalata di fagioli con capperi

Schnell – gut vorzubereiten

4 Portionen

Pro Portion:
E: 14 g, F: 16 g, Kh: 22 g, kJ: 1217, kcal: 290

800 g italienische, große Bohnenkerne (aus der Dose)
2 Zwiebeln
1 Knoblauchzehe
60 g Kapernäpfel
2 EL Balsamico-Essig
Salz, frisch gemahlener Pfeffer
6 EL Olivenöl
2 EL vorbereitete, glatte Petersilienblättchen

Zubereitungszeit: 15 Minuten, ohne Durchziehzeit

1. Bohnenkerne in ein Sieb geben, abtropfen lassen und in eine Schüssel geben.

2. Zwiebeln abziehen, zuerst in Scheiben schneiden, dann in Ringe teilen.

3. Knoblauch abziehen und durch eine Knoblauchpresse drücken. Zwiebelringe, Knoblauch und Kapernäpfeln zu den Bohnenkernen geben und untermischen.

4. Essig mit Salz und Pfeffer verrühren, Olivenöl unterschlagen. Die Marinade unter den Salat heben, etwas durchziehen lassen.

5. Den Bohnensalat mit Petersilienblättchen garniert servieren.

Bollito misto con frutta agrodolce

Kochfleisch mit Senffrüchten

Klassisch – dauert länger

6–8 Portionen

Pro Portion:
E: 62 g, F: 39 g, Kh: 55 g, kJ: 3492, kcal: 834

1 kg Rinderfleisch (Schulter oder Brust)
1 Kalbszunge (etwa 500 g)
1 kleines, küchenfertiges Huhn (etwa 1 kg), Salz
1 TL Pfefferkörner
2 Lorbeerblätter
4 l Wasser
1 Bund Suppengrün
1 Bund Möhren (etwa 500 g)
2 Stangen Porree (Lauch)
1 kg mittelgroße Kartoffeln
1 Glas Senffrüchte (380 g, erhältlich beim italienischen Feinkosthändler)

Zubereitungszeit: 60 Minuten
Kochzeit: etwa 2 Stunden, 40 Minuten

1. Rindfleisch, Zunge und Huhn (Huhn von innen und außen) unter fließendem kalten Wasser abspülen und trocken tupfen.

2. Rindfleisch und Zunge mit 1 Teelöffel Salz, Pfefferkörnern und Lorbeerblättern in einen großen Topf geben, Wasser hinzugießen, zum Kochen bringen und zugedeckt bei schwacher Hitze etwa 60 Minuten garen. Die Brühe dabei mehrmals abschäumen.

3. Suppengrün putzen, eventuell schälen, waschen, abtropfen lassen, grob zerkleinern, mit dem Huhn in die Brühe geben und zugedeckt weitere etwa 60 Minuten garen.

4. Möhren putzen, schälen, waschen, abtropfen lassen und längs halbieren. Porree putzen, die Stangen längs halbieren, gründlich waschen, abtropfen lassen und in dicke Scheiben schneiden. Kartoffeln waschen, schälen, abspülen und abtropfen lassen. Vorbereitete Gemüsezutaten beiseitelegen.

5. Das gare Fleisch aus der Brühe nehmen (muss von der Gabel rutschen).

6. Die Zunge mit kaltem Wasser abschrecken und die weiße Haut abziehen. Zunge und Rindfleisch in Scheiben schneiden.

7. Die Brühe passieren und dritteln. Die Fleischscheiben in einem Teil der passierten Brühe warm halten. Das Hühnerfleisch vom Knochen lösen, etwas klein schneiden und zu den Fleischscheiben geben.

8. Möhrenhälften und Porreescheiben in einem weiteren Teil der passierten Brühe etwa 15 Minuten garen. Die geschälten Kartoffeln in der restlichen passierten Brühe etwa 25 Minuten garen.

9. Gemüse und Kartoffeln (jeweils mit der Brühe) zu dem Fleisch geben und alles in der Brühe servieren. Senffrüchte dazureichen.

Bologneser Reistopf

Risotto alla bolognese | **Klassisch**

4 Portionen

Pro Portion:

E: 40 g, F: 30 g, Kh: 63 g, kJ: 2869, kcal: 685

2 EL Speiseöl
600 g Gehacktes (halb Rind-, halb Schweinefleisch)
2 mittelgroße Zwiebeln
Salz, frisch gemahlener Pfeffer
Paprikapulver edelsüß
gerebeltes Basilikum
gerebelter Oregano
250 g Langkornreis
70 g Tomatenmark
750 ml (3/4 l) Fleischbrühe
300 g TK-Erbsen
vorbereitete Basilikumblättchen

Zubereitungszeit: 20 Minuten
Garzeit: etwa 20 Minuten

1. Das Speiseöl in einem Topf erhitzen. Gehacktes hinzufügen und unter ständigem Rühren anbraten. Dabei die Fleischklümpchen mit einer Gabel zerdrücken.

2. Zwiebeln abziehen, in kleine Würfel schneiden, zu dem Gehackten geben und mit andünsten. Mit Salz, Pfeffer, Paprika, Basilikum und Oregano würzen.

3. Reis hinzufügen und kurz mit andünsten. Tomatenmark unterrühren und Brühe hinzugießen. Die Zutaten zum Kochen bringen und zugedeckt bei schwacher Hitze etwa 10 Minuten garen.

4. Dann gefrorene Erbsen in den Reistopf geben und etwa 10 Minuten mitgaren lassen. Den Reistopf mit Salz, Pfeffer, Paprika abschmecken. Den Reistopf mit Basilikumblättchen garniert servieren.

Brasato in Gemüsesauce

Brasato con salsa di verdure **Mit Alkohol**

8 Portionen

Pro Portion:
E: 39 g, F: 46 g, Kh: 6 g, kJ: 2542, kcal: 606

1 1/2 kg Rinderbraten
Salz
frisch gemahlener Pfeffer
6 Schalotten
2 Knoblauchzehen
2 dicke Möhren
4 Stangen Staudensellerie
200 ml Olivenöl
250 ml (1/4 l) Rotwein
2 Dosen passierte Tomaten (Einwaage je 400 g)
500 ml (1/2 l) Fleischbrühe
1 Gewürznelke
1 Lorbeerblatt
1 Stängel Rosmarin
2 Stängel Thymian
2 EL Butter

Zubereitungszeit: 50 Minuten
Garzeit: etwa 2 Stunden

1. Rindfleisch unter fließendem kalten Wasser abspülen und trocken tupfen. Danach mit Salz und Pfeffer würzen.

2. Schalotten abziehen und grob würfeln. Knoblauch abziehen und halbieren. Möhren putzen, schälen, abspülen, abtropfen lassen und in Würfel schneiden. Selleriestangen putzen und die harten Außenfäden abziehen. Stangen waschen, abtropfen lassen und ebenfalls grob würfeln.

3. Zwei Esslöffel des Olivenöls in einem Bräter erhitzen. Rindfleisch von allen Seiten darin anbraten und herausnehmen.

4. Schalotten-, Knoblauch-, Möhren- und Selleriewürfel darin andünsten. Rotwein, passierte Tomaten, Brühe, Gewürznelke und Lorbeerblatt hinzugeben. Rindfleisch wieder hineinlegen.

5. Die Zutaten zum Kochen bringen und zugedeckt bei schwacher Hitze etwa 2 Stunden garen, Lorbeerblatt und Nelke entfernen.

6. Rindfleisch herausnehmen, kurz ruhen lassen, in Scheiben schneiden und warm stellen.

7. Die Sauce pürieren, mit Salz und Pfeffer abschmecken. Restliches Olivenöl nach und nach unterschlagen. Die Sauce damit binden. Rindfleisch mit der Sauce überziehen.

8. Rosmarin und Thymian abspülen und trocken tupfen. Butter in einer Pfanne zerlassen. Rosmarin und Thymian darin kurz andünsten.

9. Die Butter mit den Kräutern auf den Rindfleischscheiben verteilen. Sofort servieren.

Brokkoli, sizilianisch

Broccoli alla siciliana **| Raffiniert**

4–6 Portionen

Pro Portion:
E: 8 g, F: 17 g, Kh: 3 g, kJ: 812, kcal: 194

50 g schwarze Oliven ohne Stein
5 Sardellenfilets
1 kleine Zwiebel
1–2 Knoblauchzehen
1 kg Brokkoli
Salz
4 EL Olivenöl
50–100 g pikanter Käse am Stück (z. B. Höhlenkäse)

Zubereitungszeit: 30 Minuten

1. Oliven in Scheiben schneiden. Sardellenfilets klein hacken. Zwiebel und Knoblauch abziehen und würfeln.

2. Vom Brokkoli die Blätter entfernen. Den Brokkoli in Röschen teilen. Die Stängel von den Röschen abschneiden. Danach Brokkoliröschen und -stängel waschen, in kochendem Salzwasser etwa 5 Minuten garen. Brokkoli in ein Sieb geben und abtropfen lassen.

3. Olivenöl in einer Pfanne erhitzen. Zwiebel- und Knoblauchwürfel darin glasig dünsten. Pfanne von der Kochstelle nehmen, Olivenscheiben und Sardellenstückchen hinzufügen.

4. Die Hälfte der Brokkoliröschen und -stängel in eine feuerfeste Auflaufform (gefettet) geben, mit wenig Salz bestreuen. Die Hälfte der Oliven-Sardellen-Mischung darauf verteilen. Dann den restlichen Brokkoli daraufgeben und zuletzt die restliche Oliven-Sardellen-Mischung darauf verteilen.

5. Den Käse in kleine Würfel schneiden und auf den eingeschichteten Brokkoli streuen.

6. Die Form auf dem Rost unter den vorgeheizten Grill in den Backofen schieben. Den Käse 3–5 Minuten leicht bräunen lassen und sofort servieren.

Beilage: Baguette.

Brotsalat

Insalata con cubetti di pane abbrustolito

Raffiniert

12 Portionen

Pro Portion:

E: 11 g, F: 21 g, Kh: 26 g, kJ: 1414, kcal: 337

12 dicke Scheiben Weißbrot
10 EL Olivenöl
6 Knoblauchzehen
150 g gestiftelte Mandeln
je 1 rote und grüne Paprikaschote
4 Fleischtomaten
300 g roher Schinken
20 schwarze Oliven
5 EL Weißweinessig
Salz, frisch gemahlener Pfeffer
evtl. etwas Olivenöl

Zubereitungszeit: 60 Minuten, ohne Abkühlzeit

1. Vom Weißbrot die Rinde abschneiden. Das Weißbrot in gleich große Würfel schneiden. Olivenöl in einer Pfanne erhitzen. Weißbrotwürfel darin von allen Seiten rösten. Knoblauch abziehen, durch eine Knoblauchpresse drücken und zu den Brotwürfeln geben.

2. Mandeln in einer Pfanne ohne Fett leicht rösten, herausnehmen und auf einem Teller erkalten lassen. Paprika vierteln, entstielen, entkernen und die weißen Scheidewände entfernen. Die Schoten waschen, trocken tupfen und in Würfel schneiden.

3. Tomaten waschen, abtrocknen, halbieren und die Stängelansätze entfernen. Tomatenhälften in Würfel schneiden. Schinken in Streifen schneiden.

4. Die vorbereiteten Zutaten mit Oliven mischen. Essig mit Salz und Pfeffer verrühren. Nach Belieben noch etwas Olivenöl hinzufügen. Die Marinade mit den Salatzutaten vermischen. Den Salat etwas durchziehen lassen.

Bunter Eintopf mit Pesto I

Zuppa di verdure con pesto I **Raffiniert**

6 Portionen

Pro Portion:

E: 61 g, F: 48 g, Kh: 46 g, kJ: 3606, kcal: 862

2–3 Knoblauchzehen
6 EL Olivenöl
1,2 kg Schweinegulasch
Salz
frisch gemahlener Pfeffer
2 EL Tomatenmark
1 Pck. TK-Suppengrün (50 g)
2 1/2 l Gemüsebrühe
600 g Möhren
400 g Zucchini
1 Glas Perlzwiebeln (Abtropfgewicht 190 g)
2 Dosen Gemüsemais (Abtropfgewicht je 285 g)
200 g Fadennudeln
1 Glas Basilikum-Pesto (130 g)
150 g geriebener Parmesan-Käse

Zubereitungszeit: 45 Minuten
Garzeit: 25–30 Minuten

1. Knoblauch abziehen und in Scheiben schneiden. Jeweils etwas Olivenöl in einem großen Topf erhitzen, Gulasch portionsweise darin anbraten. Mit Salz und Pfeffer würzen. Bei der letzten Fleischportion Tomatenmark, Knoblauchscheiben und gefrorenes Suppengrün kurz mit andünsten. Das gesamte angebratene Fleisch wieder in den Topf geben.

2. Brühe hinzugießen, zum Kochen bringen und zugedeckt bei schwacher Hitze etwa 10 Minuten kochen lassen.

3. In der Zwischenzeit Möhren putzen, schälen, waschen, abtropfen lassen und in Scheiben schneiden. Möhrenscheiben zum Gulasch geben, wieder zum Kochen bringen und anschließend zugedeckt weitere etwa 10 Minuten garen.

4. Zucchini waschen, abtrocknen und die Enden abschneiden. Zucchini in Würfel schneiden. Perlzwiebeln und Mais in ein Sieb geben, abspülen und abtropfen lassen. Zucchiniwürfel, Perlzwiebeln, Mais und Fadennudeln zum Gulasch geben. Alles wieder zum Kochen bringen und zugedeckt in 5–10 Minuten fertig garen.

5. Den Eintopf mit Salz und Pfeffer abschmecken. Mit Pesto und Parmesan-Käse servieren.

Cacciucco

Fischeintopf nach Livorneser Art

Mit Alkohol

4 Portionen

Pro Portion:

E: 39 g, F: 15 g, Kh: 10 g, kJ: 1600, kcal: 382

2	*Knoblauchzehen*
1	*Zwiebel*
1 kleines Bund	*Suppengrün (z. B. Sellerie, Porree [Lauch]), Möhren)*
400 g	*reife Tomaten*
4 EL	*Olivenöl*
8	*Calamari, geputzt, gewaschen und in Ringe geschnitten*
	Salz
250 ml (1/4 l)	*trockener Weißwein*
1 l	*Fischfond*
	frisch gemahlener Pfeffer
20	*frische Venusmuscheln in der Schale*
800 g	*küchenfertige frische Mittelmeerfischfilets (z. B. 4 Doradenfilets, 4 Rotbarbenfilets 2 Seebarschfilets, je etwa 150 g)*
1 Bund	*glatte Petersilie*

Zubereitungszeit: 60 Minuten

1. Knoblauch abziehen und in Scheiben schneiden. Zwiebel abziehen und grob würfeln. Suppengrün putzen, waschen, abtropfen lassen, eventuell schälen und in Würfel schneiden. Tomaten waschen, trocken tupfen, achteln und die Stängelansätze entfernen.

2. Olivenöl in einem breiten, flachen Topf erhitzen. Knoblauch-, Zwiebelwürfel und Calamari darin andünsten. Suppengrün und Tomatenachtel hinzugeben, mit Salz würzen. Weißwein und Fischfond hinzugießen, zum Kochen bringen und etwa 15 Minuten bei schwacher Hitze köcheln lassen. Mit Salz und Pfeffer abschmecken.

3. In der Zwischenzeit Muscheln in reichlich kaltem Wasser gründlich waschen und einzeln abbürsten, bis sie nicht mehr sandig sind (Muscheln, die sich beim Waschen öffnen, sind ungenießbar). Fischfilets unter fließendem kalten Wasser abspülen und trocken tupfen. Muscheln und Fischfilets in die Suppe geben und weitere etwa 10 Minuten ganz leicht köcheln lassen.

4. Petersilie abspülen und trocken tupfen. Die Blättchen von den Stängeln zupfen und klein schneiden.

5. Die Suppe mit Petersilie bestreuen und servieren.

Beilage: Geröstete Weißbrotscheiben.

Calzone | Für Gäste

4 Portionen

Pro Portion:
E: 45 g, F: 48 g, Kh: 72 g, kJ: 3746, kcal: 894

Für den Hefeteig:
300 g Weizenmehl (Type 550)
1 Pck. Dr. Oetker Trockenbackhefe
4 EL Speiseöl
1 gestr. TL Salz
175 ml lauwarme Milch

Für den Belag:
1 Glas Champignonscheiben (Abtropfgewicht 315 g)
4 Tomaten
150 g Salami
250 g Mozzarella-Käse
75 g Parmesan-Käse
75 g Schinkenspeck
1 kleine Zwiebel
8 EL Tomatenmark
2 EL Semmelbrösel
Salz
frisch gemahlener Pfeffer
Paprikapulver edelsüß
Knoblauchsalz
gerebelter Oregano
Speiseöl

Zubereitungszeit: 50 Minuten, ohne Teiggehzeit
Backzeit: etwa 25 Minuten

1. Für den Teig Mehl in eine Rührschüssel sieben, mit Trockenbackhefe sorgfältig vermischen. Speiseöl, Salz und Milch hinzufügen.

2. Die Zutaten mit Handrührgerät mit Knethaken zunächst kurz auf niedrigster, dann auf höchster Stufe in etwa 5 Minuten zu einem glatten Teig verarbeiten. Sollte der Teig kleben, noch etwas Mehl hinzufügen. Den Teig zugedeckt so lange an einem warmen Ort gehen lassen, bis er sich sichtbar vergrößert hat.

3. Den Teig leicht mit Mehl bestäuben, aus der Schüssel nehmen, auf einer bemehlten Arbeitsfläche nochmals kurz durchkneten und halbieren. Die Teighälften jeweils zu einer runden Platte (Ø etwa 30 cm) ausrollen.

4. Für den Belag Champignons in einem Sieb abtropfen lassen.

5. Tomaten waschen, kreuzweise einschneiden und einige Sekunden in kochendes Wasser legen. Tomaten kurz in kaltes Wasser legen, enthäuten, halbieren, entkernen und die Stängelansätze herausschneiden. Tomatenhälften in Spalten schneiden.

6. Salami in Scheiben schneiden, Käse und Schinkenspeck in kleine Würfel schneiden. Zwiebel abziehen, zuerst in Scheiben schneiden, dann in Ringe teilen.

7. Tomatenmark mit Semmelbröseln verrühren, mit Salz, Pfeffer, Paprika und Knoblauchsalz würzen.

8. Die Teigplatten mit der Tomatenmarkmasse bestreichen, Tomatenscheiben darauflegen. Mit Salz, Pfeffer, Paprika und Knoblauchsalz bestreuen. Champignonscheiben, Salamischeiben, Käse-, Schinkenwürfel und Zwiebelringe darauf verteilen. Mit Pfeffer, Paprika und Oregano bestreuen.

9. Die Teigplatten zur Hälfte zusammenklappen, gut festdrücken, auf ein Backblech (mit Backpapier belegt) legen.

10. Calzone mit Speiseöl bestreichen, mit Oregano bestreuen und nochmals so lange an einem warmen Ort gehen lassen, bis sie sich sichtbar vergrößert haben.

11. Das Backblech in den vorgeheizten Backofen schieben.
Ober-/Unterhitze: 200–220 °C
Heißluft: 180–200 °C
Backzeit: etwa 25 Minuten.

12. Die Calzone vom Backpapier nehmen und anschließend sofort servieren.

Tipp: Die Calzone vor dem Backen zusätzlich mit geraspeltem Käse bestreuen.

Campari-Orange

Campari con succo d'arancia

Klassisch – mit Alkohol

1 Portion

Pro Portion:

E: 0 g, F: 0 g, Kh: 22 g, kJ: 741, kcal: 177

3 Eiswürfel
5 cl Campari
frisch gepresster Orangensaft
½ Bio-Orangenscheibe

Zubereitungszeit: 10 Minuten

1. Eiswürfel in ein Longdrinkglas geben. Campari hinzufügen, mit Orangensaft auffüllen und verrühren.

2. Das Glas mit der Orangenscheibe garnieren.

Tipp: Campari ist ein italienischer Aperitif, der aus mehr als 60 Inhaltsstoffen besteht und appetitanregend wirkt. Er wird als Zutat für Longdrinks und Cocktails verwendet, wie beispielsweise für Americano oder Negroni.

Cannelloni mit Ricotta und Spinat

Cannelloni ricotta e spinaci **| Raffiniert**

4 Portionen

Pro Portion:
E: 29 g, F: 30 g, Kh: 55 g, kJ: 2627, kcal: 628

Für die Füllung:

500 g frischer Blattspinat
300 g Ricotta (italienischer Frischkäse)
80 g frisch geriebener Parmesan-Käse
Salz
frisch gemahlener Pfeffer
frisch geriebene Muskatnuss

Für die Béchamelsauce:

30 g Butter
30 g Weizenmehl
500 ml (1/2 l) Milch

250 g Cannelloni, ohne Vorkochen

Zubereitungszeit: 75 Minuten
Garzeit: etwa 40 Minuten

1. Für die Füllung Spinat verlesen, gründlich waschen und tropfnass in einen großen Topf geben. Spinat so lange dünsten, bis er zusammenfällt. Anschließend in ein Sieb geben und abtropfen lassen. Spinat etwas ausdrücken und grob hacken.

2. Ricotta und die Hälfte des Parmesan-Käses zum Spinat geben und untermengen. Mit Salz, Pfeffer und Muskat würzen.

3. Für die Sauce Butter in einem Topf zerlassen. Mehl unter Rühren so lange darin erhitzen, bis es hellgelb ist. Milch hinzugießen und mit einem Schneebesen durchschlagen. Dabei darauf achten, das keine Klümpchen entstehen. Die Sauce unter Rühren gut aufkochen lassen. Mit Salz, Pfeffer und Muskat würzen.

4. Die Spinatmasse in einen Spritzbeutel mit großer Lochtülle füllen, in die Cannelloni füllen und nebeneinander in eine flache Auflaufform (gefettet) legen.

5. Die Béchamelsauce darauf verteilen und mit dem restlichen Parmesan-Käse bestreuen. Die Form auf dem Rost in den vorgeheizten Backofen schieben.
Ober-/Unterhitze: etwa 200 °C
Heißluft: etwa 180 °C
Garzeit: etwa 40 Minuten.

Cannelloni, neapolitanisch

Cannelloni alla napoletana

Gut vorzubereiten

4–6 Portionen

Pro Portion:

E: 48 g, F: 60 g, Kh: 56 g, kJ: 4027, kcal: 962

Für den Teig:

300 g Weizenmehl
2 Eier (Größe M)
2 Eigelb (Größe M)
Salz
1 EL Olivenöl
etwas Hartweizengrieß

Für die Füllung:

30 g Butter
30 g Weizenmehl
250 ml (1/4 l) Milch
125 ml (1/8 l) Gemüsebrühe
Salz
frisch gemahlener Pfeffer
frisch geriebene Muskatnuss
500 g Mozzarella-Käse
150 g Parmaschinken
3 Eigelb (Größe M)

Für die Sauce:

1 Zwiebel
4 Knoblauchzehen
2 EL Olivenöl
1 große Dose geschälte Tomaten (Einwaage 800 g)
1 EL Tomatenmark
gerebelter Thymian
gerebelter Oregano
gerebeltes Basilikum
50 g Butter
100 g frisch geriebener Parmesan-Käse

Zubereitungszeit: 40 Minuten, ohne Ruhe- und Abkühlzeit
Garzeit: etwa 40 Minuten

1. Für den Teig Mehl mit Eiern, Eigelb, Salz, Olivenöl und Hartweizengrieß in eine Rührschüssel geben. Die Zutaten mit Handrührgerät mit Knethaken zu einem Teig verarbeiten, evtl. 1 Esslöffel kaltes Wasser zugeben. Den Teig etwa 30 Minuten ruhen lassen.

2. Für die Füllung Butter in einem Topf zerlassen. Mehl unter Rühren so lange darin erhitzen, bis es hellgelb ist. Milch und Brühe hinzugießen, mit einem Schneebesen durchschlagen. Dabei darauf achten, dass keine Klümpchen entstehen. Sauce zum Kochen bringen und unter Rühren etwa 5 Minuten kochen lassen. Mit Salz, Pfeffer und Muskat würzen.

3. Mozzarella und Parmaschinken in kleine Würfel schneiden, mit dem Eigelb unterheben. Die Masse abkühlen lassen.

4. Den Teig portionsweise dünn ausrollen und daraus Rechtecke von etwa 12 x 8 cm ausschneiden. Diese 5–7 Minuten in kochendes Salzwasser geben, herausnehmen, kalt abspülen und abtropfen lassen.

5. Die Teigblätter auf einem Küchenbrett ausbreiten, etwas von der Füllung daraufgeben, aufrollen und in eine Auflaufform (gefettet, in Größe der Teigrollen) setzen.

6. Für die Sauce Zwiebel und Knoblauch abziehen und würfeln. Öl erhitzen. Zwiebel- und Knoblauchwürfel darin andünsten. Tomaten mit Saft dazugeben, dabei die Tomaten etwas zerdrücken, Tomatenmark unterrühren, die Gewürze dazugeben und 2–3 Minuten kochen lassen.

7. Die Sauce über die Cannelloni verteilen, Butter und Parmesan darübergeben. Die Form auf dem Rost in den vorgeheizten Backofen schieben.
Ober-/Unterhitze: etwa 200 °C
Heißluft: etwa 180 °C
Garzeit: etwa 40 Minuten.

Tipps: Schneller geht es, wenn Sie gekaufte Cannelloni ohne Vorkochen verwenden. Lecker schmeckt es, wenn Sie zusätzlich noch 3 gehäutete, frische Tomaten würfeln und mit 1/2 Bund vorbereiteten, in Streifen geschnittenen Basilikumblättchen in die Sauce geben.

Cannelloni Rosanella | Klassisch

12 Portionen

Pro Portion:
E: 36 g, F: 49 g, Kh: 42 g, kJ: 3156, kcal: 756

3 Brötchen (Semmeln)
1 1/2 kg Gehacktes (halb Rind-, halb Schweinefleisch)
3 Eier (Größe M)
Salz
frisch gemahlener Pfeffer
gerebelter Oregano
gerebelter Thymian
etwa 500 g Cannelloni, ohne Vorkochen

Für die Sauce:
3 Becher Crème fraîche (je 150 g)
50 g Speisestärke
500 ml (1/2 l) Milch
oder 500 g Schlagsahne
1 Pck. TK-Basilikum (25 g)
100 g frisch geriebener Parmesan-Käse
60 g Butter

Zubereitungszeit: 35 Minuten
Garzeit: etwa 45 Minuten

1. Brötchen in kaltem Wasser einweichen und gut ausdrücken. Gehacktes in eine Schüssel geben, Eier und Brötchen gut untermengen. Mit Salz, Pfeffer, Oregano und Thymian würzen. Die Fleischmasse in einen Spritzbeutel mit großer Lochtülle füllen und in die Cannelloni füllen.

2. Die Cannelloni nebeneinander in eine Fettfangschale oder eine große, flache Auflaufform (jeweils gefettet) legen.

3. Für die Sauce Crème fraîche mit Speisestärke und Milch oder Sahne verrühren, mit Salz und Pfeffer würzen. Basilikum unterrühren. Auf den Cannelloni verteilen (sie müssen ganz mit der Sauce bedeckt sein).

4. Mit Parmesan bestreuen und Butter in Flöckchen daraufsetzen. Die Fettfangschale oder die Form auf dem Rost in den vorgeheizten Backofen schieben.
Ober-/Unterhitze: etwa 200 °C
Heißluft: etwa 180 °C
Garzeit: etwa 45 Minuten.

Cantuccini

Mandelgebäck | **Klassisch – mit Alkohol**

Insgesamt:
E: 113 g, F: 197 g, Kh: 640 g, kJ: 20229, kcal: 4834

Für den Knetteig:

500 g Weizenmehl
1 TL Dr. Oetker Backin
250 g Zucker
3 Eier (Größe M)
1 Pck. Dr. Oetker Finesse Geriebene Zitronenschale
1 Pck. Dr. Oetker Finesse Natürliches Orangenschalen-Aroma
2 EL Orangensaft
2 EL Vin Santo oder Cream Sherry
etwa 25 g Anissamen
1 Prise Salz
50 g weiche Butter
1 EL Schweineschmalz
200 g nicht abgezogene, ganze Mandeln

Zubereitungszeit: 50 Minuten
Backzeit: etwa 50 Minuten

1. Für den Teig Mehl mit Backpulver mischen und in eine Rührschüssel sieben. Zucker, Eier, Zitronen- und Orangenschale, Orangensaft, Vin Santo oder Cream Sherry, Anissamen, Salz, Butter und Schweineschmalz hinzufügen. Die Zutaten mit Handrührgerät mit Rührbesen zunächst kurz auf niedrigster, dann auf höchster Stufe gut durcharbeiten.

2. Anschließend auf einer leicht bemehlten Arbeitsfläche zu einem glatten Teig verkneten, dann die Mandeln unterkneten. Sollte der Teig kleben, ihn in Folie gewickelt eine Zeit lang kalt stellen.

3. Aus dem Teig 5 gleich große Rollen formen und nebeneinander auf ein Backblech (mit Backpapier belegt) legen. Das Backblech in den vorgeheizten Backofen schieben.
Ober-/Unterhitze: etwa 180 °C
Heißluft: etwa 160 °C
Backzeit: etwa 30 Minuten.

4. Die Gebäckrollen vom Backblech nehmen und sofort schräg in gut etwa 1 cm breite Scheiben schneiden. Die Gebäckscheiben auf dem Backblech verteilen. Das Backblech wieder in den Backofen schieben und die Scheiben so lange backen, bis sie kross geworden sind.
Ober-/Unterhitze: etwa 180 °C
Heißluft: etwa 160 °C
Backzeit: etwa 20 Minuten.

Caponata

Sizilianisches Gemüsegericht | **Raffiniert**

4 Portionen

Pro Portion:

E: 8 g, F: 22 g, Kh: 19 g, kJ: 1295, kcal: 309

1 kleiner Staudensellerie
3 große Auberginen
1 Bund Frühlingszwiebeln
3 dicke Fleischtomaten
2 Knoblauchzehen
1 Topf Basilikum
4 EL Olivenöl
Salz
frisch gemahlener Pfeffer
1 Glas grüne Oliven ohne Stein
1 Glas schwarze Oliven ohne Stein
1 Glas Kapernäpfel oder Kapern

Zubereitungszeit: 90 Minuten
Garzeit: 30–40 Minuten

1. Staudensellerie putzen und die harten Außenfäden abziehen. Sellerie waschen und abtropfen lassen. Auberginen waschen, abtrocknen und die Stängelansätze entfernen.

2. Frühlingszwiebeln putzen, waschen, abtropfen lassen. Tomaten waschen, abtropfen lassen, halbieren und die Stängelansätze herausschneiden. Das vorbereitete Gemüse grob würfeln.

3. Knoblauch abziehen und durch eine Knoblauchpresse drücken. Basilikum abspülen und trocken tupfen. Die Blättchen von den Stängeln zupfen.

4. Olivenöl in einem großen Topf oder Bräter erhitzen, die Gemüsewürfel darin andünsten. Mit Salz und Pfeffer würzen. Knoblauch und Basilikumblättchen unterrühren. Das Gemüse etwa 15 Minuten leicht kochen lassen.

5. Oliven und Kapernäpfel oder Kapern abtropfen lassen und zum gedünsteten Gemüse geben. Den Topf oder Bräter auf dem Rost in den vorgeheizten Backofen schieben.
Ober-/Unterhitze: etwa 160 °C
Heißluft: etwa 140 °C
Garzeit: 30–40 Minuten.

Cappuccino-Halbgefrorenes

Semifreddo al cappuccino

Raffiniert – mit Alkohol

4 Portionen

Pro Portion:

E: 5 g, F: 35 g, Kh: 23 g, kJ: 1802, kcal: 430

Für das Parfait:

3 Eigelb (Größe M)
70 g Zucker
1 EL lösliches Espresso-Pulver
20 ml Tia Maria (jamaikanischer Kaffeelikör)
1 Tasse Espresso (100 ml)
375 g Schlagsahne

Kakaopulver zum Bestäuben

Zubereitungszeit: 20 Minuten, ohne Gefrierzeit

1. Für das Parfait Eigelb mit Zucker, Espresso-Pulver, Likör und Espresso im heißen Wasserbad aufschlagen. Anschließend die Masse kalt schlagen.

2. 250 g der Sahne steif schlagen und in zwei Portionen unter die Eigelbmasse heben. Die Creme in große Kaffeetassen ¾ voll einfüllen und zum Gefrieren in den Gefrierschrank stellen. Gut durchkühlen lassen. Parfait etwa 15 Minuten vor dem Servieren aus dem Gefrierschrank nehmen.

3. Restliche Sahne halbsteif schlagen und auf das Parfait geben. Leicht mit Kakao bestäubt servieren.

Hinweis: Nur ganz frische Eier verwenden, die nicht älter als 5 Tage sind (Legedatum beachten!).

Capri-Salat Insalata caprese | **Schnell**

6–8 Portionen

Pro Portion:
E: 15 g, F: 26 g, Kh: 4 g, kJ: 1304, kcal: 311

1,2 kg Tomaten
500 g Mozzarella-Käse
1–2 Stängel Basilikum
1–2 Stängel Oregano
Salz
8 EL Olivenöl

Zubereitungszeit: 20 Minuten, ohne Durchziehzeit

1. Tomaten waschen, trocken tupfen, halbieren und die Stängelansätze herausschneiden. Die Tomaten in Scheiben schneiden. Mozzarella in einem Sieb abtropfen lassen und ebenfalls in Scheiben schneiden. Tomaten- und Mozzarellascheiben in einer Schüssel anrichten.

2. Basilikum und Oregano abspülen und trocken tupfen. Die Blättchen von den Stängeln zupfen.

3. Tomaten- und Mozzarellascheiben mit den Kräuterblättchen bestreuen und mit Salz würzen. Den Salat mit Olivenöl beträufeln und etwa 1 Stunde im Kühlschrank durchziehen lassen.

Carpaccio Carpaccio di manzo classico

Klassisch

3–4 Portionen

Pro Portion:
E: 40 g, F: 34 g, Kh: 2 g, kJ: 1998, kcal: 477

300 g Rinderfilet
125 ml (1/8 l) Olivenöl
4 EL Zitronensaft
300 g Parmesan-Käse
Salz
frisch gemahlener Pfeffer

Zum Garnieren:
1 Bio-Zitrone (unbehandelt, ungewachst)
etwas Rucola (Rauke)

Zubereitungszeit: 25 Minuten, ohne Anfrier- und Durchziehzeit

1. Filet unter fließendem kalten Wasser abspülen und trocken tupfen. Filet in Frischhaltefolie wickeln und danach im Tiefkühlfach leicht anfrieren lassen.

2. Anschließend das angefrorene Filetstück mit einem scharfen Messer oder einem elektrischen Allesschneider in hauchdünne Scheiben schneiden.

3. Die Filetscheiben dachziegelartig auf einer mit Öl bestrichenen Platte anrichten. Zitronensaft und restliches Öl auf die Filetscheiben träufeln und mindestens 2 Stunden durchziehen lassen.

4. Parmesan-Käse in sehr dünne Scheibchen hobeln. Die Filetscheiben damit belegen und mit Salz und Pfeffer bestreuen.

5. Zum Garnieren die Zitrone heiß abwaschen, abtrocknen und in Spalten schneiden. Den Rucola abspülen und trocken tupfen. Carpaccio mit Zitronenspalten und Rucola garniert servieren.

Carpaccio Cipriani

Carpaccio di manzo | **Etwas teurer**

4 Portionen

Pro Portion:
E: 48 g, F: 33 g, Kh: 2 g, kJ: 2092, kcal: 499

450 g Rinderfilet
125 ml (1/8 l) Olivenöl
300 g ausgereifter Parmesan-Käse
Salz, frisch gemahlener Pfeffer
1 Bio-Zitrone (unbehandelt, ungewachst)

Zubereitungszeit: 55 Minuten
ohne Anfrier- und Durchziehzeit

1. Rinderfilet kurz unter fließendem kalten Wasser abspülen und trocken tupfen. Rinderfilet im Gefrierfach leicht anfrieren lassen.

2. Anschließend mit einem scharfem Messer oder mit einem elektrischen Allesschneider in hauchdünne Scheiben schneiden.

3. Die Fleischscheiben in eine Schüssel schichten und mit Olivenöl übergießen, mindestens 2 Stunden durchziehen lassen.

4. Den Parmesan-Käse in kleine Stücke oder Würfel schneiden oder in Scheiben hobeln. Die Fleischscheiben aus dem Olivenöl nehmen, mit Salz und Pfeffer würzen. Fleischscheiben mit jeweils 1 Käsestück oder -scheibe belegen und auf einer Platte anrichten.

5. Zitrone gründlich heiß abwaschen, abtrocknen und in Spalten schneiden. Carpaccio mit Zitronenspalten garniert servieren.

Tipp: Nach Belieben mit ein paar vorbereiteten Basilikumblättchen garnieren.

Cassata Eisbombe | **Mit Alkohol**

4 Portionen

Pro Portion:
E: 9 g, F: 71 g, Kh: 77 g, kJ: 4474, kcal: 1069

75 g Rosinen
3 EL Rum
30 g Cocktailkirschen
4 EL Maraschino (Kirschlikör)
50 g Haselnuss-Krokant
3 Tropfen Bittermandel-Aroma
3 EL Amaretto (italienischer Mandellikör)
6 Eigelb (Größe M)
750 g Schlagsahne
150 g Zucker
2 EL Zitronensaft
1 Msp. gemahlener Zimt
etwas Speiseöl

Nach Belieben:
1 geviertelte, frische Feige
einige vorbereitete Zitronenmelisseblättchen

Zubereitungszeit: 60 Minuten, ohne Gefrierzeit

1. Rosinen in Rum einweichen. Cocktailkirschen in kleine Würfel schneiden und in Maraschino einweichen. Krokant mit Bittermandel-Aroma und Amaretto mischen.

2. Eigelb, 4 Esslöffel von der Sahne, Zucker und Zitronensaft in eine Edelstahlschüssel geben und im heißen Wasserbad zu einer dicklichen Masse aufschlagen.

3. Den Topf aus dem Wasserbad nehmen und die Masse kalt schlagen. Restliche Sahne steif schlagen und unterheben.

4. Die Creme in 3 Teile teilen. Unter einen Teil die eingeweichten Rosinen und Zimt heben.

5. Eine Rehrücken- oder Kastenform (30 x 11 cm) dünn mit Speiseöl ausstreichen. Die Rosinencreme hineinfüllen, so dass auch die Wände der Form bedeckt sind, im Gefrierfach etwas anfrieren lassen.

6. Unter den zweiten Teil der Creme den Krokant geben und auf dem Rosineneis verteilen.

7. Unter die restliche Creme die eingeweichten Kirschen geben und in die Form füllen. Die Form in das Gefrierfach stellen und die Creme fest werden lassen.

8. Cassata aus der Form stürzen und in Scheiben schneiden. Nach Belieben mit Feigenvierteln und Zitronenmelisseblättchen garnieren. Cassata auf gut gekühlten Tellern servieren.

Beilage: Fruchtsaucen oder Eierlikörsahne.

Champignons, mariniert

Champignons marinati

Gut vorzubereiten – mit Alkohol

6 Portionen

Pro Portion:
E: 17 g, F: 41 g, Kh: 1 g, kJ: 1983, kcal: 475

2 1/2 kg	*kleine Champignons*
1–2	*Chilischoten*
8	*Knoblauchzehen*
2 Stängel	*Rosmarin*
250 ml (1/4 l)	*Weißweinessig*
250 ml (1/4 l)	*Weißwein*
250 ml (1/4 l)	*Speiseöl*
2 EL	*grüne Pfefferkörner in Lake*
2 gestr. TL	*Salz*

Zubereitungszeit: 60 Minuten, ohne Abkühlzeit

1. Champignons putzen, mit Küchenpapier abreiben, eventuell abspülen und trocken tupfen. Chilischoten waschen und trocken tupfen. Knoblauch abziehen und in dünne Scheiben schneiden. Rosmarin abspülen und trocken tupfen.

2. Essig, Wein, Speiseöl, Chilischoten, Knoblauch, Rosmarin, Pfefferkörner und Salz in einem Topf aufkochen.

3. Champignons hineingeben und etwa 10 Minuten ziehen und anschließend abkühlen lassen.

4. Die Champignons mit dem Sud in verschließbare Gläser füllen und kalt gestellt einige Tage durchziehen lassen.

Tipp: Marinierte Champignons zu Grillspezialitäten reichen oder auf ein Buffet stellen.

Ciabatta Italienisches Weißbrot

Dauert länger

4 Stück

Insgesamt:
E: 104 g, F: 24 g, Kh: 683 g, kJ: 14273, kcal: 3407

Für den Hefeteig:

950 g	*Weizenmehl (Type 550)*
1 Pck.	*frische Hefe (42 g)*
500 ml (1/2 l)	*lauwarmes Wasser*
5 EL (75 ml)	*lauwarme Milch*
1 EL	*Olivenöl*
1 gestr. EL	*Salz*
2–3 EL	*lauwarmes Wasser zum Bestreichen*

Zubereitungszeit: 45 Minuten, ohne Ruhe- und Teiggehzeit
Backzeit: 20–25 Minuten

1. Für den Teig Mehl in eine Rührschüssel geben. In die Mitte eine Vertiefung drücken. Hefe hineinbröckeln, etwas Wasser hinzufügen. Mit einer Gabel vorsichtig verrühren und etwa 10 Minuten gehen lassen.

2. Milch, Olivenöl, Salz und restliches Wasser hinzufügen. Die Zutaten mit Handrührgerät mit Knethaken zunächst kurz auf niedrigster, dann auf höchster Stufe in etwa 5 Minuten zu einem glatten Teig verarbeiten. Den Teig zugedeckt so lange an einem warmen Ort gehen lassen, bis er sich sichtbar vergrößert hat.

3. Den gegangenen Teig leicht mit Mehl bestäuben, aus der Schüssel nehmen und auf einer bemehlten Arbeitsfläche nochmals kurz durchkneten, evtl. etwas Mehl unterarbeiten. Der Teig soll relativ weich bleiben. Nochmals zugedeckt so lange an einem warmen Ort gehen lassen, bis er sich verdoppelt hat.

4. Den Teig auf der mit Mehl bestäubten Arbeitsfläche in 4 Portionen teilen, aber nicht durchkneten. Teigportionen jeweils zu einem Rechteck (etwa 25 x 10 cm) ausrollen, auf je ein Stück bemehltes Backpapier legen und mit den Fingern regelmäßig eindrücken. Die Teigstücke zugedeckt etwa 90 Minuten ruhen lassen. Der Teig geht nur wenig auf.

5. Zwei Backbleche für etwa 15 Minuten zum Erhitzen in den vorgeheizten Backofen schieben.
Ober-/Unterhitze: 200–220 °C
Heißluft: 180–200 °C
Die Teigbrote vorsichtig umgedreht auf je ein Backblech (mit Backpapier belegt) legen (dabei aber nicht die Luft herausdrücken!). Das Backpapier vorsichtig entfernen und die Backbleche nacheinander (bei Heißluft zusammen) in den vorgeheizten Backofen schieben und **bei gleicher Backofeneinstellung in 20–25 Minuten fertig backen.**

6. Während der ersten 10 Minuten der Backzeit die Brote dreimal mit Wasser bestreichen.

7. Die Brote vom Backpapier lösen und auf Kuchenrosten erkalten lassen.

Abwandlung: Aus dem gleichen Teig können Sie ein **Oliven-Tomaten-Brot** herstellen. Nach einer Stunde Teiggehzeit werden je 100 g schwarze und grüne, entsteinte, gewürfelte Oliven und 6 gewürfelte, getrocknete Tomaten (in Öl eingelegt, abgetropft) unter den Teig geknetet. Den Teig in 2 Portionen teilen, aus einer Teigportion ein flaches Brot, aus restlichem Teig 6 flache Fladen formen. Nach 90 Minuten Ruhezeit das Brot bei gleicher Backofeneinstellung etwa 30 Minuten und die Fladen etwa 20 Minuten backen.

Crespelle al Basilico

Crêpes mit Basilikum | **Raffiniert**

6 Portionen

Pro Portion:
E: 8 g, F: 21 g, Kh: 12 g, kJ: 1119, kcal: 268

Für die Crespelle:
120 ml Milch
60 g gesiebtes Weizenmehl
3 Eier (Größe M)
1 Prise Salz

40 g Butter oder Margarine zum Ausbacken

Für die Basilikumcreme:
100 g Basilikum
1 Pck. Béchamelsauce (200 g, aus dem Tetra Pak®)
1 EL frisch geriebener Parmesan-Käse

Für die Tomatensauce:
500 g frische Tomaten
10 Basilikumblättchen
2 EL Olivenöl
Salz, frisch gemahlener Pfeffer

Zubereitungszeit: 40 Minuten, ohne Ruhezeit
Backzeit: etwa 10 Minuten

1. Für die Crespelle Milch, Mehl, Eier und Salz in eine Rührschüssel geben. Die Zutaten mit Handrührgerät mit Rührbesen zu einem glatten Teig verarbeiten. Den Teig etwa 15 Minuten ruhen lassen.

2. Aus dem Teig 12 Crespelle backen. Dafür jeweils etwas Butter oder Margarine in einer Pfanne (Ø etwa 22 cm) zerlassen. Je eine dünne Teiglage auf dem Boden der Pfanne verteilen. Die Crespelle kurz bei schwacher Hitze von beiden Seiten hellgelb backen, herausnehmen, nebeneinander auf Backpapier legen und kalt stellen.

3. Für die Creme Basilikum abspülen und trocken tupfen. Die Blättchen von den Stängeln zupfen. Blättchen abtropfen lassen und pürieren. Mit Béchamelsauce und Parmesan-Käse mischen und zu einer cremigen Masse aufschlagen.

4. Die Basilikumcreme auf die Crespelle streichen, jeweils zusammenfalten und auf ein Backblech (mit Backpapier belegt) legen. Das Backblech in den vorgeheizten Backofen schieben.
Ober-/Unterhitze: etwa 200 °C
Heißluft: etwa 180 °C
Backzeit: etwa 10 Minuten.

5. In der Zwischenzeit für die Tomatensauce Tomaten waschen, kreuzweise einschneiden und einige Sekunden in kochendes Wasser legen. Tomaten kurz in kaltes Wasser legen, enthäuten, halbieren, entkernen und die Stängelansätze herausschneiden. Tomatenhälften in kleine Stückchen schneiden.

6. Basilikumblättchen abspülen, trocken tupfen und klein schneiden. Tomatenstückchen mit Basilikum verrühren. Olivenöl unterrühren. Mit Salz und Pfeffer würzen.

7. Die gebackenen Crespelle vom Backblech nehmen und anrichten. Tomatensauce darauf verteilen und sofort servieren.

Crespelle-Gratin mit Ricotta und Sauerampfer

Crespelle gratinate con ricotta ed erba brusca | **Vegetarisch**

4 Portionen

Pro Portion:
E: 30 g, F: 73 g, Kh: 24 g, kJ: 3708, kcal: 886

Für die Crespelle:

120 ml Milch
60 g gesiebtes Weizenmehl
3 Eier (Größe M)
1 Prise Salz

40 g Butter oder Margarine zum Ausbacken

Für die Füllung:

3 Bund Sauerampfer
250 g Ricotta (italienischer Frischkäse)
250 g Magerquark
3 EL Milch
100 g gemahlene Haselnusskerne
frisch gemahlener Pfeffer
2 säuerliche Äpfel
50 g frisch geriebener Emmentaler-Käse
30 g Butter

Zubereitungszeit: 65 Minuten, ohne Abkühl- und Ruhezeit
Backzeit: etwa 20 Minuten

1. Für die Crespelle Milch, Mehl, Eier und Salz in eine Rührschüssel geben. Die Zutaten mit einem Rührbesen zu einem glatten Teig verarbeiten. Den Teig etwa 15 Minuten ruhen lassen.

2. Aus dem Teig 6 Crespelle backen. Dafür jeweils etwas Butter oder Margarine in einer Pfanne (Ø etwa 22 cm) zerlassen. Je eine dünne Teiglage auf dem Boden der Pfanne verteilen. Crespelle kurz bei schwacher Hitze von beiden Seiten hellgelb backen, herausnehmen und erkalten lassen.

3. Für die Füllung Sauerampfer verlesen, waschen und trocken tupfen. Ricotta mit Quark, Milch und Haselnusskernen verrühren und mit Pfeffer würzen.

4. Äpfel schälen, halbieren, entkernen, fein raspeln und unter die Quarkmasse ziehen.

5. Die erste Crespelle in eine Auflaufform (gefettet) legen, mit einem Sechstel der Quarkmasse bestreichen, mit einem Fünftel der Sauerampferblättchen belegen. So fortfahren, bis die letzte Crespelle mit Quarkcreme bestrichen ist.

6. Mit Käse bestreuen und mit Butterflöckchen belegen.

7. Die Form auf dem Rost in den vorgeheizten Backofen schieben.
Ober-/Unterhitze: etwa 200 °C
Heißluft: etwa 180 °C
Backzeit: etwa 20 Minuten.

Crostini mit Geflügelleber-/ Tomaten-/Olivencreme

Geröstetes Weißbrot

Mit Alkohol – für Gäste – gut vorzubereiten

24 Stück

Insgesamt:
E: 28 g, F: 60 g, Kh: 69 g, kJ: 3978, kcal: 949

Für die Geflügellebercreme:

1 kleine Knoblauchzehe
1 kleine Zwiebel
2 EL Olivenöl
2 EL Butter
300 g Geflügelleber
1 EL abgetropfte Kapern
1 EL Tomatenmark
100 ml Weißwein
Salz, frisch gemahlener, schwarzer Pfeffer
1 EL fein gehackte Petersilie

Für die Tomatencreme:

2 große Fleischtomaten
2 Knoblauchzehen
2 EL Olivenöl
½ Bund Basilikum

Für die Olivencreme:

3 Knoblauchzehen
300 g entsteinte, schwarze Oliven
5 Sardellenfilets
2 EL abgetropfte Kapern
4 EL Olivenöl
frisch gemahlener, schwarzer Pfeffer

24 kleine Scheiben weißes, geröstetes Landbrot

Nach Belieben:

Kräuterschinken oder Speck

Zubereitungszeit: 60 Minuten

1. Für die Geflügellebercreme Knoblauch und Zwiebel abziehen. Olivenöl in einer Pfanne erhitzen. Butter darin zerlassen. Knoblauch und Zwiebel darin andünsten. Geflügelleber unter fließendem kalten Wasser abspülen, trocken tupfen, evtl. Sehnen entfernen. Geflügelleber klein schneiden und hinzugeben. Kapern fein hacken, mit dem Tomatenmark zu der Geflügelleber geben und unter mehrmaligem Wenden etwa 5 Minuten garen. Leber herausnehmen.

2. Wein in die Pfanne gießen, zum Kochen bringen und unter Rühren bei mittlerer Hitze einkochen lassen. Mit Salz und Pfeffer würzen. Petersilie und die Leber unterrühren. Die Masse erkalten lassen.

3. Für die Tomatencreme Tomaten waschen, kreuzweise einschneiden und einige Sekunden in kochendes Wasser legen. Tomaten kurz in kaltem Wasser abschrecken, enthäuten, halbieren, entkernen und die Stängelansätze entfernen. Tomaten in Würfel schneiden und in eine Schüssel geben.

4. Knoblauch abziehen, durch eine Knoblauchpresse drücken und zu den Tomatenwürfeln geben. Dann mit Olivenöl beträufeln und vorsichtig mischen.

5. Basilikum abspülen und trocken tupfen. Die Blättchen von den Stängeln zupfen. Blättchen klein schneiden und untermengen. Mit Salz und Pfeffer würzen.

6. Für die Olivencreme Knoblauch abziehen. Knoblauch, Oliven, Sardellenfilets, Kapern und Olivenöl in einen hohen Rührbecher geben und mit einem Mixstab pürieren. Mit Pfeffer abschmecken.

7. Jeweils 8 Brotscheiben mit je einer Creme bestreichen. Nach Belieben die mit Olivencreme bestrichenen Brotscheiben mit ganz dünn geschnittenem Kräuterschinken oder Speck belegen.

Abwandlung: Crostini mit rohem Schinken. Dafür 4 Fleischtomaten enthäuten, entkernen und in Würfel schneiden. 2 Knoblauchzehen abziehen und in Scheiben schneiden. 24 kleine Scheiben Ciabatta in etwas Olivenöl rösten und mit 360 g dünnen Parma- oder Seranoschinkenscheiben belegen. Tomatenwürfel daraufgeben und mit Salz und Pfeffer würzen. Mit angerösteten Knoblauchscheiben und Basilikum garniert servieren.

Eiskaffee Affogato al caffè | **Klassisch**
4 Portionen

Pro Portion:
E: 4 g, F: 16 g, Kh: 18 g, kJ: 993, kcal: 237

750 ml (3/4 l) starker Kaffee
1 Pck. Vanilleeis (500 ml)
125 g Schlagsahne
Zucker
Zartbitter-Raspelschokolade

Zubereitungszeit: 15 Minuten, ohne Kühlzeit

1. Den Kaffee kochen und kalt stellen. 4 Gläser zu zwei Drittel mit dem erkalteten Kaffee füllen.

2. Vanilleeis in Würfel schneiden und in den Gläsern verteilen.

3. Sahne mit Zucker steif schlagen, in einen Spritzbeutel mit Sterntülle füllen. Den Eiskaffee damit verzieren und mit Raspelschokolade bestreuen.

Eisschokolade

Affogato al cioccolato

Klassisch

4 Portionen

Pro Portion:
E: 10 g, F: 39 g, Kh: 34 g, kJ: 2284, kcal: 546

100 g Zartbitter-Schokolade
600 ml Milch
1 Pck. Vanilleeis (500 ml)
125 g Schlagsahne
Zartbitter-Raspelschokolade

Zubereitungszeit: 20 Minuten, ohne Kühlzeit

1. Schokolade in kleine Stücke brechen. Milch in einem Topf erhitzen. Schokoladenstücke hinzugeben und unter Rühren schmelzen, abkühlen lassen. Schokoladenmilch kalt stellen.

2. Vanilleeis in Würfel schneiden, gleichmäßig in 4 Gläsern verteilen und mit der Schokoladenmilch auffüllen.

3. Sahne steif schlagen. Die Eisschokolade damit verzieren und mit Raspelschokolade bestreuen.

Ente mit Thymian Anatra al timo

Für Gäste

4 Portionen

Pro Portion:
E: 43 g, F: 31 g, Kh: 35 g, kJ: 2498, kcal: 597

1 kg gleich große Kartoffeln
3 EL vorbereitete Thymianblättchen
1 TL gehackte Rosmarinnadeln
Salz
2 EL Olivenöl

1 küchenfertige Flugente (etwa 1,2 kg)
2 mittelgroße Zwiebeln
heißes Wasser
vorbereitete Thymianstängel

Zubereitungszeit: 45 Minuten
Garzeit: etwa 1 1/2 Stunden

1. Kartoffeln gründlich waschen, mit Wasser bedeckt zum Kochen bringen, in 20–25 Minuten mit Deckel gar kochen.

2. Die garen Kartoffeln abgießen, mit kaltem Wasser abschrecken, abtropfen lassen und sofort pellen. Mit Thymianblättchen, Rosmarinnadeln und Salz bestreuen. Dann mit Olivenöl beträufeln.

3. Ente von innen und außen unter fließendem kalten Wasser abspülen und trocken tupfen. Ente von innen und außen mit Salz einreiben und mit einem Teil der Kräuterkartoffeln füllen.

4. Die Ente mit dem Rücken nach unten in einen Bräter (mit Wasser ausgespült) legen. Den Bräter ohne Deckel auf dem Rost in den vorgeheizten Backofen schieben.
Ober-/Unterhitze: etwa 220 °C
Heißluft: etwa 200 °C
Garzeit: etwa 1 1/2 Stunden.

5. Zwiebeln abziehen, vierteln und danach zu der Ente in den Bräter geben. Während des Bratens ab und zu unterhalb der Flügel und Keulen in die Ente stechen, damit das Fett auslaufen kann. Nach etwa 30 Minuten Bratzeit das ausgetretene Fett abschöpfen. Sobald der Bratensatz anfängt zu bräunen, etwas heißes Wasser hinzugießen. Die Ente ab und zu mit dem Bratensatz begießen. Verdampfte Flüssigkeit nach und nach durch Wasser ersetzen.

6. Etwa 15 Minuten vor Ende der Garzeit die restlichen Kartoffeln zu der Ente in den Bräter geben und kurz mitbraten lassen.

7. Die gare Ente mit den Kartoffeln auf einer vorgewärmten Platte anrichten, mit Thymian garnieren. Den Bratensatz getrennt dazureichen.

Entenbrust mit Feigen

Petto di anatra con fichi

Raffiniert – mit Alkohol

4 Portionen

Pro Portion:
E: 38 g, F: 44 g, Kh: 11 g, kJ: 2543, kcal: 606

2	*Entenbrustfilets (je etwa 400 g)*
	Salz, frisch gemahlener Pfeffer
etwas	*gerebelter Thymian*
125 ml (1/8 l)	*Geflügelbrühe*
6 cl	*Marsala-Wein*
125 g	*Schlagsahne*
4	*frische Feigen*

Zubereitungszeit: 40 Minuten

1. Die Entenbrustfilets unter kaltem Wasser abspülen und trocken tupfen. Eine große Pfanne erhitzen. Haut mit einem scharfen Messer einschneiden. Filets mit der Hautseite nach unten in die heiße Pfanne legen und von beiden Seiten braun anbraten. Mit Salz, Pfeffer und Thymian würzen.

2. Brühe hinzugießen, zum Kochen bringen, dabei die Entenbrustfilets mit der Fettseite nach oben etwa 10 Minuten garen. Filets herausnehmen und im vorgeheizten Backofen warm stellen.
Ober-/Unterhitze: etwa 80 °C
Heißluft: etwa 60 °C

3. Marsala und Sahne zum Bratensatz geben, aufkochen und etwas einkochen lassen. Die Sauce mit Salz, Pfeffer und Thymian abschmecken.

4. Feigen waschen, abtrocknen, jeweils in Spalten schneiden und in der Sauce erwärmen.

5. Entenbrustfilets in schräge, dünne Scheiben schneiden und zusammen mit den warmen Feigen in der Sauce servieren.

Erdbeer-Tiramisu Tiramisu alla fragola

Für Gäste – mit Alkohol

4 Portionen

Pro Portion:
E: 8 g, F: 51 g, Kh: 47 g, kJ: 2989, kcal: 715

150 g Cantuccini (italienisches Mandelgebäck)
50 ml frisch gepresster Orangensaft
50 ml Orangenlikör
250 g Erdbeeren
25 g gesiebter Puderzucker oder Zucker
400 g Schlagsahne
150 g Naturjoghurt
1 Becher Crème double (125 g)

einige Erdbeerhälften mit Grün
vorbereitete Minzeblättchen

Zubereitungszeit: 30 Minuten, ohne Kühlzeit

1. Cantuccini in eine große, flache Auflaufform legen. Orangensaft und -likör mischen, Cantuccini damit beträufeln.

2. Erdbeeren waschen, gut abtropfen lassen und entstielen. Erdbeeren halbieren und mit der Schnittfläche nach unten auf die Cantuccini legen. Mit Puderzucker oder Zucker bestreuen.

3. Sahne steif schlagen, Joghurt und Crème double unterrühren. Die Creme auf den Erdbeeren verteilen und glatt streichen. Tiramisu etwa 3 Stunden kalt stellen.

4. Tiramisu mit Erdbeerhälften mit Grün und Minzeblättchen garnieren.

Tipps: Nach Belieben Tiramisu vor dem Servieren mit Kakao bestäuben. Wer das Tiramisu schon am Vortag zubereiten möchte, sollte 1–2 Blatt weiße Gelatine (nach Packungsanleitung aufgelöst) unter die Joghurtmasse geben.

Espresso-Halbgefrorenes

Semifreddo al caffè **Raffiniert**

6 Portionen

Pro Portion:
E: 7 g, F: 47 g, Kh: 40 g, kJ: 2611, kcal: 624

8 Eigelb (Größe M)
200 g Zucker
100 ml doppelter Espresso
750 g Schlagsahne
2 Pck. Dr. Oetker Vanillin-Zucker
etwas Kakaopulver

Zubereitungszeit: 35 Minuten, ohne Abkühl- und Gefrierzeit

1. Eigelb mit Zucker in einer Edelstahlschüssel verrühren und im heißen Wasserbad mit Handrührgerät mit Rührbesen etwa 8 Minuten zu einer dicklich cremigen Masse aufschlagen. Espresso unterrühren. Die Masse erkalten lassen, dabei ab und zu durchschlagen.

2. Sahne mit Vanillin-Zucker steif schlagen (4 Esslöffel davon in einen Spritzbeutel mit Sterntülle füllen) und unter die Eigelbmasse ziehen.

3. Masse in eine Form (30 x 11 cm, mit Frischhaltefolie ausgelegt) füllen und im Gefrierfach mindestens 5 Stunden (am besten über Nacht) gefrieren lassen.

4. Mokka-Parfait aus der Form stürzen, die Folie abziehen. Das Parfait in Scheiben schneiden, mit der Sahne aus dem Spritzbeutel verzieren und mit Kakao bestäuben.

Tipp: Statt eines Mokka-Parfaits kann auch ein Zimt- oder Vanille-Parfait zubereitet werden: Für ein Zimt-Parfait 1–2 Esslöffel gemahlenen Zimt statt des Espresso verwenden. Für ein Vanille-Parfait das Mark von 2 Vanilleschoten unter die Creme rühren.

Feigen in Marsala Fichi al marsala

Mit Alkohol

4–6 Portionen

Pro Portion:
E: 6 g, F: 4 g, Kh: 36 g, kJ: 1028, kcal: 245

8 Feigen
100 ml Marsala-Wein

Für die Sauce:
3 Eigelb (Größe M)
80 g feiner Streuzucker
200 ml Marsala-Wein

etwas Puderzucker

Zum Garnieren:
einige Minzezweige

Zubereitungszeit: 30 Minuten, ohne Durchziehzeit

1. Feigen waschen, schälen, achteln und in eine flache Schale legen. Mit Marsala übergießen und etwa 1 Stunde durchziehen lassen.

2. Eigelb, Streuzucker und Marsala in einer Edelstahlschüssel oder einem Edelstahltopf verrühren.

3. Die Masse mit einem Schneebesen oder mit Handrührgerät mit Rührbesen auf niedrigster Stufe bei mittlerer Hitze im heißen Wasserbad so lange durchschlagen, bis die Masse durch und durch schaumig ist (das Volumen muss sich etwa verdoppeln – Wasser und Sauce nicht kochen lassen, da die Sauce sonst gerinnt).

4. Feigenachtel abtropfen lassen. Die Marsala-Sauce auf einem Teller anrichten. Die Feigenachtel darauf verteilen und mit Puderzucker bestreuen.

5. Zum Garnieren Minze abspülen und trocken tupfen. Feigen in Marsala mit den Minzezweigen garnieren.

Abwandlung: Gut schmecken auch **Datteln in Marsala (Foto).** Hierfür 500 g Datteln abspülen, trocken tupfen, längs aufschneiden und entkernen. 500 ml (1/2 l) Wein mit 1 Zimtstange, 1 Esslöffel Zucker, 1 Esslöffel Ingwersirup und einigen abgespülten und trocken getupften Minzeblättchen erhitzen. Datteln in eine Schüssel geben, mit dem gewürzten Marsala-Wein übergießen und im Kühlschrank erkalten lassen. 1 Päckchen (60 g) Pinienkerne in einer Pfanne ohne Fett rösten, herausnehmen und auf einem Teller erkalten lassen. Die Datteln vor dem Servieren mit den Pinienkernen bestreuen und mit einem vorbereiteten Minzezweig garniert servieren.

Feine Bandnudeln mit Trüffeln

Linguine al tartufo | **Etwas teurer – dauert länger**

2 Portionen

Pro Portion:

E: 34 g, F: 56 g, Kh: 112 g, kJ: 4577, kcal: 1094

300 g Weizenmehl
3 Eier (Größe L)
½ gestr. TL Salz
1 EL Olivenöl
Salz
etwas Weizenmehl zum Ausrollen

3 l Wasser
3 gestr. TL Salz

80 g Butter
40 g frisch geriebener Parmesan-Käse
50 g schwarze Trüffel

Zubereitungszeit: 50 Minuten, ohne Ruhezeit

1. Mehl in eine Rührschüssel sieben. In die Mitte eine Vertiefung eindrücken. Eier mit Salz verschlagen und durch ein feines Sieb in die Vertiefung laufen lassen. Olivenöl hinzufügen.

2. Die Zutaten mit Handrührgerät mit Knethaken zu einem glatten Teig verkneten. Den Teig auf einer bemehlten Arbeitsfläche etwa 3 Minuten gut durcharbeiten, in Klarsichtfolie gewickelt etwa 1 Stunde kalt stellen und ruhen lassen.

3. Den Teig portionsweise mit einer Nudelmaschine bis zur gewünschten Stärke ausrollen. Die Nudelbahnen mit dem Vorsatz 2–3 mm breit in Bahnen schneiden. Falls kein Vorsatz vorhanden ist, die Nudelbahnen locker zur Schnecke aufrollen und diese dann in 2–3 mm breite Bandnudeln schneiden. Die Nudeln zum Trocknen auf eine Leine hängen, damit sie sich beim Kochen nicht verformen.

4. Wasser in einem großen Topf mit geschlossenem Deckel zum Kochen bringen. Dann Salz und Nudeln zugeben. Die Nudeln im geöffneten Topf bei mittlerer Hitze nach Packungsanleitung kochen lassen, dabei zwischendurch 4–5-mal umrühren.

5. Anschließend die Nudeln in ein Sieb geben, mit heißem Wasser abspülen und abtropfen lassen.

6. Die Nudeln mit Butter und Käse vermischen, auf 2 Tellern verteilen. Trüffel mit einem Trüffelhobel hauchdünn darüberhobeln.

Fenchelviertel, mit Kräutern mariniert

Finocchio al'erbe marinate | **Vegetarisch**

4 Portionen

Insgesamt:
E: 7 g, F: 16 g, Kh: 12 g, kJ: 926, kcal: 221

4 Fenchelknollen (je etwa 300 g)
Salz
4 EL Olivenöl

Für die Marinade:

1 Orange (etwa 200 g)
4–5 Stängel Oregano
1 kleines Bund glatte Petersilie
2 EL Balsamico-Essig
frisch gemahlener Pfeffer
4 EL Olivenöl

Zubereitungszeit: 35 Minuten, ohne Durchziehzeit

1. Von den Fenchelknollen die Stiele dicht oberhalb der Knollen abschneiden. Braune Stellen und Blätter entfernen. Die Wurzelenden gerade schneiden. Die Knollen waschen, abtropfen lassen und vierteln. Fenchelviertel in kochendem Salzwasser etwa 5 Minuten blanchieren. Anschließend in ein Sieb geben (die Flüssigkeit dabei auffangen), mit kaltem Wasser übergießen und abtropfen lassen.

2. Olivenöl in einer großen Pfanne erhitzen. Fenchelviertel darin leicht anbraten, bis sie etwas Farbe angenommen haben. Fenchelviertel in eine flache Schale legen.

3. Für die Marinade Orange so schälen, dass die weiße Haut mitentfernt wird. Orangenfrucht vierteln und in Scheiben schneiden. Oregano und Petersilie abspülen und trocken tupfen. Die Blättchen jeweils von den Stängeln zupfen. Blättchen grob hacken.

4. Essig mit der aufgefangenen Fenchelflüssigkeit, Salz und Pfeffer verrühren, Olivenöl unterschlagen. Orangenscheiben, Oregano und Petersilie unterrühren. Die Fenchelviertel mit der Marinade übergießen, 1–2 Stunden kalt stellen und durchziehen lassen, dabei ab und zu umrühren.

Tipp: Wer es etwas säuerlicher mag, kann die Orange durch eine Grapefruit ersetzen.

Fischfilet, neapolitanisch

Filetto di pesce alla napoletana **Raffiniert**

4 Portionen

Pro Portion:

E: 33 g, F: 30 g, Kh: 24 g, kJ: 2119, kcal: 499

600 g Fischfilet (z. B. Seelachsfilet)
evtl. Saft von 1 Zitrone
Salz
2 Zwiebeln
1 Glas Champignonscheiben (Abtropfgewicht 280 g)
1 Bund glatte Petersilie
2 EL Speiseöl
2 EL Tomatenmark
1 Dose geschälte Tomaten (Einwaage 400 g)
frisch gemahlener Pfeffer
200 g Schmand (Sauerrahm)
80 g Semmelbrösel
40 g Butter

Zubereitungszeit: 55 Minuten
Garzeit: etwa 25 Minuten

1. Fischfilet unter fließendem kalten Wasser abspülen, trocken tupfen, nach Belieben mit Zitronensaft beträufeln, trocken tupfen und mit Salz bestreuen.

2. Zwiebeln abziehen und in kleine Würfel schneiden. Champignonscheiben in einem Sieb abtropfen lassen. Petersilie abspülen und trocken tupfen. Die Blättchen von den Stängeln zupfen, Blättchen klein schneiden.

3. Das Speiseöl in einer Pfanne erhitzen, Zwiebelwürfel darin andünsten. Tomatenmark kurz mit andünsten. Tomaten mit der Flüssigkeit hinzugeben, dabei die Tomaten etwas zerdrücken. Champignonscheiben und Petersilie unterrühren. Die Zutaten kurz erhitzen. Mit Salz und Pfeffer würzen.

4. Die Tomaten-Champignon-Masse in eine flache Auflaufform (gefettet) geben und das Fischfilet darauflegen. Schmand darauf verteilen und mit Semmelbröseln bestreuen. Butter in Flöckchen daraufsetzen.

5. Die Form auf dem Rost in den vorgeheizten Backofen schieben.
Ober-/Unterhitze: etwa 200 °C
Heißluft: etwa 180 °C
Garzeit: etwa 25 Minuten.

Tipps: Anstelle der Dosentomaten können sie auch frische, in Scheiben geschnittene Tomaten verwenden. Nach Belieben das Fischfilet zusätzlich mit 100 g geraspeltem Emmentaler-Käse überbacken. Dazu schmeckt Curryreis, den Sie ganz einfach mit im Backofen zubereiten können. Dazu 2 Tassen (etwa 300 g) Langkornreis mit 4 Tassen (etwa 600 ml) Salzwasser und 20 g Butter in eine Auflaufform geben, mit 1 Esslöffel Currypulver bestreuen, einen Deckel auflegen und die Form etwa 20 Minuten vor dem Fischfilet in den Backofen schieben (Garzeit etwa 45 Minuten).

Fisch-Makkaroni, sardisch

Maccheroni alla sarda

Mit Alkohol – gut vorzubereiten

4 Portionen

Pro Portion:
E: 42 g, F: 46 g, Kh: 50 g, kJ: 3280, kcal: 784

250 g Makkaroni
2 1/2 l Wasser
2 1/2 gestr. TL Salz
400 g Fischfilet (z. B. Seelachs)
2–3 EL Zitronensaft
125 ml (1/8 l) Gemüsebrühe
125 ml (1/8 l) Weißwein
200 g geraspelter Gouda-Käse
1 Stange Porree (Lauch)
2 kleine Fenchelknollen
4 Tomaten
4 EL Olivenöl
200 g Schlagsahne
Salz, frisch gemahlener Pfeffer
25 g Butter

Zubereitungszeit: 60 Minuten
Garzeit: etwa 30 Minuten

1. Makkaroni in fingerlange Stücke brechen. Wasser in einem großen Topf mit geschlossenem Deckel zum Kochen bringen. Dann Salz und Nudeln zugeben. Die Nudeln im geöffneten Topf bei mittlerer Hitze nach Packungsanleitung kochen lassen, dabei zwischendurch 4–5-mal umrühren.

2. Anschließend die Nudeln in ein Sieb geben, mit heißem Wasser abspülen und abtropfen lassen.

3. Das Fischfilet unter fließendem kalten Wasser abspülen, trocken tupfen und in eine flache Schale legen. Fischfilet mit Zitronensaft beträufeln und mit Salz bestreuen.

4. Brühe mit Wein in einem Topf zum Kochen bringen, Fischfilet hinzugeben und etwa 5 Minuten gar ziehen lassen.

5. Die Nudeln in eine große, flache Auflaufform (gefettet) geben. Fischfilet aus der Weinbrühe nehmen und auf die Nudeln legen. Ein Drittel der Käseraspel auf dem Fischfilet verteilen.

6. Porree putzen, die Stange längs halbieren, waschen, abtropfen lassen und in Ringe schneiden. Von den Fenchelknollen die Stiele dicht oberhalb der Knollen abschneiden. Knollen waschen, abtropfen lassen, halbieren und in kleine Stücke schneiden. Tomaten waschen, kreuzweise einschneiden und kurz in kochendes Wasser legen. Tomaten kurz in kaltes Wasser legen, enthäuten, vierteln, entkernen und die Stängelansätze herausschneiden.

7. Olivenöl in einem Topf erhitzen. Porree und Fenchel darin etwa 5 Minuten dünsten. Tomaten hinzufügen und kurz miterhitzen. Sahne unterrühren. Mit Salz und Pfeffer abschmecken. Gemüsemasse auf dem Fischfilet verteilen. Restliche Käseraspel daraufstreuen, Butter in Flöckchen daraufsetzen. Die Form auf dem Rost in den vorgeheizten Backofen schieben.
Ober-/Unterhitze: etwa 200 °C
Heißluft: etwa 180 °C
Garzeit: etwa 30 Minuten.

Fischsuppe

Brodo di pesce | **Für Gäste – mit Alkohol**

8 Portionen

Pro Portion:
E: 48 g, F: 29 g, Kh: 18 g, kJ: 2301, kcal: 549

- *1 kg* ***Miesmuscheln***
- *3 EL* ***Olivenöl***
- *2 kg* ***küchenfertiger Fisch (z. B. Schellfisch, Seehecht, Steinbutt, Seezunge, Aal)***
- ***Zitronensaft***
- *2 l* ***Wasser***
- *300 g* ***vorbereiteter Tintenfisch***
- *4* ***enthäutete Tomaten***
- *1* ***Möhre***
- *250 g* ***Staudensellerie***
- *1* ***Zwiebel***
- *3 EL* ***Olivenöl***
- *1* ***abgezogene, zerdrückte Knoblauchzehe***
- *1* ***klein gehackte, rote Pfefferschote***
- ***gerebelter Thymian***
- *250 ml (1/4 l)* ***Weißwein***
- ***Salz, frisch gemahlener Pfeffer***
- *12* ***geschälte Scampi***
- *6 EL* ***Olivenöl***
- *8 Scheiben* ***Weißbrot***

Zubereitungszeit: 90 Minuten

1. Miesmuscheln in reichlich kaltem Wasser gründlich waschen und einzeln abbürsten, bis sie nicht mehr sandig sind (Muscheln, die sich beim Waschen öffnen, sind ungenießbar). Evtl. Fäden (Bartbüschel) entfernen.

2. Olivenöl in einem großen Topf erhitzen, Muscheln hinzugeben und mit etwas Wasser zugedeckt etwa 5 Minuten erhitzen, bis sich die Muscheln öffnen (Muscheln, die sich nach dem Garen nicht öffnen, sind ungenießbar). Muscheln in einem Sieb abtropfen lassen und den Sud dabei auffangen. Das Muschelfleisch aus den Schalen lösen und beiseitestellen.

3. Fisch unter fließendem kalten Wasser abspülen, trocken tupfen, entgräten, in etwa 5 cm lange Stücke schneiden und mit Zitronensaft beträufeln. Die Köpfe, Schwänze und Flossen mit dem Wasser zum Kochen bringen und etwa 15 Minuten ziehen lassen. Dann die Brühe durch ein Sieb gießen und beiseitestellen.

4. Tintenfisch unter fließendem kalten Wasser abspülen, trocken tupfen und in Ringe schneiden.

5. Tomaten vierteln. Möhre putzen, schälen, waschen, abtropfen lassen und in Scheiben schneiden. Sellerie putzen und die harten Außenfäden abziehen. Sellerie waschen, abtropfen lassen und in kleine Stücke schneiden. Zwiebel abziehen, zuerst in Scheiben schneiden, dann in Ringe teilen.

6. Olivenöl in einem Topf erhitzen, die vorbereiteten Gemüsezutaten mit der Knoblauchzehe, der Pfefferschote und dem Thymian unter Rühren darin kurz andünsten. Wein hinzugießen, mit Salz und Pfeffer würzen, zum Kochen bringen und etwas einkochen lassen. Aufgefangene Fischbrühe und den Muschelsud hinzugießen, zum Kochen bringen und bei schwacher Hitze etwa 10 Minuten kochen lassen. Scampi abspülen und trocken tupfen.

7. Zuerst die Tintenfischringe und nach 10 Minuten die Fischstücke und Scampi in die Suppe geben und etwa 5 Minuten ziehen lassen. Das Muschelfleisch hinzufügen, mit Salz und Pfeffer würzen, kurz aufkochen lassen.

8. Olivenöl in einer Pfanne erhitzen, Weißbrotscheiben darin von beiden Seiten anrösten. Je 1 geröstete Scheibe in einen Suppenteller legen und mit der Suppe übergießen.

Florentiner Beefsteak

Bistecca alla fiorentina | **Schnell**

4 Portionen

Pro Portion:
E: 67 g, F: 17 g, Kh: 2 g, kJ: 1833, kcal: 436

4 Roastbeefscheiben (je 300 g, etwa 2 ½ cm dick)
125 ml (⅛ l) Olivenöl
frisch gemahlener Pfeffer
1 Bio-Zitrone (unbehandelt, ungewachst)
Salz

Zubereitungszeit: 30 Minuten, ohne Marinierzeit

1. Roastbeefscheiben kurz unter fließendem kalten Wasser abspülen, trocken tupfen und in eine flache Schale legen.

2. Olivenöl mit Pfeffer verrühren und auf den Roastbeefscheiben verteilen, etwa 15 Minuten marinieren, dabei gelegentlich wenden.

3. Zitrone heiß abwaschen, abtrocknen und in Spalten schneiden.

4. Die Roastbeefscheiben aus der Marinade nehmen und auf dem Rost unter den vorgeheizten Grill schieben. Roastbeefscheiben „englisch" (halbgar) grillen und mit Salz bestreuen. Mit Zitronenspalten garniert sofort servieren.

Florentiner Medaillons

Medaglioni alla fiorentina | **Für Gäste**

4 Portionen

Pro Portion:
E: 40 g, F: 20 g, Kh: 1 g, kJ: 1445, kcal: 345

2 kleine Schweinefilets (je etwa 300 g)
frisch gemahlener, schwarzer Pfeffer
5 dünne Scheiben gepökeltes, gekochtes Bauchfleisch
20 Salbeiblättchen
10 dünne Scheiben durchwachsener, geräucherter Speck
20 gefüllte Oliven
3 EL Olivenöl

Außerdem:

4 Holzspieße oder Schaschlikspieße

Zubereitungszeit: 35 Minuten
Grillzeit: etwa 15 Minuten

1. Schweinefilets evtl. entfetten und enthäuten, unter fließendem kalten Wasser abspülen, trocken tupfen und in 10 etwa 2 cm dicke Scheiben schneiden. Mit Pfeffer würzen.

2. Bauchfleisch quer halbieren. Salbeiblättchen abspülen und trocken tupfen. Die Medaillons zuerst mit je 2 Salbeiblättchen, dann mit je 1 halbierten Bauchfleischscheibe belegen. Die belegten Medaillons mit je 1 Scheibe Speck umwickeln, abwechselnd mit Oliven auf 4 Holz- oder Schaschlikspieße stecken und mit Olivenöl bestreichen.

3. Die Spieße auf den heißen Grillrost legen und etwa 15 Minuten unter mehrmaligem Wenden grillen.

Tipp: Die Spieße können auch mit Olivenöl in einer Pfanne etwa 10 Minuten gebraten werden.

Abwandlung: Sehr gut schmecken die Medaillons auch, wenn Sie Hähnchenbrustfilets nehmen.

Florentiner Spinatsuppe

Minestra di spinaci alla fiorentina

Einfach – vegetarisch

4 Portionen

Pro Portion:
E: 7 g, F: 16 g, Kh: 8 g, kJ: 863, kcal: 206

15 g Butter
2 Eier (Größe M)
300 g frischer Spinat oder
225 g TK-Blattspinat
25 g Butter
2 Zwiebeln
1 Knoblauchzehe
30 g Weizenmehl
800 ml Gemüsebrühe
Salz
frisch gemahlener Pfeffer
frisch geriebene Muskatnuss
2 EL Crème fraîche

Zubereitungszeit: 40 Minuten, ohne Abkühlzeit

1. Butter in einer Pfanne zerlassen. Eier vorsichtig aufschlagen, in die Butter gleiten lassen, von beiden Seiten braten und abkühlen lassen.

2. Frischen Spinat putzen, sehr gründlich waschen, abtropfen lassen und in etwas zerlassener Butter kurz andünsten.

3. Zwiebeln und Knoblauch abziehen, fein würfeln. Restliche Butter in einer Pfanne zerlassen. Zwiebel- und Knoblauchwürfel darin andünsten. Mit Mehl bestäuben. Brühe hinzugießen, unter Rühren zum Kochen bringen. Frischen Spinat oder gefrorenen Spinat unterrühren und unter Rühren zum Kochen bringen.

4. Dann die Suppe mit Salz, Pfeffer und Muskat abschmecken, einige Minuten kochen lassen.

5. Die gebratenen Eier in Streifen schneiden, in die Suppe geben und miterhitzen. Crème fraîche unterrühren.

Beilage: Ofenfrisches Baguette.

Friséesalat mit Jakobsmuscheln und Himbeeren

Insalata di indivia con cappesante **Raffiniert**

4 Portionen

Pro Portion:
E: 4 g, F: 16 g, Kh: 10 g, kJ: 860, kcal: 205

1 kleiner Friséesalat

Für die Marinade:

2 EL Himbeeressig
1–2 EL flüssiger Honig
6 EL mildes Olivenöl
Salz, frisch gemahlener Pfeffer
125 g frische Himbeeren

8 küchenfertige, große Jakobsmuschelkerne mit Rogen
2 EL Olivenöl
2 EL Butter
1 Bio-Zitrone (unbehandelt, ungewachst)

Zubereitungszeit: 40 Minuten

1. Friséesalat putzen, waschen und trocken tupfen oder trocken schleudern.

2. Für die Marinade Himbeeressig und Honig verrühren, Olivenöl unterschlagen. Mit Salz und Pfeffer würzen.

3. Himbeeren verlesen. Die Hälfte der Himbeeren mit einem Schneebesen unter die Marinade rühren. Eventuell mit Honig nachsüßen.

4. Rogen vorsichtig von den Muschelkernen separieren (absondern). Das Olivenöl in einer Pfanne erhitzen. Jakobsmuschelkerne darin unter mehrmaligem Wenden etwa 3 Minuten scharf anbraten.

5. Butter und Rogen hinzugeben, weitere 2 Minuten mitbraten lassen. Mit Salz und Pfeffer würzen.

6. Zitrone heiß abwaschen und die Schale abreiben.

7. Friséesalat mit der Marinade vermischen und auf 4 Tellern verteilen. Muschelkerne und Rogen um den Salat anrichten. Mit restlichen Himbeeren und Zitronenschale garnieren.

Frittata mit Gemüse

Omelette alle verdure | **Vegetarisch**

4 Portionen

Pro Portion:
E: 12 g, F: 23 g, Kh: 7 g, kJ: 1160, kcal: 277

2 rote Paprikaschoten (je etwa 150 g)
3 Frühlingszwiebeln
1 Bund Basilikum
4 EL Olivenöl
6 Eier (Größe M)
4 EL Schlagsahne
Salz
frisch gemahlener Pfeffer

Zubereitungszeit: 35 Minuten, ohne Abkühlzeit

1. Paprika halbieren, entstielen, entkernen und die weißen Scheidewände entfernen. Schoten waschen, abtrocknen und grob raspeln oder in ganz feine Streifen schneiden.

2. Frühlingszwiebeln putzen, waschen, abtropfen lassen und in Ringe schneiden. Basilikum abspülen und trocken tupfen. Blättchen von den Stängeln zupfen.

3. Zwei Esslöffel des Olivenöls in einer Pfanne erhitzen. Paprikaraspel oder -streifen und Frühlingszwiebelringe darin etwa 6 Minuten dünsten.

4. Die Gemüsemasse aus der Pfanne nehmen und etwas abkühlen lassen. Basilikumblättchen unterrühren.

5. Eier mit Sahne verschlagen, mit Salz und Pfeffer würzen. Die Gemüsemasse unterrühren.

6. Das restliche Olivenöl in der Pfanne erhitzen. Die Eier-Gemüse-Masse hineingeben und zugedeckt 8–10 Minuten bei schwacher Hitze stocken lassen.

7. Frittata aus der Pfanne auf einen großen Teller gleiten lassen. Frittata in Tortenstücke schneiden. Lauwarm oder kalt servieren.

Tipp: Die Frittata als kleines Gericht mit Baguette am Abend oder zum Brunch servieren.

Abwandlung: Sie können die Frittata auch mit einer Tomatensauce servieren. Dazu 3–4 Knoblauchzehen abziehen, zerdrücken und mit 1 kleinen Dose geschälte Tomaten (Einwaage 400 g) und etwas Salz in einem Topf etwa 15 Minuten bei schwacher Hitze kochen lassen. Die Sauce heiß zu der Frittata servieren.

Frittierte Perlzwiebeln

Cipolline fritte **Mit Alkohol**

4 Portionen

Pro Portion:
E: 7 g, F: 15 g, Kh: 24 g, kJ: 1219, kcal: 291

400 g	*Perlzwiebeln*
2 l	*kochendes Wasser*
1 1/2 l	*Speiseöl zum Ausbacken*
2	*Eier (Größe M)*
	Salz
250 ml (1/4 l)	*trockener Weißwein*
5 EL	*Weizenmehl*
2 EL	*frisch geriebener Parmesan-Käse*
4 Stängel	*Salbei*

Zubereitungszeit: 60 Minuten

1. Zwiebeln mit Schale in kochendem Wasser etwa 3 Minuten blanchieren. Die Zwiebeln mit kaltem Wasser abschrecken, in einem Sieb abtropfen lassen, die Schale abziehen. Zwiebeln auf Küchenkrepp legen und trocken tupfen.

2. Das Speiseöl in einem hohen Topf oder in einer Fritteuse auf etwa 180 °C erhitzen.

3. In der Zwischenzeit Eier trennen. Eiweiß mit 1 guten Prise Salz steif schlagen. Eigelb mit Wein, Mehl und Parmesan-Käse glatt rühren. Eiweiß mit einem Schneebesen unterheben.

4. Salbei abspülen und trocken tupfen. Die Blättchen von den Stängeln zupfen. Blättchen klein schneiden und unter den Teig heben.

5. Die Zwiebeln mit einer Gabel durch den Teig ziehen und in erhitztem Speiseöl rundherum knusprig ausbacken. Zwiebeln mit einer Schaumkelle herausnehmen, auf Küchenkrepp abtropfen lassen und mit Salz bestreuen. Zwiebeln heiß servieren.

Frittierter Ricotta

Dolce di ricotta fritta | **Raffiniert – schnell**

4 Portionen

Pro Portion:
E: 10 g, F: 19 g, Kh: 7 g, kJ: 1010, kcal: 241

2 Eier (Größe M)
250 g Ricotta (italienischer Frischkäse)
2–3 EL Weizenmehl

Zum Frittieren und Bestäuben:
500 ml (½ l) Olivenöl
Puderzucker

Zubereitungszeit: 25 Minuten

1. Eier trennen. Eiweiß steif schlagen. Eigelb mit Ricotta und Mehl gut verrühren. Eischnee vorsichtig unterheben. Aus der Masse mit angefeuchteten Händen kleine Bällchen formen.

2. Zum Frittieren Olivenöl in einem Topf oder in einer Fritteuse auf etwa 180 °C erhitzen. Ricotta-Bällchen vorsichtig in das erhitzte Olivenöl gleiten lassen und goldgelb backen. Anschließend mit einer Schaumkelle herausnehmen, auf Küchenpapier abtropfen lassen und auf einer Platte anrichten. Mit Puderzucker bestäuben und sofort servieren.

Tipps: Angedickte Sauerkirschen dazureichen. Oder mit Kakao, selbst gemachter Brombeerkonfitüre oder Honig servieren.

Frittiertes Gemüse mit Meeresfrüchten

Fritto misto di verdure con frutti di mare

Für Gäste – mit Alkohol

4 Portionen

Pro Portion:
E: 23 g, F: 42 g, Kh: 54 g, kJ: 2994, kcal: 716

6–8 dünne Möhren
6–8 dünne Petersilienwurzeln
2 Fenchelknollen (etwa 500 g)
8 Stängel Petersilie
4 große, rohe Scampi
200 g küchenfertige Calamari (Tintenfisch), Zitronensaft

Für den Teig:
250 g Weizenmehl
250 ml (1/4 l) helles Bier
1 Ei (Größe M)
Salz, frisch gemahlener Pfeffer

Zum Frittieren:
1 kg Speiseöl oder Pflanzenfett

Zitronenachtel

Zubereitungszeit: 50 Minuten

1. Von den Möhren und Petersilienwurzeln das Grün bis auf etwa 1 cm und die Wurzelenden abschneiden. Möhren und Petersilienwurzeln schälen, waschen und trocken tupfen.

2. Fenchelknollen putzen, waschen, vierteln und abtrocknen. Petersilienstängel vorsichtig abspülen und trocken tupfen.

3. Scampi aus der Schale lösen. Anschließend unter fließendem kalten Wasser abspülen, trocken tupfen und den Darm entfernen. Calamari unter fließendem kalten Wasser abspülen, trocken tupfen, in Ringe schneiden und mit Zitronensaft beträufeln.

4. Für den Teig Mehl in eine Rührschüssel sieben, in die Mitte eine Vertiefung eindrücken und etwas Bier hineingießen. Von der Mitte aus das Bier mit einem Teil des Mehls verrühren. Restliches Bier und Ei hinzufügen und zu einem glatten Teig verrühren. Darauf achten, dass keine Klümpchen entstehen. Anschließend mit Salz und Pfeffer würzen.

5. Speiseöl oder Pflanzenfett in einer Fritteuse auf etwa 180 °C erhitzen. Vorbereitetes Gemüse, Petersilienstängel und Meeresfrüchte in den Teig tauchen, am Schüsselrand etwas abstreifen und im erhitzten Frittierfett portionsweise goldgelb backen (Gemüse etwa 5 Minuten, Meeresfrüchte 3–5 Minuten). Auf Küchenpapier abtropfen lassen und dann mit Salz bestreuen.

6. Das Gemüse anschließend mit den Zitronenachteln garnieren und sofort servieren.

Frittiertes Gemüse mit Tomatendip

Verdure fritte (da pucciare al pomodoro) I

Mit Alkohol

4 Portionen

Pro Portion:
E: 19 g, F: 42 g, Kh: 54 g, kJ: 2852, kcal: 681

Für den Teig:
300 g Weizenmehl
3 Eigelb (Größe M)
300 ml helles Bier
70 g Schlagsahne
50 g frisch geriebener Parmesan-Käse
Salz
frisch gemahlener Pfeffer
frisch geriebene Muskatnuss
3 Eiweiß (Größe M)

Für das Gemüse:
je 1 rote, grüne und gelbe Paprikaschote
1–2 kleine Zucchini
8 Champignons

Für den Tomatendip:
8 Flaschentomaten
3 Schalotten
3 Knoblauchzehen
2 EL Sonnenblumenkernöl
2 EL Tomatenmark
Zucker
gerebelter Oregano

Zum Frittieren:
1 l Speiseöl

etwas vorbereiteter Rucola (Rauke)
Zitronenachtel

Zubereitungszeit: 70 Minuten, ohne Ruhezeit

1. Für den Teig Mehl in eine Rührschüssel sieben. Eigelb, Bier, Sahne und Parmesan-Käse hinzufügen. Die Zutaten gut verrühren. Mit Salz, Pfeffer und Muskat würzen.

2. Eiweiß cremig schlagen und unter den Teig heben. Den Teig etwa 30 Minuten ruhen lassen.

3. Für das Gemüse Paprika halbieren, entstielen, entkernen und die weißen Scheidewände entfernen. Die Schoten waschen, trocken tupfen und in etwa 1 cm breite Streifen schneiden. Zucchini waschen, abtrocknen und die Enden abschneiden. Zucchini in etwa ½ cm dicke Scheiben schneiden. Champignons putzen, mit Küchenpapier abreiben, die Stiele etwas kürzer schneiden. Champignons evtl. abspülen und trocken tupfen. Große Champignons halbieren.

4. Für den Dip Tomaten waschen, kreuzweise einschneiden und einige Sekunden in kochendes Wasser legen. Die Tomaten kurz in kaltes Wasser legen, enthäuten, halbieren, entkernen und die Stängelansätze herausschneiden. Tomatenhälften in Würfel schneiden. Schalotten und Knoblauch abziehen und in sehr kleine Würfel schneiden.

5. Öl in einem Topf erhitzen, Schalotten- und Knoblauchwürfel darin andünsten. Tomatenmark unterrühren und kurz mit andünsten. Tomatenwürfel hinzufügen und etwa 5 Minuten dünsten lassen. Mit Salz, Pfeffer, Zucker und Oregano abschmecken.

6. Zum Frittieren Öl in einem Topf oder in einer Fritteuse auf etwa 180 °C erhitzen. Das vorbereitete Gemüse durch den Teig ziehen, am Schüsselrand abstreifen und in dem erhitzten Öl goldbraun backen.

7. Das Gemüse mit einer Schaumkelle herausnehmen, auf Küchenpapier abtropfen lassen und auf einem Teller anrichten. Nach Belieben mit Rucola und Zitronenachteln garnieren. Den Dip dazureichen.

Frühlingspizza Pizza alla primavera I

Für Gäste

4 Portionen

Pro Portion:
E: 22 g, F: 22 g, Kh: 50 g, kJ: 2057, kcal: 492

Für den Hefeteig:

125 g Weizenmehl (Type 550)
125 g Dinkel-Vollkornmehl
½ Pck. frische Hefe (21 g)
1 TL Zucker
125 ml (⅛ l) lauwarmes Wasser
1 gestr. TL Salz
5 EL Speiseöl

Für den Belag:

500 g weißer Spargel
250 g grüner Spargel
250 g stückige Tomaten (aus dem Tetra Pak®)
Salz, frisch gemahlener Pfeffer
125 g Mozzarella-Käse
1 kleines Bund Rucola (Rauke, 30 g)
1 Becher Garnelen in Knoblauchöl (Abtropfgewicht 100 g)

Zubereitungszeit: 45 Minuten, ohne Teiggehzeit
Backzeit: etwa 35 Minuten

1. Für den Teig Mehl in eine Rührschüssel sieben. In die Mitte eine Vertiefung drücken. Hefe hineinbröckeln, Zucker und etwas Wasser hinzufügen. Mit einer Gabel vorsichtig verrühren und etwa 10 Minuten gehen lassen.

2. Salz, Speiseöl und restliches Wasser hinzufügen. Die Zutaten mit Handrührgerät mit Knethaken zunächst kurz auf niedrigster, dann auf höchster Stufe in etwa 5 Minuten zu einem glatten Teig verarbeiten. Den Teig zugedeckt so lange an einem warmen Ort gehen lassen, bis er sich sichtbar vergrößert hat.

3. Für den Belag den weißen Spargel von oben nach unten schälen, dabei darauf achten, dass die Schalen vollständig entfernt, die Köpfe aber nicht verletzt werden. Die unteren Enden abschneiden (holzige Stellen vollkommen entfernen). Vom grünen Spargel das untere Drittel schälen und die unteren Enden abschneiden.

4. Weißen und grünen Spargel quer halbieren und in kochendem Salzwasser 3–5 Minuten blanchieren. Spargelstücke in ein Sieb geben, mit kaltem Wasser übergießen und abtropfen lassen.

5. Stückige Tomaten in einem Topf zum Kochen bringen und ohne Deckel etwa 5 Minuten etwas einkochen lassen. Mit Salz und Pfeffer würzen. Mozzarella in einem Sieb abtropfen lassen und in etwa 1 x 1 cm große Würfel schneiden.

6. Den gegangenen Teig leicht mit Mehl bestäuben, aus der Schüssel nehmen, auf einer bemehlten Arbeitsfläche nochmals kurz durchkneten und zu einer runden Platte (Ø etwa 38 cm) ausrollen. Teigränder etwa 2 cm breit nach innen klappen und danach gut andrücken.

7. Die Teigplatte auf ein Backblech (gefettet, mit Backpapier belegt) legen. Teigränder mit Mehl bestäuben. Nochmals zugedeckt so lange an einem warmen Ort gehen lassen, bis sich die Teigplatte sichtbar vergrößert hat.

8. Teigplatte nacheinander mit Tomaten, Spargelstücken und Mozzarellawürfeln belegen. Das Backblech in den vorgeheizten Backofen schieben.
Ober-/Unterhitze: etwa 200 °C
Heißluft: etwa 180 °C
Backzeit: etwa 35 Minuten.

9. Rucola putzen, waschen, gut abtropfen lassen und in Stücke zupfen. Garnelen in einem Sieb abtropfen lassen. Die Pizza aus dem Backofen nehmen. Mit Garnelen und Rucola belegen und anschließend sofort servieren.

Tipp: Es schmeckt ebenfalls hervorragend, wenn Sie anstelle des weißen und grünen Spargels und der Garnelen in Knoblauchöl vorbereitete Frühlingszwiebeln und geräucherte Lachsscheiben für diese Frühlingspizza verwenden.

Gebackene Sardinen

Sardine al forno **Raffiniert**

4 Portionen

Pro Portion:
E: 49 g, F: 25 g, Kh: 3 g, kJ: 1845, kcal: 441

1 1/4 kg küchenfertige Sardinen
1 Bio-Zitrone (unbehandelt, ungewachst)
1 Tomate
Saft von
1 Zitrone
5 EL Olivenöl
4 Knoblauchzehen
1 EL gehackte Petersilie
Salz, frisch gemahlener Pfeffer
vorbereitete Majoranblättchen

Zubereitungszeit: 35 Minuten
Backzeit: etwa 20 Minuten

1. Sardinen von innen und außen unter fließendem kalten Wasser abspülen und trocken tupfen. Sardinen nebeneinander in eine flache Gratin- oder Auflaufform (gefettet) legen.

2. Zitrone heiß abwaschen, abtrocknen und in Scheiben schneiden. Tomate waschen, trocken tupfen, halbieren und den Stängelansatz entfernen. Tomate in Scheiben schneiden. Zitronen- und Tomatenscheiben in die Zwischenräume der Sardinen legen.

3. Zitronensaft mit Olivenöl verrühren und auf den Sardinen verteilen. Knoblauch abziehen und fein hacken.

4. Die Sardinen mit Knoblauch, Petersilie, Salz, Pfeffer und Majoranblättchen bestreuen. Die Form auf dem Rost in den vorgeheizten Backofen schieben.
Ober-/Unterhitze: etwa 200 °C
Heißluft: etwa 180 °C
Backzeit: etwa 20 Minuten.

Gebratene Mandeln und Oliven

Mandorle e olive trifolate | **Für Gäste**

4–6 Portionen (als Snack)

Pro Portion:

E: 8 g, F: 36 g, Kh: 4 g, kJ: 1539, kcal: 368

1 Knoblauchzehe
1 Stängel Rosmarin
1 Peperoncini (getrocknete Chilischote)
2 EL Olivenöl
200 g nicht abgezogene, ganze Mandeln
200 g gemischte Oliven ohne Stein
Salz
1 Bio-Zitrone (unbehandelt, ungewachst)

Zubereitungszeit: 15 Minuten

1. Knoblauch abziehen und zerdrücken. Rosmarin abspülen und trocken tupfen. Peperoncini zerbröseln.

2. Das Olivenöl in einer Pfanne erhitzen. Knoblauch, Rosmarin und Peperoncini darin andünsten.

3. Die Mandeln und abgetropfte Oliven hinzugeben, unter Rütteln der Pfanne etwa 5 Minuten braten. Mit Salz bestreuen.

4. Zitrone heiß abwaschen, abtrocknen. Die Schale abreiben und unter die Mandel-Oliven-Mischung heben. Kalt oder warm servieren.

Tipp: Gebratene Mandeln und Oliven schmecken gut als Antipasti oder zu Wein.

Geflügelpizza Pizza con pollo | **Für Gäste**

4 Portionen

Pro Portion:
E: 42 g, F: 41 g, Kh: 65 g, kJ: 3334, kcal: 797

Für den Hefeteig:

300 g Weizenmehl
1 Pck. Dr. Oetker Trockenbackhefe
2 EL Speiseöl
1 gestr. TL Salz
gut 125 ml
(1/8 l) lauwarmes Wasser

Für den Belag:

4 Stangen Staudensellerie (etwa 200 g)
1 Stange Porree (Lauch, etwa 200 g)
1 rote Paprikaschote (etwa 200 g)
1 Zwiebel
1 Knoblauchzehe
3 EL Speiseöl
Salz
frisch gemahlener Pfeffer
Kräuter der Provence
400 g Hähnchenbrustfilet
3 EL Speiseöl
2 EL Sojasauce
3 EL Tomatenmark
4 Tomaten
100–150 g geraspelter, mittelalter Gouda-Käse
2 EL Olivenöl

Zubereitungszeit: 45 Minuten, ohne Teiggeh- und Abkühlzeit
Backzeit: etwa 25 Minuten

1. Für den Teig Mehl in eine Rührschüssel sieben und mit der Trockenbackhefe sorgfältig vermischen. Speiseöl, Salz und Wasser hinzufügen. Die Zutaten mit Handrührgerät mit Knethaken zunächst kurz auf niedrigster, dann auf höchster Stufe in etwa 5 Minuten zu einem glatten Teig verarbeiten. Sollte er kleben, noch etwas Mehl hinzufügen (aber nicht zu viel, Teig muss weich bleiben). Den Teig zugedeckt so lange an einem warmen Ort gehen lassen, bis er sich sichtbar vergrößert hat.

2. Den Teig leicht mit Mehl bestäuben, aus der Schüssel nehmen, auf einer bemehlten Arbeitsfläche nochmals kurz durchkneten und zu einem Quadrat (etwa 30 x 30 cm) ausrollen. Teigstück auf ein Backblech (gefettet) legen.

3. Für den Belag Sellerie und Porree putzen. Von den Selleriestangen die harten Außenfäden abziehen. Stangen waschen, abtropfen lassen und in Scheiben schneiden. Porreestange längs halbieren, waschen, abtropfen lassen und ebenfalls in Scheiben schneiden.

4. Paprika halbieren, entstielen, entkernen und die weißen Scheidewände entfernen. Schote waschen, trocken tupfen und in dünne Streifen schneiden. Zwiebel und Knoblauch abziehen und anschließend klein würfeln.

5. Das Speiseöl in einem Topf erhitzen. Die Zwiebel- und Knoblauchwürfel darin andünsten. Vorbereitete Gemüsezutaten hinzufügen und etwa 5 Minuten dünsten. Mit Salz, Pfeffer und Kräutern der Provence würzen, abkühlen lassen.

6. Hähnchenbrustfilet unter fließendem kalten Wasser abspülen, trocken tupfen und in dünne Streifen schneiden. Mit Salz und Pfeffer bestreuen.

7. Speiseöl in einer Pfanne erhitzen. Fleischstreifen darin unter mehrmaligem Wenden etwa 3 Minuten anbraten. Sojasauce gut unterrühren, abkühlen lassen.

8. Teigstück mit Tomatenmark bestreichen. Die Gemüsemasse daraufgeben.

9. Tomaten waschen, halbieren und die Stängelansätze entfernen. Tomaten in Scheiben schneiden und darauflegen.

10. Die Fleischstreifen darauf verteilen. Mit Käse und Kräutern der Provence bestreuen und mit Olivenöl beträufeln. Die Pizza nochmals an einem warmen Ort kurz gehen lassen. Anschließend das Backblech in den vorgeheizten Backofen schieben.
Ober-/Unterhitze: 200–220 °C
Heißluft: 180–200 °C
Backzeit: etwa 25 Minuten.

Geflügelsauce, venezianische Art

Salsa di fegatini alla veneziana

Preiswert – mit Alkohol

4 Portionen

Pro Portion:
E: 7 g, F: 17 g, Kh: 3 g, kJ: 817, kcal: 195

120 g Hühnerleber
1 Stück Schale von 1 Bio-Zitrone (unbehandelt, ungewachst)
4 Stängel Petersilie
3 Sardellenfilets
1 kleine Zwiebel
2 Knoblauchzehen
6 EL Olivenöl
Salz
2 EL trockener Weißwein
Saft von
1 Zitrone
frisch gemahlener Pfeffer

Zubereitungszeit: 20 Minuten

1. Hühnerleber unter fließendem kalten Wasser abspülen und trocken tupfen. Zitronenschale gründlich waschen und abtrocknen. Petersilie abspülen und trocken tupfen. Die Blättchen von den Stängeln zupfen.

2. Sardellenfilets, Hühnerleber, Zitronenschale und Petersilie sehr klein schneiden. Zwiebel und Knoblauch abziehen, in ganz feine Würfel schneiden.

3. Olivenöl in einer Pfanne erhitzen, Knoblauchwürfel darin hellbraun anbraten und herausnehmen. Die vorbereiteten Saucenzutaten mit Salz in das Knoblauchöl geben und andünsten. Wein und Zitronensaft unterrühren. Die Sauce mit Pfeffer abschmecken.

Tipp: Nach Geschmack noch etwas fein gehackte, eingelegte, grüne Pfefferschote in die Sauce geben. Zu gegrilltem Fisch reichen.

Gefüllte Nudeltaschen mit Ricotta

Tortelli alla ricotta e basilico | **Dauert länger**

4 Portionen

Pro Portion:
E: 22 g, F: 29 g, Kh: 67 g, kJ: 2601, kcal: 621

Für den Nudelteig:

350 g Weizenmehl
3 Eier (Größe M)
etwa 4 EL Wasser
1 gestr. TL Salz

Für die Füllung:

1 Zwiebel
1 Bund Basilikum
2 EL Olivenöl
frisch gemahlener Pfeffer
300 g Ricotta (italienischer Frischkäse)

4 l Wasser
4 gestr. TL Salz
3 EL Olivenöl
1–2 Knoblauchzehen
vorbereitete Basilikumblättchen
grüne Pfefferkörner
Streifen von roten und grünen Paprikaschoten

Zubereitungszeit: 60 Minuten, ohne Ruhezeit

1. Für den Teig Mehl in eine Rührschüssel sieben, Eier, Wasser und Salz hinzufügen. Die Zutaten mit Handrührgerät mit Knethaken zu einem glatten Teig verkneten. Sollte der Teig kleben, noch etwas Mehl unterarbeiten. Den Teig mit etwas Mehl bestäuben, in Frischhaltefolie wickeln und etwa 1 Stunde ruhen lassen.

2. Für die Füllung die Zwiebel abziehen und in sehr kleine Würfel schneiden. Basilikum abspülen und trocken tupfen. Die Blättchen von den Stängeln zupfen. Blättchen klein schneiden. Zwiebelwürfel mit Basilikum mischen.

3. Olivenöl in einem Topf erhitzen, die Zwiebel-Basilikum-Mischung darin andünsten, mit Pfeffer würzen. Ricotta unterrühren.

4. Den Nudelteig auf einer bemehlten Arbeitsfläche ausrollen, runde Scheiben (Ø 7–10 cm) ausstechen, je 1 Teelöffel Ricotta-Masse daraufgeben und zusammenklappen. Die Ränder mit Wasser bestreichen und mit einer Gabel fest andrücken.

5. Wasser in einem großen geschlossenen Topf zum Kochen bringen. Dann Salz und Nudeln hinzufügen. Die Nudeln darin etwa 10 Minuten ziehen lassen, dabei 4–5-mal umrühren.

6. Nudeln in einem Sieb abtropfen lassen, in eine Schüssel geben, mit Olivenöl vermengen, evtl. mit Salz würzen.

7. Knoblauch abziehen, in kleine Würfel schneiden und unter die Nudeln heben.

8. Die Nudeln auf Tellern verteilen, mit Basilikumblättchen, Pfefferkörnern und Paprikastreifen garniert servieren.

Gegrillte Lammrückenfilets

Filetto d'agnello alla griglia | **Raffiniert**

4 Portionen

Pro Portion:

E: 31 g, F: 56 g, Kh: 9 g, kJ: 2769, kcal: 662

1 Zwiebel
1 rote Paprikaschote (etwa 150 g)
1 kleine Zucchini (etwa 150 g)
4 EL Olivenöl
12 entsteinte, schwarze Oliven
½ EL fein gehackter, frischer Thymian
100 ml Fleischbrühe
Salz
frisch gemahlener Pfeffer

4 Lammrückenfilets (je etwa 150 g)
Olivenöl zum Bestreichen
150 ml Remoulade

Zubereitungszeit: 20 Minuten, ohne Abkühl- und Durchziehzeit
Grillzeit: etwa 8 Minuten

1. Zwiebel abziehen und in kleine Würfel schneiden. Paprika halbieren, entstielen, entkernen und die weißen Scheidewände entfernen. Die Schote waschen, trocken tupfen und ebenfalls in kleine Würfel schneiden (1 Esslöffel Paprikawürfel beiseitelegen). Zucchini waschen, abtrocknen und die Enden abschneiden. Zucchini fein würfeln.

2. Olivenöl in einem Topf erhitzen. Vorbereitete Gemüsewürfel darin andünsten. 7 Oliven vierteln, restliche Oliven klein hacken und beiseitelegen. Olivenviertel und Thymian zu den Gemüsewürfeln geben. Brühe hinzugießen, mit Salz und Pfeffer abschmecken. Das Gemüse etwa 5 Minuten dünsten, abkühlen lassen.

3. Lammrückenfilets unter fließendem kalten Wasser abspülen und trocken tupfen. Mit Salz und Pfeffer würzen, mit Olivenöl bestreichen. Die Filets unter dem vorgeheizten Grill von jeder Seite etwa 4 Minuten rosa grillen. Die Filets in Alufolie wickeln und etwa 5 Minuten nachziehen lassen.

4. Remoulade mit den beiseitegelegten Olivenstücken und Paprikawürfeln vermengen, kurz durchziehen lassen.

5. Die Filets mit dem Gemüse und der Remoulade anrichten.

Gegrilltes Kalbskotelett mit Trüffelbutter

Costoletta di vitello alla griglia | **Etwas teurer**

2 Portionen

Pro Portion:
E: 61 g, F: 72 g, Kh: 2 g, kJ: 3745, kcal: 894

2 Kalbskoteletts (je etwa 400 g, etwa 6 cm dick)
1 EL Olivenöl
Meersalz
frisch gestoßener, grober Pfeffer
100 g weiche Butter
2 EL gehackte Petersilie
2 EL Trüffelpaste
1 Trüffel (etwa 15 g)

Zubereitungszeit: 30 Minuten
Grillzeit: 12–16 Minuten

1. Koteletts unter fließendem kalten Wasser abspülen, trocken tupfen und von beiden Seiten dünn mit Olivenöl bestreichen. Mit Salz bestreuen.

2. Die Koteletts unter dem vorgeheizten Grill 6–8 Minuten von beiden Seiten garen. Mit Pfeffer bestreuen.

3. Butter geschmeidig rühren. Mit Salz, Petersilie und Trüffelpaste abschmecken.

4. Die Trüffelbutter auf den gegrillten Koteletts verteilen. Trüffel mit einem Trüffelhobel hauchdünn darüberhobeln.

Beilage: Ofenkartoffeln und grüner Salat.

Gemischter Fisch, frittiert

Fritto misto di pesce | **Schnell**

4 Portionen

Pro Portion:
E: 40 g, F: 13 g, Kh: 9 g, kJ: 1341, kcal: 320

16 Tintenfischringe
500 g vorbereitete Sardinen
16 Scampi (mit Schale)

1 l Olivenöl zum Frittieren
etwa 20 g Weizenmehl
Salz

Salatblätter
2 Bio-Zitronen (unbehandelt, ungewachst)

Zubereitungszeit: 25 Minuten

1. Tintenfischringe und Sardinen unter fließendem kalten Wasser abspülen und trocken tupfen. Scampi aus den Schalen lösen und jeweils den Darm entfernen. Scampi abspülen und trocken tupfen.

2. Olivenöl in einem Topf oder in der Fritteuse auf etwa 180 °C erhitzen. Mehl in einen Teller geben. Nacheinander Tintenfische, Sardinen und Scampi darin wenden.

3. Tintenfischringe, Sardinen und Scampi portionsweise in dem erhitzten Olivenöl goldbraun frittieren. Mit einer Schaumkelle herausnehmen und auf Küchenpapier abtropfen lassen. Den frittierten Fisch mit Salz bestreuen.

4. Salatblätter abspülen, trocken tupfen. Zitronen heiß abwaschen, abtrocknen und in Spalten schneiden. Den Fisch auf den Salatblättern anrichten und mit den Zitronenspalten garnieren.

Gemüseauflauf

Verdure al forno con mozzarella | **Vegetarisch**

4 Portionen

Pro Portion:

E: 15 g, F: 34 g, Kh: 11 g, kJ: 1712, kcal: 409

je 2 rote und gelbe Paprikaschoten
2 mittelgroße Zucchini (je etwa 250 g)
1 Knoblauchzehe
1 Bund Basilikum
250 g Mozzarella-Käse
50 g schwarze Oliven
Salz
frisch gemahlener Pfeffer
6 EL Olivenöl

Zubereitungszeit: 35 Minuten
Backzeit: 25–30 Minuten

1. Paprikaschoten halbieren, entstielen, entkernen und die weißen Scheidewände entfernen. Schoten waschen und trocken tupfen. Paprikahälften auf einem Backblech verteilen. Das Backblech in den vorgeheizten Backofen schieben.
Ober-/Unterhitze: etwa 240 °C
Heißluft: etwa 220 °C
Backzeit: etwa 8 Minuten
(Die Paprikahälften so lange rösten, bis die Haut Blasen wirft.).

2. Das Backblech auf einen Kuchenrost stellen. Paprikahälften mit einem feuchten Küchentuch kurz zudecken, dann die Haut abziehen. Paprikahälften evtl. nochmals halbieren.

3. Zucchini waschen, abtrocknen und die Enden abschneiden. Zucchini in Scheiben schneiden. Knoblauch abziehen und in kleine Würfel schneiden. Das Basilikum abspülen und trocken tupfen. Die Blättchen von den Stängeln zupfen. Blättchen klein schneiden. Mozzarella abtropfen lassen und in Scheiben schneiden.

4. Paprika, Zucchini- und Mozzarellascheiben abwechselnd, dachziegelartig in eine Auflaufform oder feuerfeste Form (beides gefettet) legen. Oliven darauf verteilen. Mit Salz und Pfeffer würzen. Olivenöl mit Knoblauchwürfeln und Basilikum verrühren und auf das eingeschichtete Gemüse geben. Die Form auf dem Rost in den vorgeheizten Backofen schieben.
Ober-/Unterhitze: etwa 200 °C
Heißluft: etwa 180 °C
Garzeit: 25–30 Minuten.

Tipp: Gemüseauflauf mit Baguette und Chianti servieren.

Gemüse-Piccata mit Tomatensauce

Piccata di verdure | **Vegetarisch**

4 Portionen

Pro Portion:

E: 14 g, F: 37 g, Kh: 19 g, kJ: 1942, kcal: 463

1 großer Knollensellerie (etwa 300 g)
1 große Rote Bete (etwa 250 g)
1 großer Kohlrabi (etwa 250 g)
Salz
3 Eier (Größe M)
100 g frisch geriebener Parmesan-Käse
frisch gemahlener Pfeffer
60 g Weizenmehl
6 EL Speiseöl

Für die Tomatensauce:

5 Fleischtomaten
2 kleine Zwiebeln
2 Knoblauchzehen
5 EL Olivenöl
2 TL grüne Pfefferkörner in Lake
gerebelter Thymian

Zubereitungszeit: 50 Minuten

1. Knollensellerie, Rote Bete und Kohlrabi waschen, schälen, abspülen und in etwa 1/2 cm dicke Scheiben schneiden. Gemüsescheiben getrennt in kochendem Salzwasser 2–3 Minuten blanchieren, anschließend in ein Sieb geben, kalt abspülen und abtropfen lassen.

2. Eier mit Parmesan verrühren. Gemüsescheiben zuerst mit Salz und Pfeffer bestreuen, dann in Mehl wenden und zuletzt durch die Käse-Eier-Masse ziehen, am Schüsselrand etwas abstreifen.

3. Speiseöl in einer Pfanne erhitzen. Die Gemüsescheiben darin von beiden Seiten bei schwacher Hitze etwa 10 Minuten braten.

4. Für die Sauce die Tomaten waschen, kreuzweise einschneiden und einige Sekunden in kochendes Wasser legen. Tomaten kurz in kaltes Wasser legen, enthäuten, halbieren, entkernen und die Stängelansätze herausschneiden. Tomatenhälften klein würfeln.

5. Zwiebeln und Knoblauch abziehen und ebenfalls klein würfeln.

6. Das Olivenöl in einer Pfanne erhitzen, Zwiebelwürfel darin andünsten, Tomatenwürfel unterheben und miterhitzen. Die Sauce mit Salz, Pfefferkörnern und Thymian würzen. Gemüse-Piccata mit der Tomatensauce anrichten.

Gemüsesuppe mit Ei und Käse

Acqua cotta | **Gut vorzubereiten**

4–Portionen

Pro Portion:

E: 12 g, F: 20 g, Kh: 25 g, kJ: 1367, kcal: 326

750 g Tomaten
200 g Steinpilze
2 Zwiebeln
2 Stangen Staudensellerie
1 Knoblauchzehe
6 EL Olivenöl
Salz
einige vorbereitete, frische Minzeblättchen
1 l Gemüsebrühe
8 dünne Scheiben Weißbrot
2 Eier (Größe M)
3 EL frisch geriebener Parmesan-Käse
frisch gemahlener Pfeffer

Zubereitungszeit: 25 Minuten
Garzeit: etwa 15 Minuten

1. Tomaten waschen, kreuzweise einschneiden und einige Sekunden in kochendes Wasser legen. Tomaten kurz in kaltes Wasser legen, enthäuten, halbieren, entkernen und die Stängelansätze herausschneiden. Tomaten in Würfel schneiden. Steinpilze putzen, mit einem Pinsel säubern und in Scheiben schneiden.

2. Die Zwiebeln abziehen und in Würfel schneiden. Sellerie putzen und die harten Außenfäden abziehen. Sellerie waschen, abtropfen lassen und in kleine Stücke schneiden. Knoblauch abziehen.

3. Das Olivenöl in einem Topf erhitzen. Zwiebelwürfel, Selleriestücke und Knoblauch darin kurz unter Rühren anrösten. Knoblauch entfernen. Pilzscheiben hinzufügen und kurz anbraten. Mit Salz bestreuen. Tomatenwürfel und die klein geschnittenen Minzeblättchen hinzufügen. Brühe hinzugießen. Die Zutaten zum Kochen bringen und zugedeckt bei schwacher Hitze etwa 15 Minuten garen.

4. Weißbrotscheiben toasten und auf 4 Teller verteilen.

5. Eier in einer Suppenterrine verschlagen. Parmesan-Käse unterrühren. Die kochende Gemüsesuppe hinzugießen und mit der Eier-Käse-Mischung gut vermischen. Mit Pfeffer bestreuen.

6. Die Gemüsesuppe mit den Brotscheiben auf den Tellern anrichten und sofort servieren.

Gemüsesuppe mit Pesto

Zuppa di verdure con pesto

Raffiniert – vegetarisch

4 Portionen

Pro Portion:
E: 20 g, F: 5 g, Kh: 53 g, kJ: 1471, kcal: 351

250 g getrocknete, weiße Bohnen
2 Fleischtomaten
3 kleine, feste Zucchini (etwa 400 g)
2 Stangen Staudensellerie (etwa 100 g)
3 Zwiebeln
250 g grüne Bohnen
1 l Gemüsebrühe
1 Kochbeutel Langkornreis (125 g)

Für das Pesto:
4 große Knoblauchzehen
3 Bund Basilikum
Salz
frisch gemahlener Pfeffer
4 EL geriebener Parmesan-Käse
125 ml (1/8 l) Olivenöl

Zubereitungszeit: 75 Minuten, ohne Einweichzeit

1. Bohnen über Nacht in reichlich kaltem Wasser einweichen.

2. Tomaten waschen, kreuzweise einschneiden und einige Sekunden in kochendes Wasser legen. Tomaten kurz in kaltes Wasser legen, enthäuten, halbieren, entkernen und die Stängelansätze herausschneiden. Tomatenhälften vierteln.

3. Zucchini waschen, abtrocknen und die Enden abschneiden. Staudensellerie putzen und die harten Außenfäden abziehen. Sellerie waschen, abtropfen lassen. Zucchini und Sellerie in Scheiben schneiden. Zwiebeln abziehen und vierteln. Von den Bohnen die Enden abschneiden, evtl. abfädeln. Bohnen waschen, abtropfen lassen und in Stücke schneiden oder brechen.

4. Die Brühe in einem Topf zum Kochen bringen. Die abgetropften, weißen Bohnen hinzufügen, zum Kochen bringen und zugedeckt bei mittlerer Hitze etwa 40 Minuten kochen lassen. Die Zucchini-, Selleriescheiben, Zwiebelviertel und grüne Bohnen hinzugeben und zugedeckt etwa 15 Minuten mitgaren lassen. Tomatenviertel etwa 5 Minuten vor Beendigung der Garzeit hinzufügen.

5. Reis in kochendem Salzwasser nach Packungsanleitung garen.

6. Für das Pesto Knoblauch abziehen. Basilikum abspülen und trocken tupfen. Die Blättchen von den Stängeln zupfen. Basilikum mit Knoblauch, Salz und Pfeffer in einen hohen Rührbecher geben und mit einem Mixstab zu einer Paste verrühren. Parmesan unterarbeiten. Olivenöl nach und nach unterschlagen, nochmals mit Salz und Pfeffer abschmecken.

7. Den garen Reis in einem Sieb abtropfen lassen und den Beutel aufschneiden. Reis kurz vor dem Servieren in die Suppe geben und unterrühren.

8. Die Suppe mit 1–2 Teelöffeln Pesto verfeinern.

Gemüsesuppe mit weißen Bohnen

Minestrone di canellini | **Einfach – vegetarisch**

4 Portionen

Pro Portion:
E: 12 g, F: 11 g, Kh: 38 g, kJ: 1261, kcal: 301

½	*Gemüsezwiebel*
1	*Knoblauchzehe*
250 g	*Staudensellerie (etwa 4 Stangen)*
1 Dose	*weiße Bohnen (Abtropfgewicht 315 g)*
4 EL	*Olivenöl*
1 l	*Gemüsebrühe*
125 g	*Spaghetti*
125 g	*TK-Erbsen*
2	*Tomaten*
	Salz, frisch gemahlener Pfeffer
	gerebelter Oregano
etwas	*klein gehackte Petersilie*

Zubereitungszeit: 50 Minuten
Garzeit: etwa 20 Minuten

1. Zwiebel und Knoblauch abziehen, in kleine Würfel schneiden. Staudensellerie putzen und die harten Außenfäden abziehen. Sellerie waschen, abtropfen lassen und in kleine Stücke schneiden. Bohnen in ein Sieb geben und abtropfen lassen.

2. Olivenöl in einem großen Topf erhitzen. Zwiebel-, Knoblauchwürfel und Selleriestücke darin andünsten. Brühe hinzugießen, zum Kochen bringen und zugedeckt etwa 10 Minuten kochen lassen.

3. Spaghetti einmal durchbrechen, mit den gefrorenen Erbsen in die Brühe geben und noch weitere etwa 10 Minuten unter gelegentlichem Rühren kochen lassen.

4. Tomaten waschen, trocken tupfen, vierteln, entkernen und die Stängelansätze herausschneiden. Tomatenviertel in Würfel schneiden, zusammen mit den Bohnen in die Suppe geben und nochmals erhitzen. Mit Salz, Pfeffer und Oregano würzen.

5. Die Gemüsesuppe in eine Terrine füllen, mit Petersilie bestreuen und sofort servieren.

Geschmorter Hase Stufato di lepre

Mit Alkohol

6 Portionen

Pro Portion:
E: 47 g, F: 14 g, Kh: 23 g, kJ: 2050, kcal: 489

1	***küchenfertiger Hase (etwa 1 1/2 kg, mit Leber)***
2–3 Zweige	***Rosmarin***
1 Flasche	***Rotwein (0,7 l)***
1 Bund	***Suppengemüse***
4 EL	***Olivenöl***
1 Glas	***Tafelrotwein (200 ml)***
	Salz
2 EL	***Tomatenmark***
6 Scheiben	***Weißbrot***
200 ml	***heiße Fleischbrühe***

Zubereitungszeit: 2 1/4 Stunden, ohne Marinierzeit

1. Hase eventuell enthäuten und entfetten. Leber beiseitelegen. Den Hasen in etwa 20 Stücke teilen. Die Fleischstücke unter fließendem kalten Wasser abspülen, trocken tupfen und in eine flache Schale legen.

2. Rosmarin abspülen und trocken tupfen. Die Fleischstücke mit Rotwein übergießen, Rosmarin hinzufügen. Die Fleischstücke darin über Nacht marinieren.

3. Gemüse putzen, schälen, abspülen, abtropfen lassen, klein schneiden.

4. Das Olivenöl in einem Bratentopf erhitzen. Gemüsestücke darin andünsten. Den Rotwein hinzufügen, zum Kochen bringen und etwa 10 Minuten einkochen lassen.

5. Die Fleischstücke aus der Marinade nehmen, trocken tupfen und zum Gemüse geben, mit Salz würzen. Das Fleisch bei schwacher Hitze etwa 1 1/2 Stunden köcheln lassen. Dabei nach und nach die Rotweinmarinade hinzugießen und etwas einkochen lassen.

6. Wenn die Rotweinmarinade etwas eingekocht ist, Tomatenmark und die abgespülte, klein geschnittene Leber unterrühren. Das Ganze etwa 5 Minuten kochen lassen.

7. Die Fleischstücke herausnehmen und mit Rosmarin auf gerösteten und in Fleischbrühe getauchten Brotscheiben anrichten. Mit etwas Sauce übergießen.

Gnocchi in Basilikumsahne

Gnocchi con verdure e basilico

Einfach – mit Alkohol

4 Portionen

Pro Portion:

E: 15 g, F: 17 g, Kh: 76 g, kJ: 2187, kcal: 523

1 Zwiebel
500 g Champignons
300 g Zucchini
40 g getrocknete Tomaten in Öl (aus dem Glas)
3 EL Speiseöl
Salz
frisch gemahlener Pfeffer
3 Pck. Gnocchi (je 250 g, aus dem Kühlregal)
125 ml (1/8 l) Gemüsebrühe
100 g Schlagsahne
1 TL heller Saucenbinder
1 Topf Basilikum
1–2 EL Weißwein

Zubereitungszeit: 30 Minuten

1. Zwiebel abziehen und in kleine Würfel schneiden. Champignons putzen, mit Küchenpapier abreiben, evtl. abspülen, abtropfen lassen und je nach Größe halbieren oder vierteln.

2. Zucchini waschen, abtrocknen und die Enden abschneiden. Zucchini der Länge nach halbieren und in Scheiben schneiden. Tomaten abtropfen lassen, mit Küchenpapier trocken tupfen und in Streifen schneiden.

3. Speiseöl in einer großen Pfanne oder in einem Topf erhitzen. Zwiebelwürfel, Champignons und Zucchinischeiben hinzufügen, unter Rühren andünsten. Mit Salz und Pfeffer würzen. Danach die Tomatenstreifen unterrühren.

4. Gnocchi, Brühe und Sahne hinzugeben, zum Kochen bringen und etwa 4 Minuten garen. Anschließend Saucenbinder unter Rühren einstreuen und aufkochen lassen.

5. Basilikum abspülen und trocken tupfen. Die Blättchen von den Stängeln zupfen. Blättchen in Streifen schneiden.

6. Gnocchi mit Salz, Pfeffer und Weißwein würzen. Basilikumstreifen unterheben. Die Sauce mit den Gewürzen abschmecken.

Beilage: Gebratenes Lammfilet.

Tipps: Es kann statt des Speiseöls auch das Tomatenöl verwendet werden, dann das Öl aber nicht zu stark erhitzen, damit die Kräuter nicht verbrennen. Die Sauce kann auch mit Speisestärke gebunden werden (dazu 2 Teelöffel Speisestärke mit 2 Teelöffeln kaltem Wasser anrühren). Wer keine Gnocchi bekommt, kann auch gekochte Bandnudeln verwenden.

Gnocchi in Salbeibutter

Gnocchi alla salvia | **Für Gäste**

2 Portionen

Pro Portion:
E: 18 g, F: 32 g, Kh: 73 g, kJ: 2784, kcal: 664

Für die Gnocchi:

500 g Kartoffeln
Salz
100 g Weizenmehl
2 Eier (Größe M)

2 Fleischtomaten
60 g Butter
1 EL in Streifen geschnittene Salbeiblätter

Zubereitungszeit: 70 Minuten

1. Kartoffeln waschen, schälen, abspülen, mit Salzwasser bedeckt zum Kochen bringen und zugedeckt in etwa 20 Minuten gar kochen. Kartoffeln abgießen und sofort durch eine Kartoffelpresse in eine Schüssel drücken, mit Mehl und Eiern zu einem Teig verarbeiten.

2. Den Teig auf einer mit Mehl bestäubten Arbeitsfläche zu länglichen Rollen formen und in etwa 2 cm lange Stücke schneiden. Mit der Gabel ein Muster eindrücken.

3. Gnocchi in kochendem Salzwasser etwa 6 Minuten gar ziehen lassen, bis sie an der Oberfläche schwimmen. Gnocchi mit einem Schaumlöffel herausnehmen.

4. Tomaten waschen, kreuzweise einschneiden und einige Sekunden in kochendes Wasser legen. Tomaten kurz in kaltes Wasser legen, enthäuten, halbieren, entkernen und die Stängelansätze herausschneiden. Tomatenhälften in Stücke schneiden.

5. Butter in einem Topf zerlassen, Tomatenstücke und Salbeiblätterstreifen darin andünsten, Gnocchi hinzufügen und kurz durchschwenken.

Tipp: Sie können die Gnocchi auch in einer fruchtigen Tomatensauce servieren.

Gnocchi mit Tomatensauce

Gnocchi al pomodoro | **Mit Alkohol**

4 Portionen

Pro Portion:
E: 12 g, F: 7 g, Kh: 100 g, kJ: 2199, kcal: 524

1 Zwiebel
1 Knoblauchzehe
2 EL Olivenöl
1 Dose geschälte Tomaten (Einwaage 800 g)
100 ml trockener Rotwein
2 Pck. Gnocchi (je 500 g, aus dem Kühlregal)
Salz, frisch gemahlener Pfeffer
gerebelter Oregano
gerebelter Rosmarin
Paprikapulver edelsüß
1 Prise Cayennepfeffer
1 Lorbeerblatt
1 TL flüssiger Honig

Zubereitungszeit: 35 Minuten

1. Zwiebel und Knoblauch abziehen und in kleine Würfel schneiden. Olivenöl in einem Topf erhitzen, Zwiebel- und Knoblauchwürfel darin andünsten.

2. Tomaten mit dem Saft und Rotwein zu den Zwiebelwürfeln geben, dabei die Tomaten mit einem Kochlöffel zerdrücken. Zum Kochen bringen und so lange kochen lassen, bis die Sauce etwas sämig ist.

3. Die Gnocchi in kochendem Salzwasser nach Packungsanleitung garen. Gnocchi in einem Sieb abtropfen lassen und in eine vorgewärmte Schüssel geben.

4. Tomatensauce mit Pfeffer, Oregano, Rosmarin, Paprika, Cayennepfeffer, Lorbeerblatt und Honig würzen. Lorbeerblatt entfernen. Die Gnocchi mit der Tomatensauce sofort servieren.

Tipps: Einige schwarze Oliven in Scheiben schneiden und kurz vor dem Servieren unter die Sauce rühren. Dazu schmeckt frischer Salat aus Lollo Rossa, Friséesalat, roten Zwiebelringen, Paprikastreifen, Schafkäsewürfeln (aus dem Glas) und einer Essig-Öl-Vinaigrette. Gnocchi als Vorspeise servieren.

Gratinierte Jakobsmuscheln

Cappesante gratinate | **Für Gäste – schnell**

4 Portionen

Pro Portion:

E: 8 g, F: 34 g, Kh: 15 g, kJ: 1691, kcal: 404

20	*Jakobsmuscheln*
2	*Fleischtomaten*
1 Bund	*Petersilie*
4 Zweige	*Majoran*
	Salz
	frisch gemahlener Pfeffer
80 g	*Weißbrotkrumen*
160 g	*Butter*

Zubereitungszeit: 20 Minuten
Garzeit: etwa 10 Minuten

1. Die Jakobsmuscheln kurz abspülen, trocken tupfen, in Stücke schneiden und in 4 feuerfeste Förmchen oder Jakobsmuschelschalen verteilen.

2. Die Tomaten waschen, kreuzweise einschneiden und einige Sekunden in kochendes Wasser legen. Die Tomaten kurz in kaltes Wasser legen, enthäuten, halbieren, entkernen und die Stängelansätze herausschneiden. Anschließend Tomatenhälften in kleine Würfel schneiden.

3. Petersilie und Majoran abspülen und trocken tupfen. Die Blättchen von den Stängeln zupfen, die Blättchen klein schneiden.

4. Muschelfleisch mit Salz und Pfeffer würzen.

5. Tomatenwürfel mit Kräutern und Brotkrumen mischen und auf dem Muschelfleisch verteilen. Butterflöckchen daraufsetzen.

6. Die Förmchen oder Schalen auf dem Rost in den vorgeheizten Backofen schieben.
Ober-/Unterhitze: etwa 200 °C
Heißluft: etwa 180 °C
Garzeit: etwa 10 Minuten.

Graupensuppe mit Fenchel

Minestrone d'orzo e finocchio | **Einfach**

4 Portionen

Pro Portion:

E: 19 g, F: 21 g, Kh: 40 g, kJ: 1813, kcal: 433

1 Zwiebel
2 Knoblauchzehen
80 g Südtiroler Speck
1 Möhre
1 kleine Fenchelknolle
2 EL Olivenöl
80 g Perlgraupen
1 1/2 l Fleischbrühe
1 Lorbeerblatt

1 Bund Petersilie
Salz
frisch gemahlener Pfeffer

4 Scheiben Bauernbrot
4 Scheiben Fontina-Käse (je etwa 30 g)

Zubereitungszeit: 45 Minuten
Garzeit: etwa 15 Minuten

1. Zwiebel und Knoblauch abziehen. Zwiebel in schmale Streifen schneiden. Knoblauch durch eine Knoblauchpresse pressen. Speck in breite Streifen schneiden. Möhre putzen, schälen, abspülen und würfeln. Die Fenchelknolle putzen, braune Stellen und Blätter entfernen. Knolle waschen, abtropfen lassen und in Streifen schneiden.

2. Olivenöl in einem Topf erhitzen. Zwiebelstreifen, Knoblauch und Speckstreifen darin andünsten. Die Möhrenwürfel, Fenchelstreifen und Graupen hinzufügen. Brühe hinzugießen, zum Kochen bringen und das Lorbeerblatt hinzugeben. Die Suppe zugedeckt bei schwacher Hitze etwa 15 Minuten köcheln lassen.

3. In der Zwischenzeit Petersilie abspülen und trocken tupfen. Die Blättchen von den Stängeln zupfen. Blättchen in Streifen schneiden.

4. Bauernbrot mit Fontina-Käse belegen und im vorgeheizten Backofen überbacken.
Ober-/Unterhitze: etwa 220 °C
Heißluft: etwa 200 °C.

5. Die Suppe mit Salz und Pfeffer abschmecken, mit Petersilie bestreut servieren. Überbackenes Bauernbrot dazureichen.

Grießklößchen römische Art

Gnocchi alla romana | **Gut vorzubereiten**

4 Portionen

Pro Portion:
E: 18 g, F: 30 g, Kh: 28 g, kJ: 1955, kcal: 467

500 ml (1/2 l) Milch
150 g Hartweizengrieß
Salz
frisch gemahlener Pfeffer
frisch geriebene Muskatnuss
2 Eigelb (Größe M)
175 g geriebener Parmesan-Käse
40 g Semmelbrösel
50 g Butter

Zubereitungszeit: 30 Minuten, ohne Kühlzeit
Backzeit: etwa 10 Minuten

1. Milch in einem Topf zum Kochen bringen. Topf von der Kochstelle nehmen. Grieß unter Rühren einrieseln lassen. Mit Salz, Pfeffer und Muskat würzen. Milch wieder zum Kochen bringen und so lange unter ständigem Rühren kochen lassen, bis die Masse dicklich wird.

2. Eigelb und etwa zwei Drittel von dem Parmesan-Käse unterrühren.

3. Die Masse etwa 1/2 cm dick mithilfe eines Messers auf einem Backblech (30 x 40 cm, gefettet) verteilen, etwa 30 Minuten kalt stellen.

4. Aus der Grießmasse mit einem Ausstecher (Ø etwa 3 cm) Plätzchen ausstechen und in eine feuerfeste Form (gefettet) legen.

5. Mit restlichem Parmesankäse und Semmelbröseln bestreuen. Zerlassene Butter darauftäufeln.

6. Die Form auf dem Rost in den vorgeheizten Backofen schieben und die Grießklößchen überbacken.
Ober-/Unterhitze: etwa 220 °C
Heißluft: etwa 200 °C
Backzeit: etwa 10 Minuten.

Beilage: Gemüsepfanne oder frische Salate.

Grissini Italienische Brotstangen I

Gut vorzubereiten

50 Stück

Insgesamt:
E: 57 g, F: 46 g, Kh: 363 g, kJ: 8882, kcal: 2120

Für den Hefeteig:
500 g Weizenmehl (Type 405 oder 550)
1 Pck. Dr. Oetker Trockenbackhefe
250 ml (1/4 l) lauwarmes Wasser
40 g Butter oder Margarine
1 gestr. TL Salz

Zum Bestreichen:
1 Eigelb
1 EL Milch

Zubereitungszeit: 45 Minuten, ohne Teiggehzeit
Backzeit: 12–15 Minuten

1. Für den Teig Mehl in eine Rührschüssel sieben und mit der Trockenbackhefe sorgfältig vermischen. Wasser, Butter oder Margarine und Salz hinzufügen. Die Zutaten mit Handrührgerät mit Knethaken zunächst kurz auf niedrigster, dann auf höchster Stufe in etwa 5 Minuten zu einem glatten Teig verarbeiten. Den Teig zugedeckt so lange an einem warmen Ort gehen lassen, bis er sich sichtbar vergrößert hat.

2. Den Hefeteig leicht mit Mehl bestäuben, aus der Schüssel nehmen und auf einer leicht bemehlten Arbeitsfläche nochmals kurz durchkneten. Aus dem Teig 50 etwa 20 cm lange, dünne Rollen formen. Die Teigröllchen auf ein Backblech (mit Backpapier belegt) legen und nochmals zugedeckt etwa 10 Minuten gehen lassen.

3. Zum Bestreichen Eigelb mit Milch verschlagen. Die Teigstangen damit bestreichen. Das Backblech in den vorgeheizten Backofen schieben.
Ober-/Unterhitze: etwa 200 °C
Heißluft: etwa 180 °C
Backzeit: 12–15 Minuten.

4. Die Grissini mit dem Backpapier von den Backblechen auf Kuchenroste ziehen. Grissini erkalten lassen.

Tipps: Grissini ist eine italienische Brotspezialität, die als kleiner Snack mit hauchdünnen Scheiben Parmaschinken umwickelt angeboten wird. Grissini können vor dem Backen mit Sesamsamen, Mohnsamen, grobem Salz oder Kümmel bestreut werden.

Grüne Sauce Salsa verde | **Für Gäste**
4 Portionen

Pro Portion:
E: 1 g, F: 19 g, Kh: 1 g, kJ: 756, kcal: 180

1 Bund Petersilie
1 Schalotte
1 Knoblauchzehe
50 g Kapern
4 Sardellenfilets
75 ml Olivenöl
3 EL Zitronensaft
Salz
frisch gemahlener Pfeffer

Zubereitungszeit: 30 Minuten

1. Petersilie abspülen und trocken tupfen. Die Blättchen von den Stängeln zupfen. Blättchen klein schneiden. Schalotte und Knoblauch abziehen, in kleine Würfel schneiden.

2. Kapern abtropfen lassen und klein schneiden. Sardellen kurz wässern, trocken tupfen und in sehr kleine Würfel schneiden.

3. Die vorbereiteten Zutaten in einer Schüssel mischen. Olivenöl mit Zitronensaft verrühren und unter die Kräutermischung geben. Mit Salz und Pfeffer würzen.

Tipps: Grüne Sauce zu gekochtem Fleisch oder Fisch reichen. Die Sauce hält sich gut gekühlt 2–3 Tage frisch.

Hackklößchen in Tomatensauce

Polpettine al sugo | **Einfach**

4 Portionen

Pro Portion:
E: 29 g, F: 31 g, Kh: 10 g, kJ: 1807, kcal: 431

Für die Tomatensauce:

3 mittelgroße Zwiebeln
1 Knoblauchzehe
3 EL Olivenöl
500 g passierte Tomaten (aus dem Tetra Pak®)
1–2 EL Tomatenmark
Salz
frisch gemahlener Pfeffer
Cayennepfeffer
Zucker

Für die Hackklößchen:

2 mittelgroße Zwiebeln
1–2 Knoblauchzehen
500 g Rindergehacktes
1 Ei (Größe M)
Paprikapulver edelsüß
einige Spritzer Tabasco
1 TL gerebelter Majoran
2 EL Butter oder
4 EL Olivenöl

Zubereitungszeit: 50 Minuten
Garzeit: 15–20 Minuten

1. Für die Sauce Zwiebeln und Knoblauch abziehen und in Scheiben schneiden. Das Olivenöl in einer Pfanne erhitzen. Zwiebel- und Knoblauchscheiben darin bei schwacher Hitze etwa 5 Minuten dünsten. Passierte Tomaten und Tomatenmark hinzufügen. Mit Salz, Pfeffer, Cayennepfeffer und Zucker würzen. Die Zutaten zum Kochen bringen und etwa 10 Minuten kochen lassen. Die Sauce anschließend in eine flache Auflaufform (gefettet) füllen.

2. Für die Hackklößchen Zwiebeln und Knoblauch abziehen. Zwiebeln in kleine Würfel schneiden. Knoblauch durch eine Knoblauchpresse drücken.

3. Hackfleisch in eine Schüssel geben. Ei, Zwiebelwürfel und Knoblauch gut unterarbeiten und mit Salz, Pfeffer, Cayennepfeffer, Paprika, Tabasco und Majoran kräftig würzen. Aus der Fleischmasse mit angefeuchteten Händen kleine Bällchen formen.

4. Butter oder Olivenöl in einer Pfanne erhitzen. Hackfleischklößchen darin von allen Seiten braun anbraten, herausnehmen und auf Küchenpapier abtropfen lassen.

5. Hackklößchen in die Sauce legen. Die Form auf dem Rost in den vorgeheizten Backofen schieben.
Ober-/Unterhitze: etwa 180 °C
Heißluft: etwa 160 °C
Garzeit: 15–20 Minuten.

Beilage: Reis oder Nudeln und Salat.

Tipp: Das Gericht kann gut eingefroren werden.

Hähnchenbrust mit Mozzarella

Petto di pollo con mozzarella | **Schnell**

4 Portionen

Pro Portion:
E: 42 g, F: 9 g, Kh: 1 g, kJ: 1076, kcal: 257

4	*Hähnchenbrustfilets (ohne Haut, je etwa 150 g)*
	Salz, frisch gemahlener, schwarzer Pfeffer
2	*große Tomaten*
125 g	*Mozzarella-Käse*
3 EL	*Speiseöl (z. B. Sonnenblumenöl)*
einige	*vorbereitete Basilikumblättchen*

Zubereitungszeit: 30 Minuten

1. Den Backofengrill vorheizen. Hähnchenbrustfilets unter fließendem kalten Wasser abspülen und trocken tupfen. Mit Salz und Pfeffer würzen.

2. Tomaten waschen, abtrocknen und die Stängelansätze herausschneiden. Tomaten jeweils in 4 Scheiben schneiden. Mozzarella abtropfen lassen und in 8 Scheiben schneiden.

3. Speiseöl in einer hitzebeständigen Pfanne erhitzen. Die Hähnchenbrustfilets darin etwa 10 Minuten von beiden Seiten braten.

4. Die Filets jeweils mit 2 Tomatenscheiben belegen und mit Pfeffer bestreuen. Dann je 2 Mozzarellascheiben darauflegen und anschließend ebenfalls mit Pfeffer bestreuen.

5. Die Pfanne auf dem Rost unter den vorgeheizten Grill in den Backofen schieben. Die Filets 5–10 Minuten übergrillen, bis der Käse anfängt zu zerlaufen (wer keine hitzebeständige Pfanne hat, kann die Filets auch nach dem Anbraten in eine Auflaufform umfüllen).

6. Die übergrillten Filets vor dem Servieren mit Basilikumblättchen garnieren.

Beilage: Butterreis oder Knoblauchtoast und Eisbergsalat.

Tipp: Wenn Sie keinen Backofengrill haben, die Pfanne (Auflaufform) bei etwa 220 °C (Ober-/Unterhitze) oder etwa 200 °C (Heißluft) auf dem Rost in den vorgeheizten Backofen schieben und 5–10 Minuten überbacken, bis der Käse zerläuft.

Hähnchenschnitzel in Zitronen-Ei-Hülle

Cotoletta di pollo aromatizzato al limone

Für Gäste

8–10 Portionen

Pro Portion:
E: 38 g, F: 15 g, Kh: 52 g, kJ: 2077, kcal: 496

8–10 Hähnchenbrustfilets (je etwa 125 g)
Salz, frisch gemahlener Pfeffer
1 Topf Zitronenmelisse
3 Eier (Größe M)
1 Pck. Dr. Oetker Finesse Geriebene Zitronenschale
100 g Weizenmehl
60 g Butter oder Margarine
3 EL Speiseöl

Für den Safranreis:
2 EL Speiseöl
500 g Langkornreis
1 Döschen Safran (0,2 g)
1 l Gemüsebrühe

Für das Frühlingsgemüse:
500 g grüner Spargel
250 ml (1/4 l) Wasser
1/2 gestr. TL Salz
etwas Zucker
500 g Kaiserschoten (Zuckerschoten)
80 g Butter

einige Zitronenmelisseblättchen

Zubereitungszeit: 80 Minuten
Garzeit: etwa 20 Minuten

1. Hähnchenbrustfilets unter fließendem kalten Wasser abspülen und trocken tupfen. Die Filets in einen Gefrierbeutel legen, flach klopfen und herausnehmen. Hähnchenbrustfilets mit Salz und Pfeffer bestreuen.

2. Zitronenmelisse abspülen und trocken tupfen. Die Blättchen von den Stängeln zupfen. Blättchen klein schneiden.

3. Eier in einer Schüssel verschlagen, Zitronenmelisse und Zitronenschale unterrühren.

4. Hähnchenbrustfilets zuerst in Mehl wenden, dann durch die Eiermasse ziehen und abtropfen lassen.

5. Butter oder Margarine in einer großen Pfanne zerlassen, Öl miterhitzen. Die Hähnchenbrustfilets darin in 2 Portionen von beiden Seiten 2–3 Minuten anbraten, herausnehmen und auf ein Backblech legen. Anschließend das Backblech in den vorgeheizten Backofen schieben.
Ober-/Unterhitze: etwa 180 °C
Heißluft: etwa 160 °C
Garzeit: etwa 20 Minuten.

6. In der Zwischenzeit für den Safranreis Speiseöl in einem großen Topf erhitzen, Reis hinzufügen und unter Rühren darin anrösten. Safran unterrühren. Brühe hinzugießen und zum Kochen bringen. Den Reis unter gelegentlichem Rühren 15–20 Minuten ausquellen lassen. Der Reis soll dabei die gesamte Flüssigkeit aufsaugen. Reis mit Salz abschmecken.

7. Für das Gemüse von dem Spargel das untere Drittel schälen, die unteren Enden abschneiden. Spargel waschen, abtropfen lassen und in 2–3 cm lange Stücke schneiden. Wasser mit Salz und Zucker in einem Topf zum Kochen bringen. Spargelstücke hinzugeben und zugedeckt etwa 8 Minuten garen. Spargelstücke mit einem Schaumlöffel herausnehmen, in ein Sieb geben und abtropfen lassen.

8. Von den Kaiserschoten die Enden abschneiden. Die Schoten eventuell abfädeln. Schoten waschen und abtropfen lassen. Spargelwasser wieder zum Kochen bringen. Kaiserschoten darin etwa 3 Minuten blanchieren, in ein Sieb geben, mit kaltem Wasser übergießen und abtropfen lassen.

9. Butter in einer Pfanne zerlassen. Spargelstücke und Kaiserschoten kurz darin andünsten. Mit Salz und Pfeffer würzen.

10. Die Hähnchenschnitzel mit dem Safranreis und dem Frühlingsgemüse anrichten, mit Zitronenmelisseblättchen garnieren und sofort servieren.

Hase in Tomatensauce Lepre al sugo

Für Gäste – mit Alkohol

6 Portionen

Pro Portion:
E: 48 g, F: 29 g, Kh: 5 g, kJ: 2135, kcal: 510

1 küchenfertiger Hase (1 1/2 kg)

Für die Marinade:

250 ml (1/4 l) Rotweinessig
250 ml (1/4 l) Wasser
1 Knoblauchzehe
50 g Knollensellerie
1 EL gerebelter Thymian
2 Lorbeerblätter
Salz, frisch gemahlener Pfeffer

20 g Weizenmehl
80 g Butterschmalz
125 ml (1/8 l) Weißwein
125 ml (1/8 l) Wildbrühe
2 EL Tomatenmark
1 Dose passierte Tomaten (Einwaage 400 g)
100 g durchwachsener Speck
3 EL Olivenöl
1 Knoblauchzehe
4 EL Weinbrand
vorbereiteter Thymianzweig
vorbereitete, frische Lorbeerblätter

Zubereitungszeit: 50 Minuten, ohne Marinierzeit
Garzeit: etwa 60 Minuten

1. Hase enthäuten, unter fließendem kalten Wasser abspülen, trocken tupfen und eventuell Fett entfernen. Den Hasen in 6 Portionsstücke schneiden.

2. Für die Marinade Essig mit Wasser in einer flachen Schale verrühren. Knoblauch abziehen, grob hacken und unterrühren. Sellerie schälen, waschen, trocken tupfen und raspeln. Sellerieraspel ebenfalls unter die Marinade rühren. Thymian, Lorbeerblätter, Salz und Pfeffer hinzufügen. Die Fleischstücke hineinlegen und kalt gestellt etwa 24 Stunden marinieren.

3. Die Fleischstücke herausnehmen, trocken tupfen und mit Mehl bestäuben.

4. Butterschmalz in einem Bräter erhitzen. Die Fleischstücke darin von allen Seiten gut anbraten, etwas Wein hinzugießen.

5. Die Fleischstücke zugedeckt etwa 1 Stunde garen. Dabei die Fleischstücke ab und zu mit dem Bratensatz begießen und verdampfte Flüssigkeit nach und nach durch Weißwein und Wildbrühe ersetzen.

6. Fleischstücke herausnehmen, auf eine vorgewärmte Platte legen und warm stellen. Restlichen Wein und Brühe zum Bratensatz geben und loskochen. Tomatenmark und passierte Tomaten unterrühren, etwas einkochen lassen.

7. Speck in Würfel schneiden. Olivenöl in einer Pfanne erhitzen. Speckwürfel darin braun braten und unter die Sauce rühren. Knoblauch abziehen, fein hacken und ebenfalls unterrühren.

8. Die Sauce mit Salz, Pfeffer und Weinbrand abschmecken und auf dem warm gestellten Fleisch verteilen. Mit Thymian und Lorbeerblättern garniert servieren.

Haselnusskuchen Torta di nocciole

Gut vorzubereiten

Insgesamt:
E: 76 g, F: 385 g, Kh: 328 g, kJ: 21145, kcal: 5051

Zum Vorbereiten:
300 g gemahlene Haselnusskerne
12 g gesiebtes Kakaopulver

Für den Teig:
200 g Butter
250 g brauner Zucker (Rohrzucker)
4 Eigelb (Größe M)
75 g gesiebtes Weizenmehl
4 Eiweiß (Größe M)

Puderzucker

Zubereitungszeit: 30 Minuten, ohne Abkühlzeit
Backzeit: etwa 45 Minuten

1. Zum Vorbereiten Haselnusskerne auf ein Backblech geben und zum Rösten in den vorgeheizten Backofen schieben.
Ober-/Unterhitze: etwa 180 °C
Heißluft: etwa 160 °C
Röstzeit: etwa 10 Minuten.
Haselnusskerne während des Röstens gelegentlich umrühren.

2. Haselnusskerne abkühlen lassen und mit Kakao vermischen.

3. Für den Teig Butter und Zucker in eine Rührschüssel geben und mit Handrührgerät mit Rührbesen auf höchster Stufe etwa 6 Minuten schaumig rühren. Eigelb nach und nach unterrühren (jedes Eigelb knapp ½ Minute).

4. Mehl mit der Haselnussmischung vermengen und unter die Zucker-Ei-Mischung heben. Eiweiß sehr steif schlagen und vorsichtig unterheben.

5. Den Teig in eine Springform (Ø 26 cm, gefettet) geben und glatt streichen. Die Form auf dem Rost in den heißen Backofen schieben.
Ober-/Unterhitze: etwa 180 °C
Heißluft: etwa 160 °C
Backzeit: etwa 45 Minuten.

6. Den Kuchen aus der Form lösen und auf einen mit Backpapier belegten Kuchenrost stürzen. Kuchen erkalten lassen.

7. Zum Verzieren einen Kuchenrost auf die Kuchenoberfläche legen. Kuchenoberfläche mit Puderzucker bestäuben. Kuchenrost vorsichtig abnehmen.

Tipps: Der Haselnusskuchen bleibt mindestens eine Woche frisch und saftig. Reichen Sie Zabaione oder steif geschlagene Schlagsahne dazu. Die Haselnusskerne können auch in einer Pfanne ohne Fett geröstet werden. Anstelle von selbst gerösteten Haselnusskernen können Sie auch fertig gekaufte, gemahlene Haselnusskerne verwenden.

Heidelbeertorte

Torta ai mirtilli

Mit Alkohol – fruchtig

Insgesamt:
E: 48 g, F: 115 g, Kh: 482 g, kJ: 13560, kcal: 3236

Für den Knetteig:

300 g	*Weizenmehl*
60 g	*Zucker*
1 Prise	*Salz*
125 g	*Butter*
4 EL	*trockener Sherry*
1 EL	*Weizenmehl*

Für die Füllung:

6 Blatt	*rote Gelatine*
350 g	*frische Heidelbeeren oder eine TK-Beerenmischung*
125 ml (1/8 l)	*Wasser*
	Saft von
1/2	*Zitrone*
150 g	*Zucker*
350 g	*frische Heidelbeeren oder eine TK-Beerenmischung*

Zubereitungszeit: 50 Minuten, ohne Kühl- und Abkühlzeit
Backzeit: 15–20 Minuten

1. Für den Teig Mehl in eine Rührschüssel sieben. Zucker, Salz, Butter und Sherry hinzufügen. Die Zutaten mit Handrührgerät mit Knethaken zunächst kurz auf niedrigster, dann auf höchster Stufe gut durcharbeiten.

2. Anschließend auf einer bemehlten Arbeitsfläche zu einem glatten Teig verkneten. Den Teig in Folie gewickelt etwa 1 Stunde kalt stellen.

3. Zwei Drittel des Knetteiges auf dem Boden einer Springform (Ø 26 cm, gefettet) ausrollen und den Springformrand darumlegen. Den restlichen Teig mit 1 Esslöffel Mehl verkneten und zu einer langen Rolle formen. Sie als Rand auf den Teigboden legen und so an die Form legen, dass ein etwa 3 cm hoher Rand entsteht. Teigboden mehrmals mit einer Gabel einstechen. Die Form auf dem Rost in den vorgeheizten Backofen schieben.
Ober-/Unterhitze: etwa 200 °C
Heißluft: etwa 180 °C
Backzeit: 15–20 Minuten.

4. Die Form auf einen Kuchenrost stellen. Den Springformrand lösen und entfernen. Den Tortenboden vom Springformboden lösen, aber darauf erkalten lassen. Tortenboden auf eine Platte legen.

5. Für die Füllung Gelatine in kaltem Wasser nach Packungsanleitung einweichen. Heidelbeeren verlesen, waschen, abtropfen lassen und in einen Topf geben. Wasser, Zitronensaft und Zucker hinzufügen. Die Zutaten zum Kochen bringen und bei schwacher Hitze unter mehrmaligem Rühren (mit einem Schneebesen) etwa 10 Minuten kochen lassen. Den Topf von der Kochstelle nehmen und die ausgedrückte Gelatine unter Rühren darin auflösen. Die Fruchtmasse kalt stellen.

6. Heidelbeeren verlesen, waschen und gut abtropfen lassen. Wenn die Fruchtmasse anfängt dicklich zu werden, Heidelbeeren vorsichtig unterheben und auf dem Tortenboden verteilen. Torte 3–4 Stunden kalt stellen.

Beilage: Steif geschlagene Schlagsahne.

Herzmuscheln, gedünstet

Sugo di vongole **Schnell – mit Alkohol**

4 Portionen

Pro Portion:

E: 8 g, F: 13 g, Kh: 3 g, kJ: 848, kcal: 203

1 1/2 kg	*Herzmuscheln*
3	*Knoblauchzehen*
5 EL	*Olivenöl*
200 ml	*trockener Weißwein*
200 ml	*Fischfond oder -brühe*
	Salz
	frisch gemahlener Pfeffer
3 EL	*klein gehackte Petersilie*
1 EL	*Tomatenmark*

Zubereitungszeit: 25 Minuten

1. Die Herzmuscheln unter fließendem kalten Wasser gründlich waschen und abbürsten. Aufgebrochene oder zerbrochene Muscheln aussortieren.

2. Knoblauch abziehen und durch eine Knoblauchpresse drücken.

3. Olivenöl in einem großen Topf erhitzen, die Herzmuscheln darin kurz andünsten. Wein und Fischfond oder -brühe hinzufügen und erhitzen. Mit Salz, Pfeffer, Petersilie, Tomatenmark und Knoblauch würzen. Die Muscheln 6–7 Minuten darin ziehen lassen (nicht kochen), bis sie sich öffnen.

4. Muscheln, die sich nach dem Garen nicht geöffnet haben, sind ungenießbar. Die Muscheln in einer vorgewärmten Schüssel anrichten. Den Kochsud mit den Gewürzen abschmecken, zu den Muscheln servieren.

Himbeer-Parfait

Semifreddo al lampone | **Für Gäste**

4 Portionen

Pro Portion:

E: 8 g, F: 42 g, Kh: 41 g, kJ: 2495, kcal: 596

500 g Himbeeren
2 Eigelb (Größe M)
125 g Zucker
2 EL Zitronensaft
2 Eiweiß (Größe M)
500 g Schlagsahne

Zum Garnieren:

vorbereitete Himbeeren
vorbereitete Minzeblättchen

Zubereitungszeit: 25 Minuten, ohne Gefrierzeit

1. Himbeeren verlesen, pürieren und durch ein feines Sieb streichen.

2. Eigelb und Zucker mit Handrührgerät mit Rührbesen etwa 5 Minuten sehr schaumig schlagen, Zitronensaft unterrühren.

3. Eiweiß und Sahne getrennt steif schlagen und unter die Eigelbcreme ziehen. Himbeerpüree vorsichtig unter die Creme heben, in eine Schüssel (mit Frischhaltefolie ausgelegt) geben und im Gefrierfach 3–4 Stunden gefrieren lassen.

4. Kurz vor dem Servieren das Parfait mit einem Messer vom Rand lösen und auf einen Teller stürzen, Frischhaltefolie entfernen.

5. Das Parfait mit Himbeeren und Minzeblättchen garnieren und anschließend servieren.

Huhn mit Paprikaschoten

Pollo con peperoni | **Preiswert**

4 Portionen

Pro Portion:
E: 65 g, F: 41 g, Kh: 8 g, kJ: 2768, kcal: 662

1 küchenfertiges Huhn (etwa 1 1/4 kg), Salz
4 EL Olivenöl
1 Zwiebel
3 Knoblauchzehen
je 1 grüne, rote und gelbe Paprikaschote
4 große Tomaten

Zubereitungszeit: 20 Minuten
Garzeit: etwa 30 Minuten

1. Huhn unter fließendem kalten Wasser abspülen, trocken tupfen und vierteln. Hühnerstücke mit Salz bestreuen.

2. Olivenöl in einer Pfanne erhitzen. Hühnerstücke von allen Seiten darin anbraten und herausnehmen.

3. Zwiebel und Knoblauch abziehen. Zwiebel in kleine Würfel schneiden. Knoblauch durch eine Knoblauchpresse drücken. Zwiebelwürfel und Knoblauch in der Pfanne andünsten.

4. Paprika halbieren, entstielen, entkernen und die weißen Scheidewände entfernen. Schotenhälften waschen, trocken tupfen und in Streifen schneiden. Tomaten waschen, kreuzweise einschneiden und einige Sekunden in kochendes Wasser legen. Tomaten kurz in kaltes Wasser legen, enthäuten, halbieren, entkernen und die Stängelansätze herausschneiden.

5. Paprikastreifen und Tomatenhälften in der Pfanne kurz mit andünsten. Hühnerteile wieder hinzufügen. Die Zutaten zugedeckt bei schwacher Hitze etwa 30 Minuten garen.

Beilage: Reis oder Gnocchi mit Feldsalat.

Huhn nach Jäger-Art

Pollo alla cacciatore **Mit Alkohol**

4 Portionen

Pro Portion:
E: 46 g, F: 40 g, Kh: 7 g, kJ: 2575, kcal: 616

1	*küchenfertiges Huhn (etwa 1 kg)*
	Salz
	frisch gemahlener Pfeffer
3 EL	*Olivenöl*
60 g	*Butter*
250 g	*Champignons*
1	*abgezogene Zwiebel*
2 EL	*Weizenmehl*
1 Glas	*Weißwein (200 ml)*
1 EL	*Weinbrand*
125 ml (1/8 l)	*Rindfleischbrühe oder Instant-Fleischbrühe*
100 g	*Tomaten*
3–4 EL	*gehackte Petersilie*
	gerebeltes Basilikum

Zubereitungszeit: 30 Minuten
Garzeit: etwa 40 Minuten

1. Huhn unter fließendem kalten Wasser abspülen, trocken tupfen und in 4 Stücke teilen. Mit Salz und Pfeffer bestreuen.

2. Olivenöl und Butter in einem Bräter erhitzen. Hühnerteile darin von allen Seiten anbraten, herausnehmen und warm stellen.

3. Champignons putzen, mit Küchenpapier abreiben, eventuell abspülen, abtropfen lassen und in Scheiben schneiden. Zwiebel halbieren, in kleine Würfel schneiden. Champignonscheiben und Zwiebelwürfel in dem verbliebenen Bratfett andünsten. Mehl hinzufügen und unter Rühren so lange erhitzen, bis es leicht gebräunt ist. Nach und nach Wein, Weinbrand und Brühe hinzugießen. Mit einem Schneebesen durchschlagen. Darauf achten, dass keine Klümpchen entstehen.

4. Tomaten waschen, kreuzweise einschneiden und einige Sekunden in kochendes Wasser legen. Tomaten kurz in kaltes Wasser legen, enthäuten, halbieren, entkernen und die Stängelansätze herausschneiden. Tomaten in Würfel schneiden, zu den Champignonscheiben geben, aufkochen lassen und bei schwacher Hitze etwa 8 Minuten dünsten lassen. Warm gestellte Hühnerteile hinzufügen, zum Kochen bringen und zugedeckt etwa 30 Minuten garen, eventuell zwischendurch noch etwas Wasser hinzufügen.

5. Hühnerteile herausnehmen und auf einer vorgewärmten Platte anrichten. Petersilie und Basilikum unter die Sauce rühren. Mit Salz und Pfeffer abschmecken.

6. Die Sauce auf den Hühnerteilen verteilen und sofort servieren.

Huhn nach Teufels-Art

Pollo alla diavola | **Preiswert**

4 Portionen

Pro Portion:
E: 76 g, F: 42 g, Kh: 1 g, kJ: 2845, kcal: 681

2 küchenfertige Hühnchen (je etwa 900 g)
2 EL scharfer Senf
Salz
frisch gemahlener Pfeffer
Cayennepfeffer
2 Zweige Rosmarin
5 EL Speiseöl

Zubereitungszeit: 45 Minuten
Garzeit: 30–35 Minuten

1. Hühnchen unter fließendem kalten Wasser abspülen und trocken tupfen. Mit einer Geflügelschere am Rückgrat entlang schneiden. Rückgrat heraustrennen.

2. Hühnchen mit einem Fleischklopfer leicht plattieren. Fleisch und Haut innen und außen mit Senf bestreichen, mit Salz, Pfeffer und Cayennepfeffer würzen.

3. Rosmarin abspülen und trocken tupfen. Die Nadeln von den Stängeln zupfen. Nadeln klein schneiden. Hühnchen mit Rosmarin bestreuen.

4. Speiseöl in einem Bräter erhitzen. Das Hühnchen von beiden Seiten darin anbraten.

5. Den Bräter auf dem Rost in den vorgeheizten Backofen schieben.
Ober-/Unterhitze: 200–220 °C
Heißluft: 180–200 °C
Garzeit: 30–35 Minuten.

6. Während der Garzeit eventuell etwas Wasser hinzufügen.

Beilage: Paprikagemüse und Strohkartoffeln.

Jakobsmuscheln, überbacken

Cappesante al forno | **Für Gäste**

4 Portionen

Pro Portion:
E: 18 g, F: 8 g, Kh: 9 g, kJ: 759, kcal: 181

1 Pck. TK-Jakobsmuscheln
1 Fleischtomate
100 g Champignons
1–2 kleine Schalotten
2–3 Knoblauchzehen
Salz
frisch gemahlener Pfeffer
1 EL Butter
2 EL frisch geriebener Parmesan-Käse

Zubereitungszeit: 30 Minuten, ohne Auftauzeit
Backzeit: etwa 10 Minuten

1. Jakobsmuscheln zugedeckt über Nacht im Kühlschrank auftauen lassen. Das Muschelfleisch evtl. kurz abspülen, trocken tupfen, in Scheiben schneiden und in 4 Gratinförmchen oder Muschelschalen verteilen.

2. Die Tomate waschen, kreuzweise einschneiden und einige Sekunden in kochendes Wasser legen. Tomate kurz in kaltes Wasser legen, enthäuten, halbieren, entkernen und den Stängelansatz herausschneiden.

3. Champignons putzen, mit Küchenpapier abreiben, evtl. abspülen, trocken tupfen und klein schneiden. Schalotten und Knoblauch abziehen, klein würfeln, mit den Tomatenhälften und den Champignons im Mixer pürieren, mit Salz und Pfeffer würzen.

4. Das Püree auf dem Muschelfleisch verteilen, Butter in Flöckchen daraufsetzen. Mit Parmesan bestreuen. Die Gratinformen oder Muschelschalen auf dem Rost in den vorgeheizten Backofen schieben.
Ober-/Unterhitze: etwa 220 °C
Heißluft: etwa 200 °C
Backzeit: etwa 10 Minuten.

Beilage: Ofenfrisches Baguette.

Tipp: Statt Jakobsmuscheln können auch Miesmuscheln aus der Dose verwendet werden. Dazu das Muschelfleisch in ein Sieb geben und gut abtropfen lassen. Die Muscheln dann, wie im Rezept beschrieben, weiterverarbeiten.

Johannisbeer-Granita

Granita di ribes | **Für Gäste – mit Alkohol**

4 Portionen

Pro Portion:
E: 1 g, F: 0 g, Kh: 32 g, kJ: 961, kcal: 229

500 g rote Johannisbeeren
100 ml Wasser
Vanillemark von
½ Vanilleschote
5 EL flüssiger Honig
400 ml Marsala-Wein
vorbereitete Minzeblättchen

Zubereitungszeit: 35 Minuten, ohne Gefrierzeit

1. Johannisbeeren verlesen, waschen, abtropfen lassen (einige Rispen zum Garnieren beiseitelegen). Die Beeren von den Rispen abstreifen.

2. Johannisbeeren mit Wasser und Vanillemark in einem Topf zum Kochen bringen und bei schwacher Hitze etwa 10 Minuten kochen lassen. Anschließend die Johannisbeeren durch ein Sieb streichen und den Saft dabei auffangen.

3. Den aufgefangenen Johannisbeersaft mit Honig verrühren und durch ein Mulltuch geben, um den Saft zu klären. Johannisbeersaft in einer flachen Plastikschale etwa 4 Stunden einfrieren.

4. Wenn die Granita fest ist, mit einem Löffel in Flocken abkratzen oder in einem Eiscrasher zerkleinern, in 4 Gläser geben und mit kaltem Marsala auffüllen.

5. Johannisbeer-Granita mit den beiseitegelegten Johannisbeeren und Minzeblättchen garnieren.

Tipp: Granita schmeckt auch aus 400 g Erdbeeren, 125 ml Zitronensaft, 125 g Zucker und 500 ml Wasser.

Kaiserschmarrn mit Pinienkernen und Rosinen

Frittata dolce stracciata con pinoli e uvetta

Klassisch

2 Portionen

Pro Portion:
E: 17 g, F: 33 g, Kh: 62 g, kJ: 2604, kcal: 622

80 g Weizenmehl
125 ml (1/8 l) Milch
2 Eigelb (Größe L)
Salz
2 Eiweiß (Größe L)
1 EL Dr. Oetker Bourbon-Vanille-Zucker
30 g Rosinen
30 g Pinienkerne
2 EL Butter

25 g Puderzucker zum Bestäuben

Zubereitungszeit: 25 Minuten
Backzeit: etwa 10 Minuten

1. Mehl in eine Rührschüssel sieben. Mit Milch, Eigelb und 1 Prise Salz glatt rühren. Eiweiß mit Vanille-Zucker steif schlagen.

2. Eischnee mit Rosinen und Pinienkernen unter den Teig heben.

3. Butter in einer großen, feuerfesten Pfanne zerlassen. Den Teig hineingeben und kurz auf der Unterseite backen lassen.

4. Dann die Pfanne auf dem Rost in den vorgeheizten Backofen schieben.
Ober-/Unterhitze: etwa 180 °C
Heißluft: etwa 160 °C
Backzeit: etwa 10 Minuten.

5. Den Kaiserschmarrn mit 2 Gabeln in Stücke zupfen und dick mit Puderzucker bestäuben.

Beilage: Preiselbeeren.

Tipp: In Südtirol wird Kaiserschmarrn meistens mit Preiselbeeren serviert.

Kalbfleisch in Weißwein und Tomatensauce

Vitello alla Marengo | **Für Gäste – mit Alkohol**

4 Portionen

Pro Portion:

E: 36 g, F: 29 g, Kh: 6 g, kJ: 1964, kcal: 468

700 g Kalbsbrust
4–6 EL Olivenöl
1 Zwiebel
Salz
frisch gemahlener Pfeffer
1 EL Weizenmehl
250 ml (1/4 l) Weißwein
250 ml (1/4 l) Fleischbrühe
2 Knoblauchzehen
1 Lorbeerblatt
gerebelter Thymian
200 g frische Champignons
500 g Tomaten
3–4 EL gehackte Petersilie

Zubereitungszeit: 35 Minuten
Garzeit: etwa 70 Minuten

1. Kalbsbrust unter fließendem kalten Wasser abspülen, trocken tupfen und in große Würfel schneiden.

2. Das Olivenöl in einer Pfanne erhitzen. Fleischwürfel unter mehrmaligem Wenden darin anbraten. Zwiebel abziehen, in kleine Würfel schneiden, zu den Fleischwürfeln geben und mit anbraten. Mit Salz und Pfeffer bestreuen. Fleischwürfel mit Mehl bestäuben und unterrühren. Wein und Brühe hinzugießen.

3. Knoblauch abziehen, in kleine Würfel schneiden, zusammen mit dem Lorbeerblatt und Thymian hinzufügen. Die Zutaten unter Rühren zum Kochen bringen und zugedeckt bei mittlerer Hitze etwa 60 Minuten garen.

4. Champignons putzen, mit Küchenpapier abreiben, evtl. kurz abspülen, trocken tupfen und in Scheiben schneiden. Tomaten waschen, kreuzweise einschneiden und einige Sekunden in kochendes Wasser legen. Tomaten kurz in kaltes Wasser legen, enthäuten, halbieren, entkernen und die Stängelansätze herausschneiden. Tomaten in Würfel schneiden.

5. Champignonscheiben und Tomatenwürfel zum gegarten Fleisch geben, zum Kochen bringen und weitere etwa 10 Minuten bei schwacher Hitze kochen lassen. Mit Petersilie bestreut servieren.

Tipp: Statt Kalbsbrust kann auch Hühner- oder Schweinefleisch verwendet werden.

Kalbshaxe aus dem Ofen

Osso buco al forno

Dauert länger – mit Alkohol – für Fortgeschrittene

4 Portionen

Pro Portion:

E: 59 g, F: 19 g, Kh: 8 g, kJ: 1958, kcal: 468

Für die Kalbshaxe:

1 Kalbshaxe (1 ½–2 kg)
Salz
frisch gemahlener Pfeffer
gemahlener Rosmarin
gerebelter Thymian
4 Tomaten
2 Zwiebeln
2 Knoblauchzehen
gerebeltes Basilikum
125 ml (⅛ l) Weißwein

Für die Sauce:

1–2 EL Weizenmehl
3–4 EL kaltes Wasser
2 EL Schlagsahne
Weißwein
1 Prise Zucker

Zubereitungszeit: 30 Minuten
Garzeit: etwa 2 Stunden

1. Kalbshaxe unter fließendem kalten Wasser abspülen und trocken tupfen. Mit Salz, Pfeffer, Rosmarin und Thymian würzen. Haxe in einen Bratentopf oder eine feuerfeste Form mit Deckel legen.

2. Tomaten waschen, trocken tupfen, vierteln und die Stängelansätze entfernen. Zwiebeln und Knoblauch abziehen und vierteln.

3. Tomaten-, Zwiebel- und Knoblauchstücke um die Haxe legen. Mit Salz, Pfeffer und Basilikum bestreuen, Weißwein hinzugießen. Den Bratentopf oder die Form mit dem Deckel verschließen und auf dem Rost in den vorgeheizten Backofen schieben.
Ober-/Unterhitze: 180–200 °C
Heißluft: 160–180 °C
Garzeit: etwa 2 Stunden.

4. Verdampfte Flüssigkeit nach und nach durch Wasser ersetzen. Nach etwa 1 Stunde Garzeit den Deckel entfernen. Die Haxe während der Garzeit ab und zu wenden, damit sie gleichmäßig bräunt.

5. Die gare Haxe herausnehmen, vom Knochen lösen, auf einer vorgewärmten Platte anrichten und warm stellen.

6. Für die Sauce den Bratensatz mit Wasser loskochen, durch ein Sieb streichen und in einen Topf geben. Evtl. mit Wasser auffüllen, zum Kochen bringen. Mehl mit Wasser anrühren, unter Rühren in die Flüssigkeit geben und zum Kochen bringen. Die Sauce unter mehrmaligem Rühren etwa 5 Minuten kochen lassen, die Sahne unterrühren.

7. Die Sauce mit Salz, Pfeffer, Thymian, Wein und Zucker abschmecken. Die Haxe mit der Sauce servieren.

Beilage: Kartoffelbrei, Brokkoli.

Kalbskotelett Mailand

Costolette di vitello alla milanese

Raffiniert – schnell

6 Portionen

Pro Portion:
E: 30 g, F: 26 g, Kh: 8 g, kJ: 1612, kcal: 384

6 Kalbskoteletts (je etwa 160 g)
3 Eier (Größe M)
6 EL Olivenöl
80 g frisch geriebener Parmesan-Käse
80 g Semmelbrösel
30 g Butter
1 Bio-Zitrone (unbehandelt, ungewachst)

Zubereitungszeit: 30 Minuten

1. Kalbskoteletts unter fließendem kalten Wasser abspülen, trocken tupfen und leicht klopfen. Koteletts evtl. am Rand einschneiden.

2. Eier mit 1 Teelöffel Olivenöl in einer flachen Schüssel verschlagen.

3. Parmesan-Käse und Semmelbrösel in einem flachen Teller mischen.

4. Koteletts zuerst durch die verschlagenen Eier ziehen, am Schüsselrand etwas abstreifen und dann in der Käse-Brösel-Mischung wenden. Panade leicht andrücken.

5. Restliches Olivenöl und Butter in einer großen Pfanne erhitzen. Die Koteletts darin von beiden Seiten goldgelb braten, herausnehmen und auf einer vorgewärmten Platte anrichten.

6. Zitrone heiß abwaschen, abtrocknen und in Spalten schneiden.

7. Koteletts mit den Zitronenspalten garniert servieren.

Beilage: Kartoffelkroketten oder Rösti.

Kalbsleber mit Zwiebeln und Tomaten

Fegato alla livornese | **Schnell – klassisch**

4 Portionen

Pro Portion:
E: 26 g, F: 31 g, Kh: 11 g, kJ: 1808, kcal: 432

4 Scheiben Kalbsleber (je etwa 125 g)
1 EL Weizenmehl
2 große Zwiebeln
4 EL Speiseöl
Salz
gerebelter Salbei
gerebelter Majoran
2 große Tomaten
200 g Schlagsahne

Zubereitungszeit: 35 Minuten

1. Leber unter fließendem kalten Wasser abspülen, trocken tupfen, von Haut, Sehnen und Röhren befreien. Leber in Streifen schneiden und mit Mehl bestäuben.

2. Die Zwiebeln abziehen und in Würfel schneiden. Etwas von dem Speiseöl in einer Pfanne erhitzen. Zwiebelwürfel darin anbraten, herausnehmen und beiseitestellen.

3. Restliches Speiseöl in die Pfanne geben und erhitzen. Die Leberstreifen in 2 Portionen unter mehrmaligem Wenden darin anbraten. Mit Salz, Salbei und Majoran würzen. Die beiseitegestellten Zwiebelwürfel hinzufügen.

4. Tomaten waschen, kreuzweise einschneiden und einige Sekunden in kochendes Wasser legen. Tomaten kurz in kaltes Wasser legen, enthäuten, halbieren, entkernen und Stängelansätze entfernen. Fruchtfleisch in Würfel schneiden und anschließend zu den Leberstreifen geben.

5. Sahne hinzugießen. Die Zutaten unter Rühren einmal aufkochen lassen. Mit Salz, Salbei und Majoran abschmecken und sofort servieren.

Beilage: Risotto mit Erbsen und gehackter Petersilie.

Kalbsleber, venezianisch

Fegato alla veneziana | **Schnell**

4 Portionen

Pro Portion:
E: 32 g, F: 17 g, Kh: 16 g, kJ: 1439, kcal: 344

500 g Zwiebeln
60 ml Speiseöl
600 g Kalbsleber
20 g Weizenmehl
Salz
frisch gemahlener Pfeffer

Zubereitungszeit: 35 Minuten

1. Zwiebeln abziehen und in dünne Scheiben schneiden. Etwas Speiseöl in einer Pfanne erhitzen. Zwiebelscheiben unter Rühren etwa 10 Minuten goldbraun dünsten. Zwiebelscheiben herausnehmen und warm stellen.

2. Von der Leber evtl. die weiße Haut und Sehnen entfernen. Leber unter fließendem kalten Wasser abspülen, trocken tupfen, in Streifen schneiden und mit Mehl bestäuben.

3. Zwei Esslöffel von dem Speiseöl in der Pfanne erhitzen. Die Hälfte der Leberstreifen darin unter Rühren 1–2 Minuten braten. Mit Salz und Pfeffer bestreuen, herausnehmen und warm stellen. Restliche Leberstreifen mit dem restlichen Speiseöl auf die gleiche Weise zubereiten.

4. Leberstreifen mit den Zwiebelscheiben servieren.

Beilage: Reis, Baguette oder Kartoffelpüree und gebratene Apfelscheiben.

Kalbsmedaillons in Gorgonzola

Medaglioni di vitello al gorgonzola | **Raffiniert**

4 Portionen

Pro Portion:

E: 58 g, F: 79 g, Kh: 4 g, kJ: 4088, kcal: 983

Für die Kalbsmedaillons:

800 g Kalbsfilet
Salz
frisch gemahlener Pfeffer
frisch gehackte Oregano- oder Majoranblättchen
2 EL Butterschmalz

Für die Gorgonzolasauce:

etwa 320 g Gorgonzola (Blauschimmelkäse)
500 g Schlagsahne
frisch gemahlener, weißer Pfeffer

Zubereitungszeit: 20 Minuten
Garzeit: 4–6 Minuten

1. Für die Medaillons Kalbsfilet von Haut und Sehnen befreien. Kalbsfilet unter fließendem kalten Wasser abspülen und trocken tupfen. Kalbsfilet in 2–3 cm dicke Scheiben (Medaillons) schneiden. Medaillons mit Salz und Pfeffer würzen, mit Oregano- oder Majoranblättchen bestreuen.

2. Butterschmalz in einer Pfanne erhitzen. Medaillons hineingeben und von beiden Seiten 4–6 Minuten braten. Medaillons herausnehmen, auf vorgewärmten Tellern anrichten und warm stellen.

3. Für die Sauce Gorgonzola zerbröseln und zum Bratensatz in die Pfanne geben. Sahne hinzufügen und unter Rühren zum Kochen bringen. Die Sauce bei schwacher Hitze cremig einkochen lassen. Mit Salz und Pfeffer abschmecken.

4. Die Kalbsmedaillons mit der Gorgonzolasauce übergießen und sofort servieren.

Beilage: Brokkoli, Romanesco, Stangenspargel, Salzkartoffeln oder Butternudeln.

Kalbsrouladen mit Steinpilzen

Involtini di vitello | **Für Gäste – mit Alkohol**

4 Portionen

Pro Portion:
E: 32 g, F: 46 g, Kh: 4 g, kJ: 2385, kcal: 570

2	*rote Zwiebeln*
8 Blättchen	*Salbei*
5 EL	*Olivenöl*
	Salz
	frisch gemahlener Pfeffer
4	*dünne Kalbsschnitzel (je etwa 100 g)*
4 dünne Scheiben	*Provolone picante (italienischer Kuhmilch-Hartkäse)*
4 Scheiben	*Parmaschinken*
2	*Schalotten*
2 EL	*Butter*
2 cl	*Marsala-Wein*
200 ml	*Fleischbrühe*
200 g	*Schlagsahne*
300 g	*frische Steinpilze*
1	*Knoblauchzehe*

Außerdem:

4	*Holzstäbchen*

Zubereitungszeit: 50 Minuten
Garzeit: 10–15 Minuten

1. Die Zwiebeln abziehen und in Streifen schneiden. Die Salbeiblättchen abspülen, trocken tupfen und in Streifen schneiden. 2 Esslöffel von dem Olivenöl in einer Pfanne erhitzen. Zwiebelwürfel darin glasig dünsten. Salbeistreifen unterrühren. Mit Salz und Pfeffer würzen.

2. Kalbsschnitzel unter fließendem kalten Wasser abspülen, trocken tupfen, mit Salz und Pfeffer bestreuen. Kalbsschnitzel zuerst mit 1 Scheibe Käse, danach mit 1 Scheibe Parmaschinken belegen. Die angedünsteten Zwiebelstreifen darauf verteilen. Die Kalbsschnitzel von der schmalen Seite her zu Rouladen aufrollen und mit Holzstäbchen feststecken.

3. Schalotten abziehen und in kleine Würfel schneiden. Wieder 2 Esslöffel von dem Olivenöl in einer Pfanne erhitzen. Die Rouladen darin rundherum anbraten und aus der Pfanne nehmen. Butter in der Pfanne zerlassen. Schalottenwürfel darin etwa 3 Minuten dünsten lassen. Mit Marsala ablöschen, Brühe und Sahne hinzugießen.

4. Die Rouladen in die Sauce legen und zugedeckt 10–15 Minuten garen.

5. In der Zwischenzeit Steinpilze putzen, abbürsten oder mit Küchenpapier abreiben. Steinpilze in dicke Scheiben schneiden. Knoblauch abziehen und durch eine Knoblauchpresse drücken.

6. Restliches Olivenöl in einer Pfanne erhitzen. Pilzscheiben und Knoblauch darin anbraten. Mit Salz und Pfeffer würzen. Die Involtini in der Sauce mit den Steinpilzen servieren.

Kalbsschnitzel Pizzaiola mit Rosmarinkartoffeln

Bistecca alla pizzaiola con patate al forno

Etwas teurer

4 Portionen

Pro Portion:
E: 33 g, F: 34 g, Kh: 19 g, kJ: 2193, kcal: 523

4 Fleischtomaten
8 kleine Kalbsschnitzel (je etwa 70 g)
3 EL Olivenöl
4 EL gehackte, schwarze Oliven
2 EL kleine Kapern
Salz, frisch gemahlener Pfeffer
evtl. Knoblauchpulver
4 EL Butter
400 g gekochte Kartoffelwürfel
1 EL Rosmarinnadeln

Zubereitungszeit: 30 Minuten

1. Tomaten waschen, kreuzweise einschneiden und einige Sekunden in kochendes Wasser legen. Tomaten kurz in kaltes Wasser legen, enthäuten, halbieren, entkernen und die Stängelansätze herausschneiden. Tomaten in Würfel schneiden.

2. Kalbsschnitzel unter fließendem kalten Wasser abspülen und trocken tupfen. Olivenöl in einer Pfanne erhitzen. Kalbsschnitzel darin von beiden Seiten etwa 4 Minuten braten, herausnehmen und warm stellen.

3. Tomatenwürfel in dem verbliebenen Öl andünsten. Olivenstückchen und Kapern mit andünsten. Mit Salz, Pfeffer und Knoblauch würzen.

4. Butter in einer weiteren Pfanne zerlassen. Kartoffelwürfel unter mehrmaligem Wenden darin braun braten. Anschließend mit Salz, Pfeffer und Rosmarinnadeln würzen.

5. Die Kalbsschnitzel mit den Rosmarinkartoffeln und dem Tomatengemüse anrichten.

Kalbsschulter Fiorentina

Spalla di vitello alla fiorentina **Etwas teurer**

6 Portionen

Pro Portion:

E: 41 g, F: 14 g, Kh: 13 g, kJ: 1442, kcal: 344

1,2 kg	*Kalbsschulter (ohne Knochen)*
2 EL	*Speiseöl*
	Salz
	frisch gemahlener Pfeffer
4	*Knoblauchzehen*
je 2 Stängel	*Thymian und Rosmarin*
½	*Bio-Limette (unbehandelt, ungewachst)*
500 g	*kleine, festkochende Kartoffeln*
200 ml	*Kalbsfond oder -brühe*

Zubereitungszeit: 40 Minuten
Garzeit: etwa 90 Minuten

1. Kalbfleisch unter fließendem kalten Wasser abspülen und trocken tupfen.

2. Öl in einem Bräter erhitzen. Fleisch mit Salz und Pfeffer würzen, in den Bräter legen und von allen Seiten anbraten.

3. Knoblauch abziehen, Thymian und Rosmarin abspülen und trocken tupfen. Die Stängel grob zerkleinern. Limette heiß abwaschen, abtrocknen und in sehr schmale Spalten schneiden. Vorbereitete Zutaten zum Fleisch geben.

4. Den Bräter ohne Deckel auf dem Rost in den vorgeheizten Backofen schieben.
Ober-/Unterhitze: etwa 160 °C
Heißluft: etwa 140 °C
Garzeit: etwa 90 Minuten.

5. Das Fleisch während der Garzeit immer wieder mit dem Bratfett begießen.

6. In der Zwischenzeit Kartoffeln unter fließendem kalten Wasser gründlich abbürsten und abtropfen lassen. Nach etwa 30 Minuten Garzeit die Kartoffeln zum Fleisch geben, etwas anbraten lassen, Fond oder Brühe hinzugießen und zugedeckt fertig garen.

Kalbszunge mit pikanter Sauce

Lingua di vitello in salsa piccante | **Mit Alkohol**

4 Portionen

Pro Portion:
E: 33 g, F: 27 g, Kh: 6 g, kJ: 1744, kcal: 417

1 frische Kalbszunge (etwa 1 kg)
250 ml (1/4 l) trockener Weißwein
Salz
10 Pfefferkörner
1 Lorbeerblatt
1 Bund Suppengrün (z. B. Sellerie, Porree [Lauch], Möhren)
1 Bund Petersilie

Für die Sauce:
750 g reife Tomaten
2 Schalotten
1 Knoblauchzehe
2 EL Olivenöl
1 Peperoncini (getrocknete Chilischote)
frisch gemahlener Pfeffer
1 Prise Zucker
2 EL feinste Kapern
2 gehackte Sardellenfilets

Zubereitungszeit: 90 Minuten
Garzeit: etwa 90 Minuten

1. Kalbszunge unter fließendem kalten Wasser abspülen und trocken tupfen. Mit Wein in einen Topf geben. So viel kaltes Wasser hinzufügen, dass die Kalbszunge bedeckt ist. Die Zutaten zum Kochen bringen. 1 Teelöffel Salz, Pfefferkörner und das Lorbeerblatt hinzugeben. Die Kalbszunge zugedeckt etwa 45 Minuten bei schwacher Hitze leicht köcheln lassen, dabei die Brühe mehrmals mit einem Schaumlöffel abschöpfen.

2. In der Zwischenzeit das Suppengrün putzen, eventuell schälen, waschen und abtropfen lassen. Das Gemüse grob zerkleinern. Die Petersilie abspülen und trocken tupfen. Die Blättchen von den Stängeln zupfen. Blättchen klein schneiden. Suppengemüse nach etwa 45 Minuten Garzeit zur Kalbszunge in den Topf geben. Wieder zum Kochen bringen und zugedeckt weitere etwa 30 Minuten köcheln lassen.

3. Für die Sauce die Tomaten waschen, kreuzweise einschneiden und einige Sekunden in kochendes Wasser legen. Tomaten kurz in kaltes Wasser legen, enthäuten, halbieren, entkernen und die Stängelansätze herausschneiden. Tomatenhälften in grobe Würfel schneiden. Schalotten und Knoblauch abziehen und dann in kleine Würfel schneiden.

4. Das Olivenöl in einem Topf erhitzen. Schalotten- und Knoblauchwürfel darin andünsten. Peperoncini zerbröseln, mit den Tomatenwürfeln hinzufügen, zum Kochen bringen und etwa 15 Minuten bei mittlerer bis starker Hitze kräftig kochen lassen. Die Sauce mit Pfeffer, Zucker, Kapern und Sardellenstückchen abschmecken und Petersilie unterrühren.

5. Gegarte Zunge (die Zunge ist gar, wenn sie von der Gabel rutscht) herausnehmen und mit kaltem Wasser abschrecken. Die Zunge enthäuten und in Scheiben schneiden. Die Zunge auf einer vorgewärmten Platte anrichten und mit der Sauce servieren.

Beilage: Rustikales Bauernbrot und Olivenöl.

Tipp: Aus dem Fond Suppe kochen.

Kaninchen in Olivensauce

Coniglio in salsa di olive **| Mit Alkohol**

4 Portionen

Pro Portion:
E: 63 g, F: 64 g, Kh: 9 g, kJ: 3892, kcal: 933

1	küchenfertiges Kaninchen (etwa 1 ½ kg)
	Salz
	frisch gemahlener Pfeffer
1 Stängel	Rosmarin
2	Möhren
100 g	Knollensellerie
2	Zwiebeln
2	Tomaten
30	entsteinte, schwarze Oliven
4 EL	Olivenöl
250 ml (¼ l)	Weißwein
20 g	Olivenpaste
250 ml (¼ l)	Hühnerbrühe
250 g	Crème fraîche

Zubereitungszeit: 25 Minuten
Garzeit: etwa 45 Minuten

1. Kaninchen unter fließendem kalten Wasser abspülen, trocken tupfen, in 8 Teile zerlegen. Mit Salz und Pfeffer würzen. Rosmarin abspülen und trocken tupfen. Nadeln von den Stängeln zupfen, klein schneiden.

2. Möhren und Sellerie putzen, schälen, abspülen, abtropfen lassen und in Stücke schneiden. Zwiebeln abziehen und in kleine Würfel schneiden. Tomaten waschen, kreuzweise einschneiden und einige Sekunden in kochendes Wasser legen. Tomaten kurz in kaltes Wasser legen, enthäuten, halbieren, entkernen und die Stängelansätze herausschneiden. Tomaten grob zerkleinern. Oliven vierteln.

3. Olivenöl in einem Bräter erhitzen. Kaninchenstücke darin von allen Seiten anbraten. Vorbereitetes Gemüse hinzugeben und mit andünsten. Wein hinzugießen. Olivenpaste unterrühren und die Brühe hinzufügen.

4. Die Zutaten zum Kochen bringen und zugedeckt etwa 45 Minuten garen.

5. Die Kaninchenteile herausnehmen, auf eine vorgewärmte Platte legen. Den Bratenfond mit dem Gemüse pürieren, Crème fraîche unterrühren und etwas einkochen lassen. Eventuell nochmals mit Salz und Pfeffer abschmecken.

6. Kaninchen mit der Olivensauce anrichten. Mit Rosmarinnadeln garnieren.

Kaninchen in Tomatensauce

Coniglio al sugo | **Mit Alkohol**

6 Portionen

Pro Portion:
E: 44 g, F: 37 g, Kh: 7 g, kJ: 2394, kcal: 572

1 küchenfertiges Kaninchen (etwa 1 1/2 kg)

Für die Marinade:

1 Knoblauchzehe
50 g Knollensellerie
250 ml (1/4 l) Rotweinessig
250 ml (1/4 l) Wasser
1 EL gerebelter Thymian
2 Lorbeerblätter
Salz, frisch gemahlener Pfeffer

2 EL Weizenmehl
80 g Butterschmalz
125 ml (1/8 l) Tomatensaft
125 ml (1/8 l) Wild- oder Fleischbrühe
2 EL Tomatenmark
1 Dose stückige Tomaten (Einwaage 400 g)
100 g durchwachsener Speck
3 EL Olivenöl
1 Knoblauchzehe
etwa 4 EL Weinbrand

Zubereitungszeit: 90 Minuten, ohne Marinierzeit
Garzeit: etwa 60 Minuten

1. Kaninchen in 6 Portionsstücke teilen, evtl. Fett entfernen. Kaninchenteile unter fließendem kalten Wasser abspülen und trocken tupfen.

2. Für die Marinade Knoblauch abziehen und grob hacken. Sellerie schälen, waschen, abtropfen lassen und raspeln.

3. Essig, Wasser, Knoblauch und Sellerieraspel in einer flachen Schale verrühren. Thymian, Lorbeerblätter, Salz und Pfeffer unterrühren. Kaninchenteile hineinlegen und kalt gestellt etwa 24 Stunden marinieren, dabei ab und zu wenden.

4. Fleisch herausnehmen, trocken tupfen und mit Mehl bestäuben. Das Butterschmalz in einem Bräter erhitzen, die Kaninchenteile gut darin anbraten, etwas Tomatensaft hinzugießen.

5. Die Kaninchenteile etwa 1 Stunde garen, dabei ab und zu mit dem Bratensatz begießen und verdampfte Flüssigkeit nach und nach durch Tomatensaft und Brühe ersetzen.

6. Das gare Fleisch herausnehmen und warm stellen. Restlichen Tomatensaft zum Bratensatz geben und loskochen. Tomatenmark und stückige Tomaten unterrühren, zum Kochen bringen und etwas einkochen lassen.

7. Speck in Würfel schneiden. Olivenöl in einer Pfanne erhitzen. Speckwürfel darin braun braten und in die Sauce geben. Knoblauch abziehen, fein hacken und unter die Sauce rühren. Mit Salz, Pfeffer und dem Weinbrand abschmecken und mit den Kaninchenteilen anrichten.

Tipp: Dazu passen Gnocchi (evtl. aus dem Kühlregal), die mit Butter und Salbei in einer Pfanne gebraten werden, und ein kräftiger Rotwein.

Kaninchenkeulen mit Oliven

Coscetto di coniglio con olive

Raffiniert – mit Alkohol

4 Portionen

Pro Portion:
E: 33 g, F: 39 g, Kh: 6 g, kJ: 2467, kcal: 589

4	*Kaninchenkeulen (je etwa 200 g)*
6 EL	*Olivenöl, Salz*
100 g	*Perlzwiebeln oder Schalotten*
2	*Knoblauchzehen*
2 Stängel	*Rosmarin*
4 Blättchen	*Salbei*
100 g	*grüne Oliven ohne Stein*
100 g	*schwarze Oliven ohne Stein*
2 EL	*grüner Pfeffer*
400 ml	*trockener Weißwein*

Zubereitungszeit: 65 Minuten
Garzeit: etwa 45 Minuten

1. Kaninchenkeulen unter fließendem kalten Wasser abspülen und trocken tupfen. Die Hälfte des Olivenöls in einem Bräter erhitzen. Die Keulen darin von allen Seiten anbraten, herausnehmen und mit Salz würzen.

2. Perlzwiebeln oder Schalotten und Knoblauch abziehen. Rosmarin und Salbeiblättchen abspülen und trocken tupfen. Zwiebeln oder Schalotten, Knoblauch, Rosmarin, Salbei, grüne und schwarze Oliven, restliches Olivenöl und grünen, abgetropften Pfeffer in den Bräter geben, etwas andünsten.

3. Kaninchenkeulen darauf verteilen, Weißwein hinzugießen. Den Bräter auf dem Rost (ohne Deckel) in den vorgeheizten Backofen schieben.
Ober-/Unterhitze: etwa 200 °C
Heißluft: etwa 180 °C
Garzeit: etwa 45 Minuten.

4. Die Kaninchenkeulen aus dem Bräter nehmen, auf einer vorgewärmten Platte anrichten und warm stellen.

5. Die Sauce verrühren, mit den Gewürzen abschmecken und zu den Kaninchenkeulen reichen.

Beilage: Farfalle- oder Tagliatelle-Nudeln.

Kartoffelsalat mit Sardellen

Insalata di patate con acciughe

Gut vorzubereiten

2 Portionen

Pro Portion:

E: 23 g, F: 70 g, Kh: 25 g, kJ: 3474, kcal: 829

125 g Pellkartoffeln
125 g Äpfel
125 g Fleischreste (z. B. gegartes Rindfleisch oder gekochter Schinken)
125 g Essiggurke
2 gewässerte Sardellen
1 Zwiebel
100 g gekochte Möhren
1 EL gehackte Kräuter (z. B. Petersilie, Dill, Schnittlauch, Pimpinelle)

Für die Mayonnaise:

1 Eigelb (Größe M)
1 EL Weißweinessig
1 TL mittelscharfer Senf
Salz
Zucker
125 ml (1/8 l) Speiseöl
2 schwach geh. EL Naturjoghurt
Weißweinessig

vorbereitete Salatblätter (z. B. Frisée, Kopfsalat)
Gurken-, Tomatenscheiben

Zubereitungszeit: 35 Minuten

1. Pellkartoffeln pellen. Äpfel schälen, vierteln und entkernen.

2. Fleischreste oder gekochten Schinken und Essiggurke in feine Streifen schneiden. Sardellen hacken. Zwiebel abziehen und in kleine Würfel schneiden. Möhren, Kartoffeln und Äpfel in Würfel oder Streifen schneiden. Die vorbereiteten Salatzutaten mit den Kräutern in einer Schüssel mischen.

3. Für die Mayonnaise Eigelb mit Essig, Senf, Salz und Zucker in einer Rührschüssel mit einem Schneebesen zu einer dicklichen Masse aufschlagen.

4. Speiseöl in Mengen von 1–2 Esslöffeln nach und nach darunterschlagen (bei dieser Zubereitung ist es nicht notwendig, das Öl tropfenweise zuzusetzen, die an das Eigelb gegebenen Gewürze verhindern eine Gerinnung). Joghurt unterrühren.

5. Mayonnaise mit den Salatzutaten vermengen. Den Salat mit Salz und Essig abschmecken und dann nach Belieben mit Salatblättern, Gurken- und Tomatenscheiben garnieren.

Kichererbsensuppe Crema di ceci

Klassisch

8–10 Portionen

Pro Portion:
E: 21 g, F: 27 g, Kh: 38 g, kJ: 2024, kcal: 484

3	*Zwiebeln*
3	*Knoblauchzehen*
350 g	*Staudensellerie*
500 g	*Tomaten*
2 Bund	*Petersilie*
6 EL	*Olivenöl*
9–10 Dosen	*Kichererbsen (Abtropfgewicht je 240 g)*
5 EL	*gekörnte Gemüsebrühe*
	gerebelter Majoran
	Salz
	frisch gemahlener Pfeffer
8–10 Scheiben	*Vollkorn-Toastbrot*
8 EL	*Olivenöl*
150–200 g	*geriebener Parmesan-Käse*

Zubereitungszeit: 70 Minuten, ohne Abkühlzeit

1. Zwiebeln und Knoblauch abziehen, in kleine Würfel schneiden. Sellerie putzen und die harten Außenfäden abziehen. Sellerie waschen, abtropfen lassen und in Stücke schneiden.

2. Tomaten waschen, kreuzweise einschneiden und einige Sekunden in kochendes Wasser legen. Tomaten kurz in kaltes Wasser legen, enthäuten, halbieren, entkernen und die Stängelansätze herausschneiden. Tomatenhälften in Würfel schneiden.

3. Petersilie abspülen und trocken tupfen. Die Blättchen von den Stängeln zupfen und klein schneiden.

4. Das Olivenöl in einem Topf erhitzen. Zwiebelwürfel darin glasig dünsten, Knoblauch-, Tomatenwürfel, Selleriestücke und Petersilie hinzugeben, zugedeckt etwa 10 Minuten dünsten. Etwas abkühlen lassen.

5. In der Zwischenzeit Kichererbsen in einem Sieb abtropfen lassen, die Flüssigkeit dabei auffangen, mit Wasser auf 2 1/2–3 l auffüllen und in einem großen Topf zum Kochen bringen. Kichererbsen und gekörnte Gemüsebrühe hinzufügen, etwa 5 Minuten kochen lassen.

6. Die gedünstete Gemüsemischung pürieren und zu den Kichererbsen geben. Die Suppe mit Majoran, Salz und Pfeffer würzen, noch etwa 5 Minuten kochen lassen.

7. Toastbrot in kleine Würfel schneiden. Olivenöl in einer Pfanne erhitzen. Die Brotwürfel darin knusprig braun braten, in die Suppenteller geben und mit Parmesan-Käse bestreuen. Die sehr heiße Suppe darübergießen. Oder Brotwürfel und Parmesan-Käse getrennt zu der Suppe reichen.

Klare Tomatensuppe mit Polenta-Rauten

Zuppa di pomodoro con rombi di polenta

Raffiniert

4 Portionen

Pro Portion:
E: 6 g, F: 25 g, Kh: 23 g, kJ: 1486, kcal: 355

Für die Tomatensuppe:

2 mittelgroße Zwiebeln
3 Knoblauchzehen
50 ml Olivenöl
1 kg Tomaten
1 Dose geschälte Tomaten (Einwaage 800 g)
250 ml (1/4 l) Tomatensaft
Salz, frisch gemahlener Pfeffer
4 Eiweiß (Größe M)
2 mittelgroße Tomaten
1 Topf Basilikum

Für die Polenta-Rauten:

300 ml Gemüsebrühe
50 ml Milch
100 g Maisgrieß
1 Bund Schnittlauch
30 g frisch geriebener Parmesan-Käse
40 g Butter oder Margarine

Zubereitungszeit: 60 Minuten, ohne Abkühlzeit

1. Für die Suppe Zwiebeln und Knoblauch abziehen, klein würfeln. Olivenöl in einer Pfanne erhitzen, Zwiebel- und Knoblauchwürfel darin andünsten.

2. Tomaten waschen, abtrocknen, halbieren und die Stängelansätze herausschneiden. Tomatenhälften in kleine Würfel schneiden, zusammen mit den geschälten Tomaten und dem Tomatensaft zu den Zwiebel- und Knoblauchwürfeln geben und dann unter Rühren aufkochen lassen. Mit Salz und Pfeffer würzen. Die Suppe etwa 30 Minuten bei schwacher Hitze kochen und dann erkalten lassen.

3. Eiweiß in die kalte Suppe geben, gut durchrühren und unter ständigem Rühren aufkochen lassen, die Hitze reduzieren. Die Suppe 2 Minuten ohne Rühren kochen lassen. Einen Durchschlag mit einem Leinentuch auslegen und in einen Topf hängen. Die Tomatensuppe durch das Tuch gießen.

4. Tomaten waschen, kreuzweise einschneiden und einige Sekunden in kochendes Wasser legen. Tomaten kurz in kaltes Wasser legen, enthäuten, halbieren, entkernen und die Stängelansätze herausschneiden. Tomaten der Länge nach in Streifen schneiden. Basilikum abspülen und trocken tupfen. Die Blättchen von den Stängeln zupfen. Die durchgesiebte Suppe erhitzen, mit Salz und Pfeffer abschmecken.

5. Für die Polenta-Rauten Brühe mit Milch in einem Topf aufkochen. Maisgrieß einstreuen und etwa 8 Minuten quellen lassen, mit Salz und Pfeffer würzen.

6. Schnittlauch abspülen und in kleine Röllchen schneiden. Schnittlauchröllchen und Parmesan-Käse unter den Grieß rühren. Die Polentamasse etwa 1 cm dick auf eine geölte Platte streichen. Erkalten lassen und in Rauten schneiden.

7. Butter oder Margarine in einer Pfanne zerlassen, die Polenta-Rauten darin goldbraun braten, herausnehmen und in die Suppe geben. Die Suppe mit Tomatenstreifen, Basilikumblättchen und Polenta-Rauten als Einlage servieren.

Knoblauch-Scampi

Scampi aglio e olio | **Für Gäste**

4 Portionen

Pro Portion:
E: 25 g, F: 20 g, Kh: 4 g, kJ: 1270, kcal: 304

24 King-Prawns (ohne Schale)
4–5 EL Speiseöl
4 Knoblauchzehen
2 Fleischtomaten
1 Bund glatte Petersilie
80 g Butter
Salz, frisch gemahlener Pfeffer

Zubereitungszeit: 30 Minuten

1. King-Prawns unter fließendem kalten Wasser abspülen und trocken tupfen. Speiseöl in einer Pfanne erhitzen, King-Prawns hinzufügen und von beiden Seiten etwa 5 Minuten braten, herausnehmen, auf einer vorgewärmten Platte anrichten und warm stellen.

2. Knoblauch abziehen und klein hacken. Tomaten waschen, kreuzweise einschneiden und einige Sekunden in kochendes Wasser legen. Tomaten kurz in kaltes Wasser legen, enthäuten, halbieren, entkernen und die Stängelansätze herausschneiden. Tomatenhälften in Würfel schneiden.

3. Petersilie abspülen und trocken tupfen. Die Blättchen von den Stängeln zupfen. Blättchen klein schneiden.

4. Butter in der gesäuberten Pfanne zerlassen. Knoblauch darin andünsten.

5. Tomatenwürfel und Petersilie hinzugeben und mitdünsten lassen, mit Salz und Pfeffer abschmecken.

6. Die Tomatenmasse auf den King-Prawns verteilen und sofort servieren.

Beilage: Safranreis oder ofenfrisches Baguette und grüner Blattsalat.

Krusten- und Schalentiere, überbacken

Frutti di mare gratinati | **Für Gäste – mit Alkohol**

4 Portionen

Pro Portion:
E: 18 g, F: 38 g, Kh: 9 g, kJ: 2099, kcal: 502

8 Riesengarnelen (mit Schale)
2 EL Speiseöl
150 g Suppengemüse
250 ml (1/4 l) Weißwein
250 ml (1/4 l) Wasser

Für die Sauce:
60 g Butter
25 g Weizenmehl
125 g Schlagsahne
2 Eigelb (Größe M)
Salz, frisch gemahlener Pfeffer

1 Stange Staudensellerie
2–3 Frühlingszwiebeln
12 Jakobsmuscheln
20 g Butter
20 g junger, geriebener Gouda-Käse

Zubereitungszeit: 60 Minuten
Backzeit: etwa 8 Minuten

1. Von den Riesengarnelen die Schale und den Darm entfernen. Speiseöl in einer Pfanne erhitzen. Garnelen darin etwa 2 Minuten braten, herausnehmen und beiseitestellen.

2. Suppengemüse putzen, waschen, abtropfen lassen und in kleine Stücke schneiden. In die Pfanne geben und andünsten.

3. Wein und Wasser hinzugießen, zum Kochen bringen und etwa 15 Minuten bei schwacher Hitze köcheln lassen. Anschließend in ein Sieb geben, den Fond dabei auffangen und evtl. noch etwas einkochen lassen.

4. Für die Sauce 40 g von der Butter in einem Topf zerlassen. Mehl unter Rühren so lange darin erhitzen, bis es hellgelb ist. Nach und nach den Fond und die Sahne hinzugießen. Mit einem Schneebesen durchschlagen. Darauf achten, dass keine Klümpchen entstehen. Die Sauce zum Kochen bringen und etwa 5 Minuten kochen lassen. Den Topf von der Kochstelle nehmen.

5. Eigelb mit etwas Wasser verschlagen und in die Sauce rühren. Mit Salz und Pfeffer abschmecken. Sauce nicht mehr kochen lassen.

6. Staudensellerie putzen und die harten Außenfäden abziehen. Frühlingszwiebeln ebenfalls putzen. Sellerie und Frühlingszwiebeln waschen, abtropfen lassen und in Streifen oder Ringe schneiden. Restliche Butter in einem Topf zerlassen. Sellerie- und Frühlingszwiebelstreifen oder -ringe darin etwa 5 Minuten unter Rühren dünsten, mit Salz und Pfeffer abschmecken.

7. Jakobsmuscheln kurz unter fließendem kalten Wasser abspülen und trocken tupfen. Die Jakobsmuscheln mit den Garnelen und dem Gemüse unter die heiße Sauce heben. Die Masse in 4 Muschelschalen oder in 4 kleine Gratinförmchen (beides gefettet) verteilen. Butter in Flöckchen daraufsetzen und mit Käse bestreuen. Die Schalen oder Förmchen auf dem Rost in den vorgeheizten Backofen schieben und goldgelb überbacken.
Ober-/Unterhitze: etwa 220 °C
Heißluft: etwa 200 °C
Backzeit: etwa 8 Minuten.

Kürbis-Risotto

Risotto alla zucca profumato al rosmarino

Preiswert

6 Portionen

Pro Portion:

E: 8 g, F: 30 g, Kh: 58 g, kJ: 2262, kcal: 541

Zum Vorbereiten:

1 kg Kürbis (am besten orangefarbener, italienischer Gemüsekürbis)

Für den Risotto:

1 Knoblauchzehe
2 Rosmarinzweige
4 EL Olivenöl
Salz
frisch gemahlener Pfeffer
100 g Butter
100 g Schalottenwürfel
400 g Risotto-Reis (z. B. Vialone-Reis)
1 1/4 l Geflügelbrühe
50 g Butter
30 g frisch geriebener Parmesan-Käse

Zubereitungszeit: 25 Minuten
Garzeit: 25–30 Minuten

1. Zum Vorbereiten Kürbis schälen und halbieren. Die Kerne mit einem Löffel herauskratzen. Das Kürbisfleisch in etwa 1 x 1 cm große Würfel schneiden.

2. Für den Risotto Knoblauch abziehen. Rosmarin abspülen und trocken tupfen. Olivenöl in einem Topf erhitzen. Kürbiswürfel, Knoblauch und Rosmarinzweige hinzufügen. Mit Salz und Pfeffer würzen. Die Zutaten zum Kochen bringen und zugedeckt bei schwacher Hitze 5–10 Minuten garen.

3. Butter in einem großen Topf zerlassen. Schalottenwürfel darin kurz andünsten. Reis hinzufügen und mit andünsten.

4. Etwas von der Brühe hinzugießen. Den Reis zugedeckt unter gelegentlichem Rühren bei schwacher Hitze etwa 20 Minuten ausquellen lassen. Während des Garens immer wieder etwas von der restlichen Brühe hinzugießen.

5. Nach etwa 15 Minuten Garzeit die gedünsteten Kürbiswürfel und eventuell etwas Wasser hinzugeben.

6. Den Topf von der Kochstelle nehmen. Butter und Parmesan-Käse vorsichtig unterrühren. Mit Salz und Pfeffer abschmecken. Rosmarinzweige entfernen. Risotto in tiefen Tellern servieren.

Lamm, toskanisch

Agnello alla toscana | **Raffiniert**

6 Portionen

Pro Portion:

E: 50 g, F: 20 g, Kh: 13 g, kJ: 1816, kcal: 433

1 1/2 kg Lammkeule (mit Knochen)
12 abgezogene Knoblauchzehen
6 EL Olivenöl
1 Dose geschälte Tomaten (Einwaage 400 g)
gerebelter Rosmarin
Salz, frisch gemahlener Pfeffer
500 g feine Erbsen (frisch oder TK)

Zubereitungszeit: 25 Minuten
Garzeit: etwa 2 Stunden

1. Lammkeule unter fließendem kalten Wasser abspülen, trocken tupfen und mit Knoblauchzehen spicken.

2. Das Olivenöl in einem Bräter erhitzen. Die Lammkeule darin von allen Seiten gut anbraten.

3. Tomaten mit dem Saft pürieren und in einen Topf geben. Mit Rosmarin, Salz und Pfeffer würzen. Tomatenpüree kurz aufkochen lassen und zu der Lammkeule in den Bräter geben. Den Bräter anschließend auf dem Rost in den vorgeheizten Backofen schieben.
Ober-/Unterhitze: etwa 180 °C
Heißluft: etwa 160 °C
Garzeit: etwa 2 Stunden.

4. Während der Garzeit die Lammkeule zwischendurch wenden und eventuell etwas Wasser hinzufügen. Etwa 20 Minuten vor Ende der Garzeit die vorbereiteten oder gefrorenen Erbsen zur Lammkeule in den Bräter geben und mitgaren lassen.

5. Die Lammkeule herausnehmen und vom Knochen lösen. Fleisch in Scheiben schneiden, zusammen mit der Sauce servieren.

Lammkeule Cosciotto d'agnello arrosto

Klassisch – mit Alkohol

6 Portionen

Pro Portion:
E: 44 g, F: 16 g, Kh: 3 g, kJ: 1443, kcal: 344

1 Lammkeule
(etwa 1 1/2 kg, mit Knochen)
Salz
frisch gemahlener Pfeffer
4 EL Speiseöl
1 Knoblauchzehe
Kräuter der Provence
2 mittelgroße Zwiebeln
3 Tomaten
125 ml (1/8 l) Rotwein
125 ml (1/8 l) Fleischbrühe

Zubereitungszeit: 45 Minuten, ohne Ruhezeit
Garzeit: etwa 90 Minuten

1. Lammkeule unter fließendem kalten Wasser abspülen, trocken tupfen und anschließend mit Salz und Pfeffer einreiben.

2. Speiseöl in einem Bräter erhitzen. Die Keule darin von allen Seiten gut anbraten.

3. Knoblauch abziehen und durch eine Knoblauchpresse drücken. Die Keule mit dem Knoblauchmus bestreichen und mit Kräutern der Provence bestreuen. Die Keule aus dem Bräter nehmen.

4. Zwiebeln abziehen und vierteln. Tomaten waschen, abtrocknen, vierteln und die Stängelansätze herausschneiden. Zwiebel- und Tomatenviertel in das Bratfett geben und gut anbraten. Keule wieder hineinlegen. Rotwein und Brühe hinzugießen. Den Bräter auf dem Rost in den vorgeheizten Backofen schieben.
Ober-/Unterhitze: 180–200 °C
Heißluft: 160–180 °C
Garzeit: etwa 90 Minuten.

5. Die Keule aus dem Bräter nehmen und etwa 10 Minuten ruhen lassen. Das Fleisch vom Knochen lösen, in Scheiben schneiden und auf einer vorgewärmten Platte anrichten. Den Bratensatz mit dem Gemüse durch ein Sieb passieren, evtl. mit Salz und Pfeffer abschmecken und zu der Keule reichen.

Tipp: Eine besonders einfache Garmethode: Das gut angebratene Fleisch im vorgeheizten Backofen (Ober-/Unterhitze: etwa 80 °C) etwa 4 Stunden garen. Die Temperaturangabe muss bei dieser Garmethode genau eingehalten werden, dafür evtl. ein Ofenthermometer benutzen.

Lammkeule, lombardisch

Agnello alla lombarda **Einfach**

4 Portionen

Pro Portion:
E: 40 g, F: 20 g, Kh: 1 g, kJ: 1437, kcal: 343

1 kleine Lammkeule (etwa 800 g, ohne Knochen)
2 Knoblauchzehen
1 Bund Rosmarin
1 Bund Basilikum
1 Bund Thymian
Salz
frisch gemahlener Pfeffer
4–5 EL Olivenöl
Küchengarn

Zubereitungszeit: 20 Minuten, ohne Ruhezeit
Garzeit: etwa 65 Minuten

1. Lammkeule unter fließendem kalten Wasser abspülen, trocken tupfen, von Haut und Sehnen befreien.

2. Knoblauch abziehen und fein hacken. Kräuter abspülen und trocken tupfen. Die Nadeln bzw. Blättchen von den Stängeln zupfen. Nadeln und Blättchen klein schneiden.

3. Salz, Pfeffer, Knoblauch mit 1 Esslöffel Öl und den Kräutern verrühren, auf die Innenseite der Keule streichen. Das Fleisch aufrollen und mit Küchengarn umwickeln.

4. Restliches Olivenöl in einem Bräter erhitzen. Die Lammkeule darin von allen Seiten anbraten, etwas Wasser hinzufügen. Den Bräter in den vorgeheizten Backofen schieben.
Ober-/Unterhitze: etwa 180 °C
Heißluft: etwa 160 °C
Garzeit: etwa 65 Minuten.

5. Die Lammkeule aus dem Bräter nehmen, 10 Minuten ruhen lassen und in Scheiben schneiden.

6. Die Sauce durchrühren, nochmals mit den Gewürzen abschmecken, evtl. etwas Wasser unterrühren.

Lammrückenfilet mit Artischocken-Bohnen-Gemüse

Filetto d'agnello con carciofi e fagioli I

Für Gäste

4 Portionen

Pro Portion:
E: 41 g, F: 14 g, Kh: 8 g, kJ: 1382, kcal: 329

650 g Lammrückenfilet
Salz
frisch gemahlener Pfeffer
3 EL Speiseöl (z. B. Olivenöl)

500 g grüne Bohnen
1 gestr. TL Salz
4 Tomaten
1 Zwiebel
2 Knoblauchzehen
1 Dose Artischockenherzen (Abtropfgewicht 240 g)
2–3 EL Olivenöl
1–2 Rosmarinstängel
1–2 Thymianstängel

Zubereitungszeit: 60 Minuten
Garzeit: etwa 40 Minuten

1. Den Backofen bei Ober-/Unterhitze auf 80 °C vorheizen. Einen großen feuerfesten Teller oder eine Auflaufform mit flachem Rand auf dem Rost (mittlere Schiene) miterwärmen.

2. Lammrückenfilet unter fließendem kalten Wasser abspülen und trocken tupfen. Mit Salz und Pfeffer würzen.

3. Speiseöl in einer Pfanne erhitzen. Lammrückenfilet darin von allen Seiten in etwa 5 Minuten gut anbraten. Lammrückenfilet herausnehmen, auf dem vorgewärmten Teller oder in der Auflaufform in den Backofen schieben und etwa 40 Minuten garen. Pfanne mit dem Bratensatz beiseitestellen.

4. Von den Bohnen die Enden abschneiden, die Bohnen eventuell abfädeln, waschen, abtropfen lassen und in etwa 3 cm lange Stücke schneiden. Wasser mit Salz in einem Topf zum Kochen bringen. Bohnenstücke hinzufügen, zum Kochen bringen und etwa 10 Minuten kochen lassen. Bohnen in ein Sieb geben, mit eiskaltem Wasser abschrecken und abtropfen lassen.

5. Tomaten waschen, abtropfen lassen, kreuzweise einschneiden, kurz in kochendes Wasser legen und in kaltem Wasser abschrecken. Tomaten enthäuten, halbieren und Stängelansätze herausschneiden. Tomaten in größere Würfel schneiden. Zwiebel und Knoblauch abziehen, klein würfeln. Artischockenherzen in einem Sieb abtropfen lassen und vierteln.

6. Beiseitegestellte Pfanne mit dem Bratensatz erhitzen, Olivenöl miterhitzen. Zwiebel- und Knoblauchwürfel darin andünsten. Tomatenwürfel und Bohnenstücke hinzufügen, zum Kochen bringen und etwa 5 Minuten schmoren lassen. Dann die Artischockenviertel unterrühren und miterwärmen.

7. Kräuterstängel abspülen und trocken tupfen. Die Nadeln bzw. Blättchen von den Stängeln zupfen. Das Gemüse mit Salz, Pfeffer, Rosmarin und Thymian abschmecken.

Lammrückenfilet mit Rosmarin

Filetto d'agnello **Für Gäste**

4 Portionen

Pro Portion:
E: 33 g, F: 10 g, Kh: 4 g, kJ: 1012, kcal: 241

600 g Lammfilet oder Lammrückenfilet
Salz
frisch gemahlener Pfeffer
2 EL Olivenöl

4 Zucchini (etwa 480 g)
250 g Cocktailtomaten
4 Knoblauchzehen
2 kleine Zweige Rosmarin

Außerdem:
1 Stück Bratfolie oder Bratschlauch

Zubereitungszeit: 20 Minuten
Garzeit: 15–20 Minuten

1. Lammrückenfilet unter fließendem kalten Wasser abspülen und trocken tupfen, mit Salz und Pfeffer bestreuen. Etwas Olivenöl in einer Pfanne erhitzen. Lammrückenfilet kurz von beiden Seiten darin braun anbraten, herausnehmen und beiseitelegen.

2. Zucchini waschen, abtrocknen und die Enden abschneiden. Die Tomaten waschen, trocken tupfen und evtl. die Stängelansätze herausschneiden. Die Zucchini und Tomaten in grobe Würfel schneiden. Knoblauch abziehen und klein würfeln.

3. Zucchini-, Tomaten- und Knoblauchwürfel in einer Schüssel mischen, mit Salz und Pfeffer würzen, restliches Olivenöl unterrühren. Rosmarinzweige abspülen und trocken tupfen.

4. Die Gemüsemischung auf ein großes Stück Bratfolie oder in den Bratschlauch geben, das beiseitegelegte Lammrückenfilet und die Rosmarinzweige darauflegen. Die Bratfolie oder den Bratschlauch nach Packungsanleitung verschließen und auf ein Backblech legen.

5. Anschließend das Backblech in den vorgeheizten Backofen schieben.
Ober-/Unterhitze: etwa 200 °C
Heißluft: etwa 180 °C
Garzeit: 15–20 Minuten.

Beilage: Bratkartoffeln oder Ofenkartoffeln mit Quark und Schnittlauch.

Lammsteaks mit Orangensauce

Bistecca d'agnello all'arancia **Mit Alkohol**

4 Portionen

Pro Portion:
E: 26 g, F: 30 g, Kh: 10 g, kJ: 1934, kcal: 464

500 g ausgelöstes Lammkarree
2 EL Olivenöl
Salz
frisch gemahlener Pfeffer
1 Rosmarinstängel
2 Knoblauchzehen
200 ml Weißwein
Schale und Saft von
2 Bio-Orangen (unbehandelt, ungewachst)
100 g Schlagsahne
evtl. etwas Weizenmehl
Currypulver
1–2 EL Cognac

Zubereitungszeit: 20 Minuten

1. Lammkarree unter fließendem kalten Wasser abspülen, trocken tupfen, in 12 gleich große Medaillons schneiden und etwas flach drücken.

2. Olivenöl in einer großen Pfanne erhitzen. Lammmedaillons hinzufügen und von jeder Seite etwa 2 Minuten anbraten. Mit Salz und Pfeffer würzen. Lammsteaks herausnehmen, auf einer vorgewärmten Platte anrichten und warm stellen.

3. Dann Rosmarinstängel abspülen und trocken tupfen. Knoblauch abziehen und durch eine Knoblauchpresse drücken. Rosmarin und Knoblauch zum Bratensatz in die Pfanne geben und kurz andünsten lassen. Wein, Orangenschale, -saft und Sahne hinzugeben.

4. Den Bratensatz unter Rühren vom Boden lösen und zum Kochen bringen. Die Sauce bis zur Hälfte einkochen lassen, bis sie leicht sämig ist, eventuell mit angerührtem Mehl andicken. Mit Salz, Pfeffer, Curry und Cognac abschmecken.

Beilage: Rosmarinkartoffeln und Salat.

Langusten-Cocktail

Cocktail d'aragosta | **Mit Alkohol – raffiniert**

4 Portionen

Pro Portion:

E: 17 g, F: 21 g, Kh: 4 g, kJ: 1128, kcal: 271

300 g Langustenschwänze in Lake
1 Knoblauchzehe
½ Bund Dill
2 EL Butter, Salz

Für die Sauce:

1 Becher Crème fraîche (150 g)
1 TL trockener Sherry
1–2 Spritzer Worcestersauce
1 TL Zitronensaft
frisch gemahlener Pfeffer
1 Prise Zucker
4 vorbereitete Salatblätter
gehackter Dill

Zubereitungszeit: 30 Minuten, ohne Abkühlzeit

1. Langustenschwänze in einem Sieb abtropfen lassen. Knoblauch abziehen und durch eine Knoblauchpresse drücken. Dill abspülen und trocken tupfen. Die Spitzen von den Stängeln zupfen. Spitzen klein schneiden.

2. Butter in einer Pfanne zerlassen. Knoblauch und Dill kurz darin andünsten, Langustenschwänze hinzufügen und kurz mit andünsten. Mit Salz würzen, erkalten lassen und in Scheiben schneiden.

3. Für die Sauce Crème fraîche mit Sherry, Worcestersauce und Zitronensaft verrühren, mit Salz, Pfeffer und Zucker abschmecken.

4. Salatblätter in 4 Cocktailgläsern verteilen. Das Langustenfleisch in den Gläsern anrichten und die Sauce darauf verteilen. Anschließend mit Dill bestreut servieren.

Lasagne al forno Lasagne | **Klassisch**

4 Portionen

Pro Portion:
E: 26 g, F: 40 g, Kh: 50 g, kJ: 2806, kcal: 672

2 Knoblauchzehen
1 große Zwiebel
2 EL Speiseöl
250 g Gehacktes (halb Rind-, halb Schweinefleisch)
3 EL Tomatenmark
Salz
frisch gemahlener Pfeffer
gerebelter Rosmarin
gerebelter Oregano
gerebelter Thymian
250 m (1/4 l) Rindfleischbrühe

Für die Sauce:
1 Becher Crème fraîche (150 g)
125 ml (1/8 l) Milch
40 g frisch geriebener Parmesan-Käse
250 g Lasagneblätter, ohne Vorkochen
40 g Butter

Zubereitungszeit: 45 Minuten
Garzeit: etwa 45 Minuten

1. Knoblauch und Zwiebel abziehen, in kleine Würfel schneiden.

2. Speiseöl in einem Topf erhitzen, Zwiebel- und Knoblauchwürfel darin glasig dünsten. Gehacktes hinzufügen, unter ständigem Rühren etwa 5 Minuten darin anbraten, dabei die Fleischklümpchen mit einer Gabel zerdrücken. Das Tomatenmark unterrühren und mit andünsten. Mit Salz, Pfeffer, Rosmarin, Oregano und Thymian würzen. Brühe hinzugießen, zum Kochen bringen und einige Minuten kochen lassen.

3. Für die Sauce Crème fraîche mit Milch und Käse verrühren. Die Lasagneblätter abwechselnd, lagenweise mit der Fleischmasse und der Crème-fraîche-Sauce in eine flache, große Auflaufform (gefettet) schichten. Die oberste Schicht sollte aus Sauce bestehen (Lasagneblätter müssen bedeckt sein). Die Butter in Flöckchen daraufsetzen. Die Form auf dem Rost in den vorgeheizten Backofen schieben.
Ober-/Unterhitze: etwa 200 °C
Heißluft: etwa 180 °C
Garzeit: etwa 45 Minuten.

Beilage: Tomatensalat.

Abwandlung: Wollen Sie eine **vegetarische Lasagne** zubereiten, dünsten Sie je 300 g geputzte Auberginen- und Zucchinischeiben in 6 Esslöffeln Olivenöl an. Geben Sie nun 2 geputzte, in Ringe geschnittene Porree-(Lauch-)stangen dazu. Fügen Sie anschließend 1 Dose (Einwaage 800 g) geschälte Tomaten mit der Flüssigkeit hinzu. Rühren Sie dann wie oben angegeben das Tomatenmark unter und lassen Sie das Gemüse etwa 5 Minuten schmoren. Würzen Sie mit Pfeffer, Rosmarin, Oregano und Thymian, gießen Sie Gemüsebrühe hinzu und lassen Sie alles noch etwa 5 Minuten kochen.

Tipp: Lasagne kann gut am Vorabend vorbereitet und im Kühlschrank aufbewahrt werden. Die Garzeit erhöht sich dann um etwa 15 Minuten.

Lasagne mit Pilzen und Schinken

Lasagne con funghi e prosciutto **| Etwas teurer**

4 Portionen

Pro Portion:
E: 35 g, F: 68 g, Kh: 47 g, kJ: 3946, kcal: 947

Für die Pilzsauce:
70 g getrocknete Steinpilze
2 mittelgroße Zwiebeln
1 Knoblauchzehe
60 g Butter
1 Lorbeerblatt
200 ml Fleischbrühe
Salz
frisch gemahlener Pfeffer

Für die Béchamelsauce:
500 ml (1/2 l) Béchamelsauce (aus dem Tetra Pak®)
50 g frisch geriebener Parmesan-Käse
100 g Schlagsahne
frisch geriebene Muskatnuss
200 g gekochter Schinken

225 g Lasagneplatten, ohne Vorkochen
30 g Butter in Flöckchen

Zum Bestreuen:
60 g frisch geriebener Parmesan-Käse

Zum Garnieren:
vorbereitete Basilikumblättchen
Tomatenviertel

Zubereitungszeit: 45 Minuten, ohne Quellzeit
Backzeit: etwa 35 Minuten

1. Steinpilze in eine flache Schale legen, mit Wasser übergießen und nach Packungsanleitung etwa 30 Minuten quellen lassen.

2. Zwiebeln und Knoblauch abziehen, Zwiebeln in kleine Würfel schneiden. Knoblauch durch eine Knoblauchpresse drücken. Butter in einer Pfanne zerlassen. Zwiebelwürfel darin andünsten, Knoblauch hinzufügen.

3. Steinpilze in einem Sieb abtropfen lassen. Steinpilze etwas zerkleinern, zusammen mit dem Lorbeerblatt zu den Zwiebelwürfeln geben und einige Minuten dünsten lassen. Brühe hinzugießen und kurz aufkochen lassen. Mit Salz und Pfeffer abschmecken.

4. Für die Béchamelsauce Béchamelsauce in eine Schüssel geben, mit Parmesan-Käse und Sahne verrühren. Mit Salz, Pfeffer und Muskat abschmecken. 5 Esslöffel von der Béchamelsauce unter die Pilzsauce rühren.

5. Schinken in schmale Streifen schneiden und mit der Pilzsauce vermengen.

6. Den Boden einer flachen Auflaufform (gefettet) mit Lasagneplatten belegen, darauf einige Esslöffel der Pilzsauce geben. Danach einige Esslöffel der Béchamelsauce daraufstreichen, einige Butterflöckchen darauf verteilen. Nacheinander wieder Lasagneplatten, Pilzsauce, Béchamelsauce und Butterflöckchen einschichten. Die oberste Schicht soll aus Lasagneplatten bestehen, die mit Béchamelsauce bestrichen und mit Butterflöckchen belegt wird. Parmesan-Käse daraufstreuen.

7. Die Form auf dem Rost in den vorgeheizten Backofen schieben.
Ober-/Unterhitze: etwa 200 °C
Heißluft: etwa 180 °C
Backzeit: etwa 35 Minuten.

8. Anschließend die Lasagne mit Basilikumblättchen und Tomatenvierteln garniert servieren.

Tipp: Wenn die Béchamelsauce nicht mehr flüssig genug ist, um sie gleichmäßig zu verteilen, kann etwas Milch untergerührt werden.

Latte-Macchiato-Eis

Gelato al latte macchiato | **Raffiniert**

6 Portionen

Pro Portion:
E: 6 g, F: 34 g, Kh: 22 g, kJ: 1787, kcal: 427

3 Eier (Größe M)
90 g Zucker
70 ml Espresso
600 g Schlagsahne
3 Pck. Dr. Oetker Vanillin-Zucker

Nach Belieben:
Kakaopulver zum Bestäuben

Zubereitungszeit: 30 Minuten, ohne Abkühl- und Gefrierzeit

1. Eier mit Zucker und Espresso in einem Topf verschlagen und bei mittlerer Hitze unter ständigem Rühren mit einem Schneebesen aufschlagen, bis eine dicklich, cremige Masse entsteht. Die Masse darf dabei nicht kochen.

2. Den Topf sofort in eiskaltes Wasser stellen. Die Masse unter Rühren erkalten lassen.

3. 400 g Sahne sehr steif schlagen und unter die erkaltete Masse heben. Latte-Macchiato-Creme zu gleichen Teilen in 6 gefriergeeignete Gläser füllen. Dabei darauf achten, dass die Gläser nur zu zwei Dritteln gefüllt sind. Gläser zudecken, die Latte-Macchiato-Creme etwa 4 Stunden tiefgefrieren.

4. Restliche Sahne mit Vanillin-Zucker steif schlagen. Vanille-Sahne auf dem Eis in den Gläsern verteilen. Das Eis etwa 1 weitere Stunde tiefgefrieren.

5. Nach Belieben das Latte-Macchiato-Eis mit Kakao bestäubt servieren.

Tipp: Sie können unter Punkt 1 die Eier mit Zucker und Espresso auch in einer hitzebeständigen Schüssel verschlagen und dann im heißen Wasserbad (85–90 °C) mit einem Schneebesen zu einer dicklich, cremigen Masse aufschlagen. Das dauert länger (etwa 20–30 Minuten), aber so können auch Ungeübte sicher sein, dass die Masse nicht anbrennt.

Ligurisches Stockfischmus

Baccalà alla vicentina | **Für Gäste**

6 Portionen (als Vorspeise)

Pro Portion:
E: 64 g, F: 86 g, Kh: 1 g, kJ: 4280, kcal: 1022

500 g	*Stockfisch (in Salz eingelegter Kabeljau, ohne Haut und Gräten)*
1 l	*Milch*
1 Bund	*glatte Petersilie*
3	*Sardellenfilets*
2	*Knoblauchzehen*
500 ml (1/2 l)	*Olivenöl*
	frisch gemahlener, schwarzer Pfeffer

Zubereitungszeit: 35 Minuten, ohne Einweichzeit
Garzeit: etwa 20 Minuten

1. Den Stockfisch in eine flache Schale legen und in kaltem Wasser etwa 24 Stunden einweichen. Dabei das Wasser mindestens 2-mal erneuern.

2. Den Stockfisch herausnehmen, grob zerpflücken oder schneiden und unter fließendem kalten Wasser abspülen. Fischstücke in einem Sieb abtropfen lassen.

3. Milch in einem Topf zum Kochen bringen, Fischstücke hinzufügen, wieder zum Kochen bringen und etwa 20 Minuten bei schwacher Hitze leicht kochen lassen.

4. In der Zwischenzeit Petersilie abspülen und trocken tupfen. Die Blättchen von den Stängeln zupfen. Blättchen klein schneiden.

5. Sardellenfilets mit einer Gabel zerdrücken. Knoblauch abziehen und dann durch eine Knoblauchpresse drücken.

6. Die Fischstücke mit einer Schaumkelle aus der Milch nehmen und in eine Schüssel geben. Petersilie, Sardellenmus und Knoblauch hinzufügen. Die Zutaten mit Handrührgerät mit Rührbesen zu einer geschmeidigen Masse verrühren. Dabei das Olivenöl langsam nach und nach hinzugießen. Die Masse etwa 10 Minuten weiterschlagen, bis eine feste Püreemasse entstanden ist (wie Kartoffelpüree).

7. Stockfischmus kräftig mit Pfeffer abschmecken und heiß servieren.

Tipp: In Italien wird dieses Gericht mit gebratener Polenta als Vorspeise gereicht.

Mailänder Risotto

Risotto alla milanese

Klassisch – mit Alkohol

4 Portionen

Pro Portion:
E: 9 g, F: 18 g, Kh: 51 g, kJ: 1764, kcal: 423

1 Zwiebel
1 EL Butter
250 g italienischer Rundkornreis
125 ml (1/8 l) Weißwein
1 Msp. Safranpulver
500 ml (1/2 l) heiße Fleischbrühe
100–150 g Crème fraîche
40 g frisch geriebener Parmesan-Käse
Salz
frisch gemahlener Pfeffer

Zubereitungszeit: 40 Minuten
Garzeit: etwa 25 Minuten

1. Zwiebel abziehen und in kleine Würfel schneiden. Butter in einem Topf zerlassen, Zwiebelwürfel darin andünsten, Reis hinzufügen und unter Rühren darin glasig dünsten lassen.

2. Wein hinzugießen, Safran unterrühren, zum Kochen bringen und den Reis quellen lassen. Wenn die Flüssigkeit verkocht ist, nach und nach Fleischbrühe hinzugießen.

3. Risotto etwa 25 Minuten leicht sämig ausquellen lassen.

4. Crème fraîche und Parmesan unter den Reis rühren und miterhitzen. Risotto mit Salz und Pfeffer abschmecken.

Maisplätzchen Biscotti di farina gialla

Einfach

Insgesamt:
E: 48 g, F: 268 g, Kh: 475 g, kJ: 18815, kcal: 4494

Für den Teig:

- ***300 g Weizenmehl***
- ***75 g Maismehl (Polenta)***
- ***200 g Zucker***
- ***1 EL abgeriebene Schale von 1 Bio-Zitrone (unbehandelt, ungewachst)***
- ***2 Eigelb (Größe M)***
- ***300 g Butter***

Zubereitungszeit: 75 Minuten, ohne Kühlzeit
Backzeit: etwa 10 Minuten je Backblech

1. Für den Teig Weizenmehl mit Maismehl mischen und in eine Rührschüssel sieben. Zucker, Zitronenschale, Eigelb und Butter hinzufügen. Die Zutaten mit Handrührgerät mit Knethaken zunächst kurz auf niedrigster, dann auf höchster Stufe gut durcharbeiten.

2. Anschließend auf einer bemehlten Arbeitsfläche zu einem glatten Teig verkneten. Den Teig in Folie gewickelt etwa 1 Stunde kalt stellen.

3. Den Teig auf einer bemehlten Arbeitsfläche etwa 1½ cm dick ausrollen und mit einer runden Ausstechform (Ø etwa 4 cm) Plätzchen ausstechen. Die Teigplätzchen auf Backbleche (mit Backpapier belegt) legen. Die Backbleche nacheinander (bei Heißluft zusammen) in den vorgeheizten Backofen schieben.
Ober-/Unterhitze: etwa 180 °C
Heißluft: etwa 160 °C
Backzeit: etwa 10 Minuten je Backblech
(Die Plätzchen müssen goldgelb und am Rand etwas gebräunt sein.).

4. Die Plätzchen mit dem Backpapier von den Backblechen auf Kuchenroste ziehen. Plätzchen erkalten lassen.

Makkaroni nach Siena Art

Maccheroni alla senese **Raffiniert – für Kinder**

4 Portionen

Pro Portion:

E: 33 g, F: 58 g, Kh: 93 g, kJ: 4329, kcal: 1035

500 g	*Makkaroni oder Penne lisce*
5 l	*Wasser*
5 gestr. TL	*Salz*
1 Topf	*Basilikum*
120 g	*Walnusskerne*
50 g	*Butter oder*
	4 EL Olivenöl
100 g	*gekochter Schinken*
250 g	*Schlagsahne*
	Salz
	frisch gemahlener Pfeffer
80 g	*frisch geriebener Parmesan-Käse*

Zubereitungszeit: 45 Minuten

1. Makkaroni in fingerlange Stücke brechen. Wasser in einem großen Topf mit geschlossenem Deckel zum Kochen bringen. Dann Salz und Nudeln zugeben. Die Nudeln im geöffneten Topf bei mittlerer Hitze nach Packungsanleitung kochen lassen, dabei zwischendurch 4–5-mal umrühren.

2. Anschließend die Nudeln in ein Sieb geben, mit heißem Wasser abspülen und abtropfen lassen.

3. Basilikum abspülen und trocken tupfen. Die Blättchen von den Stängeln zupfen (einige Blättchen zum Garnieren beiseitelegen). Die restlichen Blättchen mit den Walnusskernen pürieren. Butter oder Olivenöl in einem Topf erhitzen, Basilikum-Nuss-Püree hinzufügen und unter Rühren bei schwacher Hitze kurz dünsten. Schinken in kleine Würfel schneiden und mit der Sahne unterrühren. Mit Salz und Pfeffer würzen.

4. Makkaroni hinzufügen und unter gelegentlichem Rühren bei schwacher Hitze miterhitzen.

5. Die Hälfte des Käses untermischen. Makkaroni in einer vorgewärmten Schüssel anrichten, mit Pfeffer und restlichem Parmesan-Käse bestreuen. Mit den beiseitegelegten Basilikumblättchen garnieren und servieren.

Makrelen auf Mittelmeerart

Sgombri alla mediterranea | **Einfach**

8 Portionen

Pro Portion:
E: 55 g, F: 36 g, Kh: 4 g, kJ: 2338, kcal: 557

8 küchenfertige Makrelen (je etwa 350 g)
Salz, frisch gemahlener Pfeffer

Für die Füllung:
6 Fleischtomaten
30 entsteinte, schwarze Oliven
gerebelter Oregano
2 Bund glatte Petersilie

Außerdem:
Alufolie

Zubereitungszeit: 55 Minuten
Grillzeit: etwa 30 Minuten

1. Makrelen innen und außen unter fließendem kalten Wasser abspülen und trocken tupfen. Makrelen von innen und außen mit Salz und Pfeffer bestreuen.

2. Für die Füllung Tomaten waschen, kreuzweise einschneiden und einige Sekunden in kochendes Wasser legen. Tomaten kurz in kaltes Wasser legen, enthäuten, halbieren, entkernen und die Stängelansätze herausschneiden. Tomaten in Würfel schneiden.

3. Oliven vierteln, mit Oregano zu den Tomatenwürfeln geben. Petersilie abspülen und trocken tupfen. Die Blättchen von den Stängeln zupfen. Blättchen klein schneiden und untermengen.

4. Die Makrelen mit der Tomaten-Oliven-Masse füllen. Jeweils 1 gefüllte Makrele auf je ein Stück Alufolie legen und fest verschließen.

5. Die Makrelen in der Folie auf den heißen Grill legen und unter gelegentlichem Wenden etwa 30 Minuten grillen.

Marinierte Paprikaschoten

Peperoni marinati all'aglio e limone

Klassisch

4 Portionen

Pro Portion:
E: 3 g, F: 24 g, Kh: 13 g, kJ: 1181, kcal: 282

je 3 rote und gelbe Paprikaschoten
1 EL Speiseöl

Für die Marinade:
3 Knoblauchzehen
3 EL Zitronensaft
8–10 EL Olivenöl
Salz
frisch gemahlener, weißer Pfeffer
1 Prise Zucker

grob gehackte, glatte Petersilie

Zubereitungszeit: 40 Minuten, ohne Abkühl- und Marinierzeit

1. Paprikaschoten vierteln, entstielen, entkernen und die weißen Scheidewände entfernen. Schotenstücke waschen, trocken tupfen und nebeneinander auf ein Backblech (gefettet) legen. Das Backblech in den vorgeheizten Backofen schieben.
Ober-/Unterhitze: etwa 220 °C
Heißluft: etwa 200 °C
Backzeit: etwa 10 Minuten.

2. Das Backblech auf einen Rost stellen. Paprikastücke sofort mit einem feuchten Küchentuch zudecken und abkühlen lassen.

3. Anschließend die Haut abziehen. Schotenstücke in eine flache Schüssel legen.

4. Für die Marinade den Knoblauch abziehen, in Scheiben schneiden und auf den Paprikastücken verteilen. Zitronensaft und Olivenöl verrühren, mit Salz, Pfeffer und Zucker würzen. Die Marinade auf den Paprikastücken verteilen und mindestens 6 Stunden oder über Nacht durchziehen lassen.

5. Die marinierten Paprikastücke mit Petersilie bestreut servieren.

Marinierte Tintenfischringe

Calamari marinati con fagioli e pomodorini

Einfach

4 Portionen

Pro Portion:

E: 20 g, F: 21 g, Kh: 7 g, kJ: 1260, kcal: 301

400 g TK-Tintenfischringe (natur)
Salz
250 g Cocktailtomaten
1 kleine Dose rote Bohnen (Abtropfgewicht 250 g)
1 Bund glatte Petersilie

Für die Marinade:

1 Knoblauchzehe
4 EL Balsamico-Essig
frisch gemahlener Pfeffer
8 EL Olivenöl

Zubereitungszeit: 25 Minuten, ohne Auftau- und Durchziehzeit

1. Tintenfischringe nach Packungsanleitung auftauen. Anschließend in kochendem Salzwasser etwa 10 Minuten blanchieren. Tintenfischringe in ein Sieb geben, mit kaltem Wasser übergießen und abtropfen lassen.

2. Tomaten waschen, trocken tupfen, vierteln, entkernen und eventuell die Stängelansätze herausschneiden. Bohnen in einem Sieb abtropfen lassen. Petersilie abspülen und trocken tupfen. Die Blättchen von den Stängeln zupfen. Blättchen grob hacken.

3. Für die Marinade Knoblauch abziehen und durch eine Knoblauchpresse drücken. Mit Essig, Salz und Pfeffer verrühren, das Olivenöl unterschlagen. Tintenfischringe mit Tomatenvierteln, Bohnen und Petersilie in einer großen Schüssel mischen. Marinade untermengen und herzhaft abschmecken. Tintenfischringe 1–2 Stunden kalt stellen und durchziehen lassen.

Beilage: Pizzabrötchen mit Oliven. Dafür 1 Päckchen (175 g) Pizzateig nach Packungsanleitung zubereiten. Zusätzlich etwa 2 Esslöffel Olivenscheiben unter den Teig kneten. Aus dem Teig kleine Brötchen formen, auf ein Backblech (mit Backpapier belegt) legen und zugedeckt an einem warmen Ort 10–15 Minuten gehen lassen, bis sie sich sichtbar vergrößert haben. Die Brötchen im vorgeheizten Backofen bei Ober-/Unterhitze: etwa 180 °C, Heißluft: etwa 160 °C in etwa 15 Minuten knusprig braun backen.

Marinierte Waldpilze

Funghi porcini sott'olio | **Mit Alkohol**

8–10 Portionen

Insgesamt:
E: 58 g, F: 504 g, Kh: 9 g, kJ: 19773, kcal: 4725

2 kg	*frische, kleine Steinpilze oder Pilze der Saison*
6	*Knoblauchzehen*
2 Stängel	*Rosmarin*
4 Stängel	*Thymian*
4 Stängel	*Petersilie*
1,2 l	*Wasser*
400 ml	*Weißweinessig*
600 ml	*Weißwein*
150 g	*flüssiger Waldblütenhonig*
4 gestr. TL	*Meersalz*
20	*weiße Pfefferkörner*
etwa 500 ml (1/2 l)	*Olivenöl*
8	*Twist-off-Gläser (300 ml Inhalt)*

Zubereitungszeit: 50 Minuten, ohne Abkühlzeit

1. Pilze putzen, mit Küchenpapier abreiben, evtl. kurz abspülen und trocken tupfen. Pilze je nach Größe halbieren oder vierteln. Knoblauch abziehen. Rosmarin, Thymian und Petersilie abspülen und trocken tupfen.

2. Wasser, Essig, Wein, Honig, Salz, Knoblauch und Pfefferkörner in einem großen Topf zum Kochen bringen. Dann Pilze und Kräuter hinzugeben, wieder zum Kochen bringen und etwa 8 Minuten ohne Deckel sprudelnd kochen lassen.

3. Pilze mit einem Schaumlöffel aus der Kochflüssigkeit heben, auf mehrfach zusammengelegtem Küchenpapier abtropfen und erkalten lassen.

4. Die Pilze in vorbereitete Gläser füllen und mit dem Olivenöl begießen, so dass die Pilze ganz bedeckt sind. Gläser mit gereinigten Twist-off-Deckeln verschließen, kalt und dunkel gestellt aufbewahren.

Tipp: Die marinierten Waldpilze halten sich kalt gestellt (Kühlschrank) etwa 4 Monate.

Marsala-Huhn Pollo al marsala | Für Gäste
4 Portionen

Pro Portion:
E: 56 g, F: 39 g, Kh: 61 g, kJ: 3446, kcal: 824

1 küchenfertiges Huhn (etwa 1,2 kg)
1 Zwiebel
1 Knoblauchzehe
1 Bund glatte Petersilie
1 TL Salz
½ TL gemahlener Kümmel
1 EL mittelscharfer Senf
2 TL Currypulver
3 EL Speiseöl
2 EL Marsala-Wein

Für den Reis:
2 Tassen Brühreis (300 g)
4 Tassen Salzwasser (600 ml)
30 g Butter

Zubereitungszeit: 25 Minuten
Garzeit: 45–50 Minuten

1. Das Huhn unter fließendem kalten Wasser abspülen, trocken tupfen und in Viertel schneiden. Zwiebel und Knoblauch abziehen und in kleine Würfel schneiden. Petersilie abspülen und trocken tupfen. Die Blättchen von den Stängeln zupfen, die Blättchen klein schneiden.

2. Zwiebel-, Knoblauchwürfel und Petersilie mit Salz, Kümmel, Senf, Curry, Speiseöl und Marsala vermengen. Die Hühnerteile damit bestreichen und in eine feuerfeste Form oder in eine Auflaufform (gefettet) legen.

3. Für den Reis den Brühreis mit Salzwasser und Butter in eine runde, feuerfeste Form geben. Die Form mit dem Deckel verschließen.

4. Die Form mit den Hühnerteilen (ohne Deckel) und die Form mit dem Reis (mit Deckel) auf dem Rost in den Backofen schieben.
Ober-/Unterhitze: etwa 200 °C
Heißluft: etwa 180 °C
Garzeit: 45–50 Minuten.

5. Während der Garzeit eventuell etwas Wasser oder Hühnerbrühe hinzufügen.

Marsala-Sauce Salsa al marsala

Klassisch – schnell – mit Alkohol

4 Portionen

Pro Portion:
E: 3 g, F: 6 g, Kh: 25 g, kJ: 932, kcal: 223

4	*Eigelb (Größe M)*
80 g	*Zucker*
10 g	*Speisestärke*
	Saft von
1/2	*Zitrone*
250 ml (1/4 l)	*Marsala-Wein*

Zubereitungszeit: 15 Minuten

1. Eigelb mit Zucker, Speisestärke, Zitronensaft und Wein in einen Edelstahltopf oder eine Edelstahlschüssel geben.

2. Mit einem Handrührgerät mit Rührbesen auf niedrigster Stufe im heißen Wasserbad so lange schlagen, bis die Masse durch und durch schaumig ist (das Volumen muss sich etwa verdoppeln – Wasser und Weinschaum nicht kochen lassen, da die Sauce sonst gerinnt).

Tipps: Marsala ist ein italienischer Dessertwein. Sie können stattdessen auch einen hellen Sherry oder Portwein verwenden. Die Sauce zu kalten und warmen Süßspeisen reichen.

Mascarpone-Becher

Coppa al mascarpone **| Für Gäste – mit Alkohol**

4 Portionen

Pro Portion:

E: 8 g, F: 46 g, Kh: 39 g, kJ: 2855, kcal: 637

400 g Mascarpone (italienischer Frischkäse)
abgeriebene Schale und Saft von
½ Bio-Zitrone (unbehandelt, ungewachst)
2 Eigelb (Größe M)
100 g Zucker
2 Eiweiß (Größe M)
300 g frische Erdbeeren
20 ml Orangenlikör
einige Pistazienkerne oder vorbereitete Zitronenmelisseblättchen

Zubereitungszeit: 20 Minuten

1. Mascarpone mit Zitronenschale, -saft, Eigelb und 80 g Zucker mit Schneebesen oder Handrührgerät mit Rührbesen sehr cremig rühren. Eiweiß steif schlagen und unterheben.

2. Erdbeeren putzen, waschen, abtropfen lassen und halbieren. Erdbeerhälften mit restlichem Zucker und Orangenlikör vermischen.

3. Die Hälfte der Erdbeeren in 4 Becher geben, die Hälfte der Mascarponecreme daraufgeben. Dann restliche Erdbeeren darauflegen und restliche Mascarponecreme darauf verteilen.

4. In die Mitte jedes Bechers einen abgezogenen Pistazienkern oder Zitronenmelisseblättchen legen.

Tipps: Nur ganz frische Eier verwenden, die nicht älter als 5 Tage sind (Legedatum beachten!). Die Hälfte der Mascarponecreme durch Speisequark (Magerstufe) ersetzen. Der Mascarpone-Becher kann auch ohne Eier zubereitet werden. Dann zuletzt 250 g steif geschlagene Schlagsahne unterheben.

Meeräsche, gedünstet

Cefalo al cartoccio profumato al timo

Schnell

4 Portionen

Pro Portion:
E: 88 g, F: 33 g, Kh: 2 g, kJ: 2817, kcal: 673

2–4 Meeräschen (je 1–1 1/4 kg, ersatzweise Makrelen)
6 EL Olivenöl
6 EL Zitronensaft
Salz
evtl. frisch gemahlener Pfeffer
1 EL gehackter Thymian
4 EL gehackte Petersilie
2 Tomaten
1 EL gehackte Petersilie

Alufolie

Zubereitungszeit: 35 Minuten
Garzeit: etwa 20 Minuten

1. Fische schuppen, ausnehmen, dann Flossen und Schwänze entfernen. Die Fische von innen und außen unter fließendem kalten Wasser abspülen und trocken tupfen. Die Fische innen mit etwas Olivenöl bestreichen.

2. Zitronensaft mit Salz verrühren, restliches Olivenöl unterschlagen. Nach Belieben mit Pfeffer würzen.

3. Die Fische einzeln auf je einen Bogen Alufolie legen. Die Marinade darauf verteilen, gehackte Kräuter daraufstreuen.

4. Die Fische in der Alufolie einwickeln, verschließen und auf ein Backblech legen. Das Backblech in den vorgeheizten Backofen schieben.
Ober-/Unterhitze: etwa 200 °C
Heißluft: etwa 180 °C
Garzeit: etwa 20 Minuten.

5. Tomaten waschen, abtrocknen, halbieren, Stängelansätze entfernen. Tomaten in Scheiben schneiden.

6. Meeräschen aus der Folie nehmen und auf einer Platte mit Tomatenscheiben garniert und mit Petersilie bestreut servieren.

Beilage: Tomatensalat.

Meeräsche in der Salzkruste mit Artischocken

Cefalo in crosta di sale con carciofi

Gut vorzubereiten

2 Portionen

Pro Portion:
E: 51 g, F: 29 g, Kh: 6 g, kJ: 2035, kcal: 487

1	*küchenfertige Meeräsche, ungeschuppt (etwa 700 g)*
2 Stängel	*Rosmarin*
2	*Knoblauchzehen*
1	*Bio-Zitrone (unbehandelt, ungewachst)*
1 1/2 kg	*grobes Meersalz*
etwa 50 ml	*Wasser*
1	*Eiweiß (Größe M)*
1	*kleine Zucchini (etwa 150 g)*
1 Glas	*Artischockenherzen (Abtropfgewicht 280 g)*
4 Stängel	*Thymian*
	Salz
	frisch gemahlener Pfeffer

Zubereitungszeit: 40 Minuten
Garzeit: etwa 25 Minuten

1. Meeräsche von innen und außen unter fließendem kalten Wasser abspülen und trocken tupfen. Rosmarin abspülen, trocken tupfen und in Stücke schneiden. Knoblauch ungeschält grob zerhacken. Zitrone heiß abwaschen, abtrocknen und die Schale mit einem Sparschäler abschälen.

2. Rosmarin, Knoblauch und Zitronenschale in die Bauchhöhle der Meeräsche füllen.

3. Salz mit Wasser und Eiweiß zu einem Teig verrühren. Den Boden einer feuerfesten Form oder eines Backblechs mit einem Drittel des Salzteiges belegen. Die gefüllte Meeräsche darauflegen und mit dem restlichen Salzteig so belegen, dass der Fisch komplett verhüllt ist.

4. Die Form auf dem Rost oder das Backblech in den vorgeheizten Backofen schieben.

Ober-/Unterhitze: etwa 180 °C
Heißluft: etwa 160 °C
Garzeit: etwa 25 Minuten.

5. Zucchini waschen, abtrocknen und die Enden abschneiden. Zucchini in etwa 5 mm dicke Scheiben schneiden. Die Artischockenherzen in einem Sieb abtropfen lassen, das Öl dabei auffangen. Artischockenherzen halbieren. Thymian abspülen und trocken tupfen. Die Blättchen von den Stängeln zupfen.

6. Das aufgefangene Öl in einer Pfanne erhitzen. Zucchinischeiben darin von beiden Seiten braten. Artischockenherzen und Thymian hinzufügen, etwa 2 Minuten mitbraten lassen. Mit Salz und Pfeffer würzen.

7. Zum Servieren die Salzkruste aufschlagen und vorsichtig vom Fisch lösen.

Tipp: Für Fische in der Salzkruste nur ungeschuppte Fische verwenden. Die Schuppen schützen das Fischfleisch vor dem Salz.

Meeresfrüchte-Risotto

Risotto al frutti di mare | **Raffiniert**

4 Portionen

Pro Portion:
E: 19 g, F: 16 g, Kh: 43 g, kJ: 1655, kcal: 396

1 Zwiebel
150 g Porree (Lauch)
100 g Staudensellerie
1 Knoblauchzehe
4 EL Olivenöl
200 g italienischer Rundkornreis (z. B. Arborio-Reis)
500 ml (1/2 l) Gemüsebrühe
1 TL gehacktes Basilikum
1 TL gehackter Oregano
Salz, frisch gemahlener Pfeffer
Zitronensaft
Worcestersauce
100 g Shrimps
75 g Garnelen
75 g Muschelfleisch (aus dem Glas)
2 enthäutete, entkernte, gewürfelte Tomaten

2 EL gehackte Petersilie
50 g frisch geriebener Parmesan-Käse

Zubereitungszeit: 20 Minuten
Garzeit: etwa 25 Minuten

1. Die Zwiebel abziehen und in kleine Würfel schneiden. Den Porree putzen, die Stange längs halbieren, gründlich waschen, abtropfen lassen und in Streifen schneiden.

2. Sellerie putzen und die harten Außenfäden abziehen. Sellerie waschen, abtropfen lassen und ebenfalls in Streifen schneiden. Knoblauch abziehen und in kleine Würfel schneiden.

3. Olivenöl in einem Topf erhitzen. Zwiebelwürfel darin andünsten. Porree-, Selleriestreifen und Knoblauchwürfel hinzufügen, unter gelegentlichem Rühren mitdünsten lassen.

4. Reis unterrühren und glasig dünsten. Brühe hinzugießen und zum Kochen bringen. Den Reis etwa 25 Minuten ausquellen lassen. Mit Basilikum, Oregano, Salz, Pfeffer, Zitronensaft und Worcestersauce würzen.

5. Die Shrimps und Garnelen abspülen und trocken tupfen. Muschelfleisch abtropfen lassen. Die Tomatenwürfel mit Shrimps, Garnelen und Muschelfleisch unter den Reis heben. Mit Petersilie und Parmesan-Käse bestreuen, sofort servieren.

Minestrone Minestrone | **Klassisch**

4-6 Portionen

Pro Portion:
E: 15 g, F: 15 g, Kh: 29 g, kJ: 1306, kcal: 312

200 g Möhren
300 g vorwiegend festkochende Kartoffeln
150 g Zucchini
200 g Porree (Lauch)
100 g Staudensellerie
100 g grüne Bohnen
2 Zwiebeln
75 g durchwachsener Speck
2 Fleischtomaten
2 EL Olivenöl
1 l Gemüsebrühe
100 g TK-Erbsen
50 g Hörnchennudeln oder Gabelspaghetti
2 EL gehackte Petersilie
2 EL gehackte Basilikumblättchen
Salz
Paprikapulver rosenscharf
40 g frisch geriebener Parmesan-Käse

Zubereitungszeit: 55 Minuten
Garzeit: 15–19 Minuten

1. Möhren putzen, schälen, waschen und abtropfen lassen. Kartoffeln waschen, schälen und abspülen. Möhren und Kartoffeln in kleine Würfel schneiden.

2. Zucchini waschen, abtrocknen und die Enden abschneiden. Zucchini in Scheiben schneiden. Porree putzen, die Stange längs halbieren, gründlich waschen, abtropfen lassen und in Streifen schneiden.

3. Staudensellerie putzen und die harten Außenfäden abziehen. Sellerie waschen, abtropfen lassen und in Scheiben schneiden.

4. Von den Bohnen die Enden abschneiden, eventuell Fäden abziehen. Bohnen waschen, abtropfen lassen und in Stücke schneiden oder brechen. Zwiebeln abziehen, zuerst in Scheiben schneiden, dann in Ringe teilen. Speck in kleine Würfel schneiden.

5. Tomaten waschen, kreuzweise einschneiden und einige Sekunden in kochendes Wasser legen. Tomaten kurz in kaltes Wasser legen, enthäuten, halbieren, entkernen und die Stängelansätze herausschneiden. Tomaten klein schneiden.

6. Olivenöl in einem großen Topf erhitzen. Speck- und Zwiebelwürfel unter Rühren darin andünsten. Möhren-, Kartoffelwürfel, Selleriescheiben und Bohnen hinzugeben und mit andünsten.

7. Brühe hinzugießen, zum Kochen bringen und zugedeckt 10–12 Minuten kochen lassen. Dann Zucchinischeiben, Porreeringe, die gefrorenen Erbsen und Nudeln hinzufügen. Unter Rühren wieder zum Kochen bringen und nochmals zugedeckt 5–7 Minuten garen.

8. Tomatenwürfel mit Petersilie und Basilikum in die Suppe geben und erhitzen. Die Suppe mit Salz und Paprika würzen, mit Parmesan-Käse bestreut servieren.

Tipps: Die Nudeln immer nur knapp gar kochen (Packungsanleitung beachten), da sie in der heißen Suppe noch nachgaren. Die Minestrone ist ohne Nudeln gefriergeeignet. Die Nudeln dann extra garen und vor dem Servieren in die Suppe geben. Für eine vegetarische Variante den Speck weglassen und 2 Esslöffel Olivenöl oder Butter zusätzlich verwenden.

Mokkacreme mit Mascarpone

Budino con mascarpone e caffè

Für Gäste – mit Alkohol

4 Portionen

Pro Portion:

E: 12 g, F: 36 g, Kh: 56 g, kJ: 2639, kcal: 630

1 Pck. Dr. Oetker Pudding-Pulver Vanille-Geschmack
60 g Zucker
2 Eigelb (Größe M)
500 ml (1/2 l) Milch
2–4 EL Mokkalikör
250 g Mascarpone (italienischer Frischkäse)
125 g Löffelbiskuits
125 ml (1/8 l) starker Mokka (Espresso)
1 TL Kakaopulver

Zubereitungszeit: 15 Minuten, ohne Abkühlzeit

1. Pudding-Pulver mit Zucker, Eigelb und etwas Milch anrühren. Restliche Milch zum Kochen bringen. Angerührtes Pudding-Pulver in die von der Kochstelle genommene Milch rühren, unter Rühren gut aufkochen lassen.

2. Den Topf von der Kochstelle nehmen. Pudding erkalten lassen, dabei zwischendurch umrühren. Likör und Mascarpone unter den Pudding rühren.

3. Knapp die Hälfte der Pudding-Mascarpone-Masse in eine flache Schüssel geben. Löffelbiskuits darauf verteilen. Mokka daraufträufeln.

4. Restliche Pudding-Mascarpone-Masse mit einem großen Löffel als Nocken darauf verteilen. Die Mitte mit Kakao bestäuben.

Mozzarella-Spieße, bunt

Spiedini di mozzarella con verdure miste

Schnell – gut vorzubereiten

6–8 Stück

Pro Stück:

E: 6 g, F: 19 g, Kh: 2 g, kJ: 861, kcal: 206

1 rote oder gelbe Paprikaschote
1 kleine Zucchini
18–24 kleine Mozzarella-Kugeln
12 grüne, mit Mandeln gefüllte Jumbo-Oliven
½ Bund Basilikum
frisch gemahlener bunter Pfeffer
75 ml Olivenöl

6–8 dünne Holzspieße

Zubereitungszeit: 30 Minuten

1. Paprikaschote halbieren, entstielen, entkernen, die weißen Scheidewände entfernen, Schote waschen und in etwa 12 mundgerechte Stücke schneiden.

2. Zucchini waschen, abtrocknen, die Enden abschneiden und Zucchini in Scheiben schneiden.

3. Mozzarella-Kugeln, Oliven, Paprikastücke und Zucchinischeiben in bunter Reihenfolge auf die Holzspieße aufstecken.

4. Basilikum abspülen, trocken tupfen und die Blättchen von den Stängeln zupfen.

5. Spieße in eine flache Schale legen, mit Pfeffer und Basilikumblättchen bestreuen und mit Olivenöl beträufeln.

Mozzarella-Toast

Mozzarella in carrozza | **Preiswert**

4–6 Portionen

Pro Portion:

E: 20 g, F: 29 g, Kh: 47 g, kJ: 2209, kcal: 528

20 Scheiben Toastbrot
250 g Mozzarella-Käse
3 Eier (Größe M)
200 ml Milch
Salz, frisch gemahlener Pfeffer
Paprikapulver edelsüß
75 g Semmelbrösel
125 ml (1/8 l) Speiseöl

Zubereitungszeit: 45 Minuten

1. Aus den Toastscheiben mit einem Glas runde Scheiben (Ø 6–8 cm) ausstechen. Mozzarella abtropfen lassen und in etwa 1 cm dicke Scheiben schneiden.

2. Eier mit 70 ml Milch in einer flachen Schüssel verschlagen. Mit Salz, Pfeffer und Paprika würzen. Restliche Milch und Semmelbrösel getrennt in je einen tiefen Teller geben.

3. Jeweils eine Mozzarellascheibe (Mozzarellascheibe muss etwas kleiner als die Toastscheibe sein) auf eine runde Toastscheibe legen. Mit einer zweiten Toastscheibe belegen und leicht andrücken.

4. Zuerst die Toastränder (Kanten zusammendrücken) rundherum in Milch tauchen. Dann die Ränder mit Semmelbröseln panieren und etwas andrücken. Zuletzt die Mozzarella-Toastscheiben ganz durch die Eiermilch ziehen.

5. Speiseöl in einer Pfanne erhitzen. Die Toastscheiben von beiden Seiten goldbraun ausbacken.

6. Mit einem Pfannenwender herausnehmen und danach auf Küchenpapier abtropfen lassen. Mozzarella-Toast sofort servieren.

Muscheln in Tomatensauce

Cozze al sugo | **Gut vorzubereiten – mit Alkohol**

4 Portionen

Pro Portion:
E: 8 g, F: 11 g, Kh: 4 g, kJ: 705, kcal: 168

1 1/2 kg Miesmuscheln
4 EL Olivenöl
1 EL Zwiebelwürfel
1 EL Staudensellerie, in Würfeln
1 EL Möhren, in Würfeln
100 ml trockener Weißwein
100 ml Fischfond oder -brühe
250 g enthäutete, gewürfelte Tomaten
1 EL grob gehackter Salbei
1 EL grob gehacktes Basilikum
1 EL grob gehackte Petersilie
1 abgezogene Knoblauchzehe
Salz
frisch gemahlener Pfeffer

Zubereitungszeit: 45 Minuten
Garzeit: etwa 13 Minuten

1. Miesmuscheln in reichlich kaltem Wasser gründlich waschen und einzeln abbürsten, bis sie nicht mehr sandig sind (Muscheln, die sich beim Waschen öffnen, sind ungenießbar). Eventuell die Fäden (Bartbüschel) entfernen.

2. Olivenöl in einem großen Topf erhitzen. Muscheln, Zwiebel-, Sellerie- und Möhrenwürfel darin andünsten. Wein und Fischfond oder -brühe hinzufügen, zum Kochen bringen und zugedeckt etwa 10 Minuten bei schwacher Hitze kochen lassen.

3. Muscheln mit einer Schaumkelle herausnehmen (Muscheln, die sich nicht geöffnet haben, sind ungenießbar) und warm stellen.

4. Tomatenwürfel, Kräuter und Knoblauch zum Sud geben. Mit Salz und Pfeffer würzen. Den Sud zum Kochen bringen und etwa 3 Minuten kochen lassen.

5. Miesmuscheln hinzugeben und mehrmals durchschwenken.

Beilage: Baguette oder Ciabatta.

Muscheln mit Oliven und Sardellen

Cozze con olive e acciughe **| Preiswert**

4–6 Portionen

Pro Portion:
E: 20 g, F: 15 g, Kh: 12 g, kJ: 1112, kcal: 266

800 g Miesmuschelfleisch, gekocht in Lake
6 große, reife Tomaten
2 Knoblauchzehen
4 Schalotten
2 Stangen Staudensellerie
1 große Möhre
1 Bund glatte Petersilie
8 Sardellenfilets
3 EL Olivenöl
250 ml (1/4 l) Fischfond
20 grüne Oliven
20 rötliche Oliven
frisch gemahlener Pfeffer
Zitronensaft
Salz

Zubereitungszeit: 30 Minuten

1. Das Muschelfleisch in ein Sieb geben, mit kaltem Wasser übergießen und abtropfen lassen.

2. Tomaten waschen, kreuzweise einschneiden und einige Sekunden in kochendes Wasser legen. Tomaten kurz in kaltem Wasser abschrecken, enthäuten, vierteln, entkernen und Stängelansätze entfernen. Tomatenviertel würfeln.

3. Knoblauch und Schalotten abziehen. Knoblauch in dünne Scheiben schneiden. Schalotten zuerst in Scheiben schneiden, dann in Ringe teilen.

4. Staudensellerie putzen und die harten Außenfäden abziehen. Sellerie waschen, abtropfen lassen und in Würfel schneiden. Möhre putzen, waschen, abtropfen lassen und ebenfalls klein würfeln. Petersilie abspülen und trocken tupfen. Die Blättchen von den Stängeln zupfen. Blättchen klein schneiden. Sardellenfilets grob hacken.

5. Olivenöl in einem weiten Topf erhitzen. Knoblauchscheiben und Schalottenringe darin andünsten. Sellerie- und Möhrenwürfel hinzufügen und mit andünsten. Den Fischfond hinzugießen und zum Kochen bringen. Sellerie- und Möhrenwürfel so lange dünsten lassen, bis sie weich sind.

6. Muschelfleisch, grüne und rötliche Oliven zu der Gemüsemasse geben. Mit Pfeffer kräftig würzen. Das Muschelfleisch und die Oliven unter Rühren erhitzen. Tomatenspalten, Sardellenstückchen und Petersilie unterrühren, 2–3 Minuten bei schwacher Hitze kochen lassen. Mit Zitronensaft, Salz und Pfeffer abschmecken.

Wichtig: Vorsichtig mit Salz würzen, da die Sardellen salzig sind.

Muscheln nach Livorneser Art

Cozze alla livornese **| Für Gäste – mit Alkohol**

2 Portionen

Pro Portion:

E: 11 g, F: 21 g, Kh: 10 g, kJ: 1287, kcal: 307

1 kg Miesmuscheln
1 Zwiebel
1 Knoblauchzehe
3 Tomaten
4 EL Olivenöl
1 Peperoni (aus dem Glas)
100 ml Gemüsebrühe oder Weißwein
Salz, frisch gemahlener Pfeffer
1 Bio-Zitrone (unbehandelt, ungewachst)

Zubereitungszeit: 60 Minuten

1. Miesmuscheln in reichlich kaltem Wasser gründlich waschen und einzeln abbürsten, bis sie nicht mehr sandig sind (Muscheln, die sich beim Waschen öffnen, sind ungenießbar). Eventuell die Fäden (Bartbüschel) entfernen.

2. Zwiebel und Knoblauch abziehen, Zwiebel in kleine Würfel schneiden. Knoblauch durch eine Knoblauchpresse drücken. Tomaten waschen, kreuzweise einschneiden und einige Sekunden in kochendes Wasser legen.

3. Tomaten kurz in kaltes Wasser legen, enthäuten, halbieren, entkernen und die Stängelansätze herausschneiden. Tomatenhälften in Würfel schneiden.

4. Olivenöl in einem hohen Topf erhitzen. Zwiebelwürfel und Knoblauch darin andünsten. Peperoni in kleine Würfel schneiden und kurz mit andünsten. Tomatenwürfel und Brühe oder Wein hinzufügen, zum Kochen bringen.

5. Miesmuscheln hinzugeben und zugedeckt etwa 10 Minuten dünsten, dabei ab und zu umrühren. Mit Salz und Pfeffer würzen. Muscheln, die sich nach dem Garen nicht öffnen, sind ungenießbar.

6. Zitrone heiß abwaschen, abtrocknen und vierteln. Muscheln mit den Zitronenvierteln garniert servieren.

Beilage: Vollkornbrot mit Butter, Baguette.

Obstsalat mit Asti Spumante

Macedonia di frutta con spumante

Gut vorzubereiten – mit Alkohol

4 Portionen

Pro Portion:
E: 3 g, F: 1 g, Kh: 44 g, kJ: 1104, kcal: 264

500 g	*Erdbeeren*
4	*reife Pfirsiche*
400 g	*grüne Weintrauben*
	Zucker nach Geschmack
etwa	
1/2 Flasche	*Asti Spumante*

Nach Belieben zum Garnieren:

1	*Ananashälfte*
	vorbereitete Minzeblättchen

Zubereitungszeit: 30 Minuten, ohne Kühlzeit

1. Erdbeeren waschen, trocken tupfen und entstielen. Große Erdbeeren halbieren. Pfirsiche mit heißem Wasser überbrühen, enthäuten, halbieren, vom Stein lösen, würfeln.

2. Weintrauben waschen, abtrocknen, halbieren und entkernen, eventuell vorher häuten. Die vorbereiteten Früchte mischen und mit Zucker abschmecken. Mit Sekt begießen und etwa 1 Stunde kalt stellen.

3. Den Obstsalat nach Belieben in einer halbierten, ausgehöhlten Ananas anrichten und mit Minzeblättchen garnieren.

Tipp: Dazu leicht gezuckerten Mascarpone und Amarettini reichen.

Obstsalat mit Maraschino

Macedonia di frutta al maraschino

Klassisch – mit Alkohol

4–6 Portionen

Pro Portion:
E: 2 g, F: 1 g, Kh: 46 g, kJ: 890, kcal: 212

1 Dose Aprikosenhälften (Abtropfgewicht 240 g) oder 5 frische Aprikosen
4 reife Pfirsiche
2 Mandarinen
2 reife Birnen
2 mittelgroße Äpfel
je 125 g blaue und grüne Weintrauben
2 Scheiben frische Ananas oder Ananasscheiben aus der Dose
2 EL Maraschino-Kirschen
2 EL gesiebter Puderzucker
2–3 EL Zitronensaft
2 EL Maraschino (Kirschlikör)

Zubereitungszeit: 45 Minuten

1. Aprikosenhälften in einem Sieb abtropfen lassen. Frische Aprikosen und Pfirsiche kurz in heißes Wasser legen und in kaltem Wasser abschrecken. Aprikosen und Pfirsiche enthäuten, halbieren und entkernen. Pfirsiche in Spalten schneiden. Mandarinen pellen, in Spalten teilen und evtl. entkernen. Birnen und Äpfel schälen, halbieren, entkernen und in Spalten schneiden. Weintrauben waschen, abtropfen lassen, halbieren und entkernen. Frische Ananascheiben in Stücke schneiden oder Ananasscheiben aus der Dose in einem Sieb abtropfen lassen und ebenfalls in Stücke schneiden.

2. Das vorbereitete Obst und die Maraschino-Kirschen in einer Schüssel gut vermengen. Puderzucker mit Zitronensaft und Maraschino verrühren und hinzufügen.

3. Den Obstsalat in eine Glasschüssel füllen, kalt stellen und gut durchziehen lassen.

Tipp: Den Obstsalat vor dem Servieren mit gehackten Walnusskernen, Pistazienkernen oder Mandeln bestreuen und mit Melisseblättchen garnieren.

Olivenpaste Tapenade | **Schnell – für Gäste**

4 Portionen

Pro Portion:
E: 2 g, F: 39 g, Kh: 6 g, kJ: 1592, kcal: 380

200 g schwarze Oliven
2 Knoblauchzehen
1 EL Kapern
1–2 Chilischoten
100 g enthäutete Tomatenwürfel
75–100 ml Olivenöl
frisch gemahlener Pfeffer
gerebelter Thymian

Zubereitungszeit: 20 Minuten

1. Oliven entkernen und eventuell in kleine Stücke schneiden. Knoblauch abziehen. Kapern abtropfen lassen. Chilischoten waschen, trocken tupfen, längs aufschneiden und entkernen.

2. Olivenstücke, Knoblauch, Kapern, Chilischoten, Tomaten und Olivenöl in einen hohen Rührbecher geben. Die Zutaten mit einem Mixstab pürieren. Mit Pfeffer und Thymian abschmecken.

Tipp: Die Olivenpaste mit Baguettescheiben servieren.

Omelett mit Mozzarella

Omelette alla mozzarella | **Preiswert**

2 Portionen

Pro Portion:

E: 34 g, F: 39 g, Kh: 4 g, kJ: 2112, kcal: 504

2 Tomaten
1 Knoblauchzehe
125 g Mozzarella-Käse
6 Eier (Größe M)
Salz
frisch gemahlener Pfeffer
20 g Butter
frisch gehackte Basilikumblättchen

Zubereitungszeit: 35 Minuten

1. Die Tomaten waschen, abtrocknen, halbieren und die Stängelansätze herausschneiden. Tomatenhälften in dünne Scheiben schneiden. Knoblauch abziehen, durch eine Knoblauchpresse drücken und auf den Tomatenscheiben verteilen.

2. Mozzarella abtropfen lassen und in Scheiben schneiden.

3. Für die Omeletts Eier gut verschlagen, mit Salz und Pfeffer würzen. Die Hälfte der Butter in einer Pfanne zerlassen, die Hälfte der Eiermasse hinzugeben und bei schwacher Hitze 4–5 Minuten mit Deckel stocken lassen. Die untere Seite muss bräunlich gebacken sein.

4. Das Omelett auf einen vorgewärmten Teller gleiten lassen und warm stellen. Das zweite Omelett auf die gleiche Weise zubereiten.

5. Jeweils die Hälfte der Tomaten- und Mozzarellascheiben dachziegelartig auf die Omeletts legen. Mit Basilikumblättchen garniert sofort servieren.

Tipp: Bratkartoffeln mit Zwiebeln dazureichen.

Orangen-Campari-Sorbet

Sorbetto d'arancia e campari **| Mit Alkohol**

6 Portionen

Pro Portion:
E: 0 g, F: 0 g, Kh: 23 g, kJ: 481, kcal: 115

Für das Sorbet:

60 g	*Zucker*
60 ml	*Wasser*
500 ml (1/2 l)	*frisch gepresster Orangensaft (von etwa 5 Orangen)*
40 ml	*Campari*
2	*Bio-Orangen (unbehandelt, ungewachst)*

Zubereitungszeit: 20 Minuten, ohne Abkühl- und Gefrierzeit

1. Zucker mit Wasser in einem Topf verrühren, zum Kochen bringen und kurz aufkochen lassen. Topf von der Kochstelle nehmen. Zuckerlösung erkalten lassen.

2. Die Zuckerlösung mit Orangensaft und Campari verrühren und in eine gefriergeeignete Schüssel füllen. Schüssel zudecken, die Sorbetflüssigkeit etwa 4–5 Stunden tiefgefrieren, dabei das Sorbet alle 30 Minuten kräftig durchrühren oder pürieren.

3. Orangen heiß abwaschen und abtrocknen. Von der Schale schmale Streifen abschälen, so dass Spiralen entstehen. Anschließend die Orangen so schälen, dass die weiße Haut mitentfernt wird. Orangenfruchtfleisch mit einem scharfen Messer filetieren.

4. Orangen-Campari-Sorbet in Gläsern anrichten und mit den Orangenfilets garniert servieren. Die Glasränder mit den Orangenspiralen garnieren.

Orangen-Feigen-Salat

Insalata d'arancia e fichi freschi I

Schnell – gut vorzubereiten

4 Portionen

Pro Portion:

E: 5 g, F: 4 g, Kh: 69 g, kJ: 1473, kcal: 352

4 Orangen
5 Feigen
200 g Korinthen oder Rosinen
2 EL Zucker
evtl. Zitronensaft oder Wein
abgezogene, halbierte Mandeln
Rosinen

Zubereitungszeit: 15 Minuten

1. Orangen so schälen, dass die weiße Haut vollständig mitentfernt wird. Orangen in Scheiben schneiden. Feigen waschen, abtrocknen und vierteln. Korinthen oder Rosinen kurz unter fließendem kaltem Wasser abspülen und abtropfen lassen.

2. Die vorbereiteten Zutaten mit Zucker in eine Glasschüssel schichten.

3. Nach Belieben mit Zitronensaft oder Wein übergießen.

4. Mit Mandeln und Rosinen garniert servieren.

Orangen-Tiramisu

Tiramisu all'arancia | **Mit Alkohol**

10 Portionen

Pro Portion:
E: 10 g, F: 26 g, Kh: 67 g, kJ: 2472, kcal: 589

500 g	*Cantuccini (italienisches Mandelgebäck)*
125 ml (1/8 l)	*starker Kaffee*
8–10	*Orangen*
125 ml (1/8 l)	*Cointreau*
40 g	*Puderzucker*
500 g	*Naturjoghurt*
500 g	*Vanillejoghurt*
500 g	*Schlagsahne*
etwas	*Kakaopulver zum Bestäuben*

Zubereitungszeit: 60 Minuten, ohne Durchziehzeit

1. Cantuccini in eine große, flache Auflaufform legen und mit Kaffee tränken.

2. Orangen schälen und filetieren. Orangenfilets in Stücke schneiden, auf den Cantuccini verteilen, mit Cointreau beträufeln und mit Puderzucker bestäuben, 1–2 Stunden durchziehen lassen.

3. Beide Joghurtsorten miteinander verrühren, Sahne steif schlagen und unterheben. Die Joghurtsahne auf den Orangenfilets verteilen. Tiramisu bis zum Servieren kalt stellen.

4. Tiramisu vor dem Servieren mit Kakao bestäuben.

Tipps: Bestreuen Sie die Joghurtsahne mit 1 Päckchen Finesse Orangenschalen-Aroma, bevor das Tiramisu kalt gestellt wird. Garnieren Sie die Oberfläche mit einigen Orangenzesten (Streifen).

Osso Buco Kalbshaxe

Klassisch – mit Alkohol

4 Portionen

Pro Portion:
E: 30 g, F: 11 g, Kh: 6 g, kJ: 1129, kcal: 270

4	*Kalbshaxenscheiben mit Knochen (je etwa 200 g)*
1	*Möhre*
1 Stange	*Staudensellerie*
1 kleine Stange	*Porree (Lauch)*
1	*Knoblauchzehe*
1	*Zwiebel*
3	*Fleischtomaten*
100 ml	*Olivenöl*
30 g	*Butter*
100 ml	*Weißwein*
	Salz
	frisch gemahlener Pfeffer
500 ml (½ l)	*Fleischbrühe*
1 Bund	*Petersilie*
½ TL	*geriebene Schale von 1 Bio-Zitrone (unbehandelt, ungewachst)*

Zubereitungszeit: 30 Minuten
Garzeit: etwa 90 Minuten

1. Haxenscheiben unter fließendem kalten Wasser abspülen und trocken tupfen. Möhre, Staudensellerie und Porree putzen. Dann die Möhre schälen, von der Selleriestange die harten Außenfäden abziehen. Porreestange längs halbieren. Das Gemüse waschen, abtropfen lassen und in Streifen schneiden.

2. Knoblauch und Zwiebel abziehen, in kleine Würfel schneiden. Tomaten waschen, kreuzweise einschneiden und einige Sekunden in kochendes Wasser legen. Die Tomaten kurz in kaltes Wasser legen, enthäuten, halbieren, entkernen und die Stängelansätze herausschneiden. Tomaten ebenfalls in Würfel schneiden.

3. Olivenöl in einer Pfanne erhitzen. Die Fleischscheiben darin von beiden Seiten gut anbraten. Butter in einem Bräter zerlassen. Zwiebelwürfel, Möhren-, Sellerie- und Porreestreifen darin andünsten, Wein hinzugießen.

4. Fleischscheiben aus der Pfanne nehmen, mit Salz und Pfeffer würzen und auf das Gemüse in den Bräter legen. Brühe und Tomatenwürfel hinzufügen. Den Bräter zugedeckt auf dem Rost in den vorgeheizten Backofen schieben.
Ober-/Unterhitze: etwa 180 °C
Heißluft: etwa 160 °C
Garzeit: etwa 90 Minuten.

5. Petersilie abspülen und trocken tupfen. Die Blättchen von den Stängeln zupfen und danach Blättchen klein schneiden.

6. Petersilie, Knoblauch und Zitronenschale kurz vor Ende der Garzeit in den Bräter geben. Mit Salz und Pfeffer abschmecken.

Panna cotta Panna cotta

Für Gäste

4 Portionen

Pro Portion:
E: 10 g, F: 51 g, Kh: 34 g, kJ: 2754, kcal: 658

Für die Creme:

600 g Schlagsahne
1 Vanilleschote
1 Prise Salz
2 Stück Zitronenschale von 1 Bio-Zitrone (unbehandelt, ungewachst)
2 EL Zucker
6 Blatt weiße Gelatine

Für die Vanillesauce:

1 Pck. Saucenpulver Vanille-Geschmack, zum Kochen
30 g Zucker
500 ml (1/2 l) Milch

Für die Fruchtsauce:

300 g frische Erdbeeren
Dr. Oetker Vanillin-Zucker

Zum Garnieren:

einige vorbereitete, frische Beerenfrüchte
vorbereitete Minzeblättchen

Zubereitungszeit: 50 Minuten, ohne Kühlzeit

1. Für die Creme Schlagsahne mit Vanilleschote, Salz, Zitronenschale und dem Zucker in einem kalt ausgespülten Topf zum Kochen bringen und anschließend bei schwacher Hitze etwa 10 Minuten kochen lassen.

2. Gelatine in kaltem Wasser nach Packungsanleitung einweichen. Die Vanilleschote und Zitronenschale aus der Sahne nehmen. Gelatine ausdrücken und in der heißen Sahne unter Rühren vollständig auflösen.

3. Sahne in kalt ausgespülte Förmchen gießen, abkühlen lassen und mindestens 3 Stunden (oder über Nacht) kalt stellen.

4. Für die Vanillesauce aus Saucenpulver, Zucker und Milch nach Packungsanleitung eine Sauce zubereiten, kalt stellen, dabei von Zeit zu Zeit gut durchrühren.

5. Für die Fruchtsauce Erdbeeren putzen, waschen, abtropfen lassen (einige Erdbeeren zum Garnieren beiseitelegen) und die Stängelansätze heraussschneiden. Die Erdbeeren pürieren und mit Vanillin-Zucker abschmecken.

6. Panna cotta mit einem Messer vom Rand lösen, kurz in sehr heißes Wasser tauchen und auf Dessertteller stürzen. Die Erdbeersauce als Spiegel um eine Hälfte der Creme geben, die Vanillesauce auf die andere Hälfte gießen und mit einem Holzstäbchen die beiden Saucen ineinanderziehen.

7. Panna cotta mit den beiseitegelegten Erdbeeren, Beerenfrüchten und Minzeblättchen garniert servieren.

Panna-cotta-Eis

Gelato al gusto di panna cotta **| Für Gäste**

6–8 Portionen

Pro Portion:

E: 3 g, F: 26 g, Kh: 24 g, kJ: 1419, kcal: 342

3 Eigelb (Größe M)
90 g gesiebter Puderzucker
2 Pck. Dr. Oetker Vanillin-Zucker
1 Pck. Dr. Oetker Bourbon-Vanille-Zucker
3 Becher Crème double (je 125 g)

Zum Garnieren:

250 g Himbeeren
30 g gesiebter Puderzucker
einige Melisseblättchen

Zubereitungszeit: 40 Minuten, ohne Abkühl- und Gefrierzeit

1. Das Eigelb mit Puderzucker, Vanillin-Zucker und Bourbon-Vanille-Zucker in einer hitzebeständigen Schüssel verschlagen und im heißen Wasserbad mit einem Schneebesen zu einer dicklich-cremigen Masse aufschlagen. Die Eiermasse darf dabei nicht kochen.

2. Die Schüssel sofort in eiskaltes Wasser stellen. Die Masse unter Rühren erkalten lassen.

3. Crème double unter die erkaltete Eiermasse rühren. Die Creme in gefriergeeignete, kleine Formen füllen. Formen zudecken, das Eis etwa 5 Stunden tiefgefrieren.

4. Zum Garnieren Himbeeren verlesen, eventuell kurz abspülen und gut abtropfen lassen oder trocken tupfen. Einige Himberen zum Garnieren beiseitelegen.

5. Restliche Himbeeren mit Puderzucker pürieren und nach Belieben durch ein Sieb streichen. Melisseblättchen abspülen und trocken tupfen.

6. Das Eis mit einem Messer vom Rand lösen und auf Teller stürzen. Mit Himbeersauce, den beiseitegelegten Himbeeren und Melisseblättchen garniert servieren.

Tipp: Statt Crème double 250 g steif geschlagene Sahne unterheben.

Panzarotti Gefüllte Teigtaschen

Vegetarisch

4 Portionen

Pro Portion:

E: 24 g, F: 41 g, Kh: 39 g, kJ: 2608, kcal: 623

1 kg	*mehligkochende Kartoffeln*
	Salz
2	*Salbeiblättchen*
125 g	*frisch geriebener Parmesan-Käse*
1	*Ei (Größe M)*
1	*Eigelb (Größe M)*
4–5 EL	*gehackte, glatte Petersilie*
	frisch gemahlener Pfeffer
etwa 125 g	*Mozzarella-Käse*
	Vollkorn-Semmelbrösel
100 g	*Butter*
4 EL	*Speiseöl*

Zubereitungszeit: 60 Minuten, ohne Abkühlzeit
Garzeit: etwa 10 Minuten

1. Kartoffeln waschen, schälen, abspülen und in grobe Würfel schneiden. Kartoffelwürfel mit Salzwasser bedeckt zum Kochen bringen und in 20–25 Minuten gar kochen lassen. Kartoffelwürfel abgießen, abdämpfen und sofort durch eine Kartoffelpresse drücken oder zerstampfen. Etwas abkühlen lassen.

2. Salbeiblättchen abspülen, trocken tupfen und klein schneiden. Salbei, Parmesan-Käse, Ei, Eigelb und Petersilie zur Kartoffelmasse geben und gut unterkneten. Mit Salz und Pfeffer würzen.

3. Den Mozzarella abtropfen lassen und in 16 gleich große Würfel schneiden. Den Kartoffelteig zu einer Rolle formen, in 16 gleich große Stücke teilen. In jedes Teigstück 1 Käsewürfel drücken. Das Teigstück zu einem Kloß formen, flach drücken und in Semmelbröseln wenden.

4. Butter in einer Pfanne zerlassen, das Speiseöl hinzufügen und miterhitzen. Panzarotti von beiden Seiten etwa 5 Minuten braten.

Paprika-Risotto mit Speck

Risotto con peperoni e speck

Raffiniert – mit Alkohol

4 Portionen

Pro Portion:

E: 17 g, F: 28 g, Kh: 66 g, kJ: 2623, kcal: 627

1 Zwiebel
4 EL Olivenöl
300 g italienischer Rundkornreis (z. B. Arborio-Reis)
250 ml (1/4 l) Weißwein
600 ml heiße Gemüsebrühe
je 1 rote, gelbe, grüne Paprikaschote
120 g durchwachsener Speck
1/2 Bund Schnittlauch, Salz
frisch geriebene Muskatnuss
frisch gemahlener Pfeffer
2 EL Crème fraîche
50 g frisch geriebener Parmesan-Käse

Zubereitungszeit: 20 Minuten
Garzeit: etwa 20 Minuten

1. Zwiebel abziehen und in kleine Würfel schneiden. Die Hälfte des Olivenöls in einem Topf erhitzen, Zwiebelwürfel darin andünsten. Reis hinzugeben und unter Rühren glasig dünsten. Etwas von dem Wein hinzugießen. Sobald der Reis die Flüssigkeit aufgenommen hat, wieder Wein und Brühe hinzugießen. Den Reis bei schwacher Hitze unter gelegentlichem Rühren etwa 20 Minuten garen (er sollte noch etwas Biss haben), eventuell noch etwas Wasser hinzufügen.

2. Paprika halbieren, entstielen, entkernen und die weißen Scheidewände entfernen. Schoten waschen, abtrocknen und in kleine Rauten schneiden. Restliches Olivenöl in einem Topf erhitzen. Paprikastücke darin einige Minuten dünsten lassen.

3. Speck in kleine Würfel schneiden und in einer Pfanne ohne Fett knusprig braten. Schnittlauch abspülen, trocken tupfen (einige Halme zum Garnieren beiseitelegen) und in kleine Röllchen schneiden.

4. Den gegarten Reis mit Salz, Muskat und Pfeffer würzen. Crème fraîche unterrühren. Paprikastücke, Speckwürfel und Schnittlauchröllchen unter den Reis heben. Mit Parmesan bestreut und mit Schnittlauchhalmen garniert servieren.

Parmaschinken mit Melone

Prosciutto di Parma e melone I

Schnell – für Gäste

6 Portionen

Pro Portion:

E: 5 g, F: 1 g, Kh: 18 g, kJ: 463, kcal: 111

1 Honigmelone
12 Scheiben Parmaschinken (dünn geschnitten)
frisch gemahlener, schwarzer Pfeffer

Zubereitungszeit: 15 Minuten, ohne Kühlzeit

1. Die Melone einige Stunden im Kühlschrank durchkühlen lassen.

2. Melone halbieren, entkernen und in jeweils 6 Spalten schneiden.

3. Jede Melonenspalte mit einer Schinkenscheibe belegen und mit Pfeffer bestreuen.

Tipp: Die Honigmelone sollte einen intensiven Geschmack als Gegengewicht zum Schinken haben.

Penne mit Gorgonzola

Penne al gorgonzola **Vegetarisch – schnell**

4 Portionen

Pro Portion:

E: 32 g, F: 52 g, Kh: 90 g, kJ: 4056, kcal: 975

250 g Gorgonzola (Blauschimmelkäse)
200 g Schlagsahne
Salz
frisch gemahlener Pfeffer
5 l Wasser
5 gestr. TL Salz
500 g Penne-Nudeln
60 g Butter
40 g frisch gehobelter Parmesan-Käse

Zubereitungszeit: 25 Minuten

1. Für die Sauce Gorgonzola in eine Rührschüssel geben und mit einer Gabel zerdrücken. Sahne hinzufügen und zu einer geschmeidigen Masse verrühren. Anschließend mit Salz und Pfeffer abschmecken.

2. Wasser in einem großen Topf mit geschlossenem Deckel zum Kochen bringen. Dann Salz und Nudeln zugeben. Die Nudeln im geöffneten Topf bei mittlerer Hitze nach Packungsanleitung kochen lassen, dabei zwischendurch 4–5-mal umrühren.

3. Anschließend die Nudeln in ein Sieb geben, mit heißem Wasser abspülen, abtropfen lassen und in eine vorgewärmte Schüssel geben.

4. Butter zerlassen und unter die Nudeln mischen.

5. Die Gorgonzolasauce und den Parmesan-Käse auf den Nudeln verteilen und gut untermischen.

Penne mit Hühnerleber

Penne con fegatini di pollo alla salvia

Für Gäste

4 Portionen

Pro Portion:
E: 30 g, F: 24 g, Kh: 78 g, kJ: 2752, kcal: 657

1 Zwiebel
1 Knoblauchzehe
150 g Champignons
300 g Hühnerleber
3 EL Olivenöl
150 g Schlagsahne
15 kleine Salbeiblättchen
12 Cocktailtomaten
Salz
frisch gemahlener Pfeffer
4 l Wasser
4 gestr. TL Salz
400 g Penne-Nudeln

Zubereitungszeit: 30 Minuten

1. Zwiebel und Knoblauch abziehen, in kleine Würfel schneiden. Champignons putzen, mit Küchenpapier abreiben, eventuell abspülen, trocken tupfen und in Scheiben schneiden.

2. Hühnerleber unter fließendem kalten Wasser abspülen, trocken tupfen und in etwa 2 x 2 cm große Würfel schneiden, dabei eventuell Sehnen entfernen.

3. Olivenöl in einem Topf erhitzen, Leberwürfel darin anbraten. Dann Zwiebel- und Knoblauchwürfel mit andünsten. Champignonscheiben hinzufügen, ebenfalls mit andünsten. Sahne hinzugießen.

4. Salbeiblättchen abspülen, trocken tupfen und klein schneiden. Tomaten abspülen und trocken tupfen. Salbei und Tomaten zur Sauce geben, aufkochen lassen. Mit Salz und Pfeffer würzen. Sauce warm stellen.

5. Wasser in einem großen Topf mit geschlossenem Deckel zum Kochen bringen. Dann Salz und Nudeln zugeben. Die Nudeln im geöffneten Topf bei mittlerer Hitze nach Packungsanleitung kochen lassen, dabei zwischendurch 4–5-mal umrühren.

6. Anschließend die Nudeln in ein Sieb geben, mit heißem Wasser abspülen und abtropfen lassen.

7. Nudeln in eine Schüssel geben, mit der Sauce vermischen und sofort servieren.

Tipp: Statt Hühnerleber können Sie Rinderleber oder Kalbsleber verwenden.

Penne mit Kürbis und Kapern

Penne con zucca e capperi | **Raffiniert**

3 Portionen

Pro Portion:
E: 14 g, F: 12 g, Kh: 75 g, kJ: 1947, kcal: 465

3 l	*Wasser*
3 gestr. TL	*Salz*
300 g	*Penne-Nudeln oder Nudeln Ihrer Wahl*
2	*Schalotten*
2	*Fleischtomaten (etwa 300 g)*
100 g	*eingelegte Kürbisstückchen (aus dem Glas)*
½ Röhrchen	*Kapern (Abtropfgewicht 25 g)*
3 EL	*Olivenöl*
einige Stängel	*Minze*
	Salz
	frisch gemahlener Pfeffer
	frisch geriebene Muskatnuss

Zubereitungszeit: 25 Minuten

1. Wasser in einem großen Topf mit geschlossenem Deckel zum Kochen bringen. Dann Salz und Nudeln zugeben. Die Nudeln im geöffneten Topf bei mittlerer Hitze nach Packungsanleitung kochen lassen, dabei zwischendurch 4–5-mal umrühren.

2. Anschließend die Nudeln in ein Sieb geben, mit heißem Wasser abspülen und abtropfen lassen.

3. Schalotten abziehen und in Scheiben schneiden. Tomaten waschen, abtrocknen, halbieren und die Stängelansätze herausschneiden. Tomaten in Stücke schneiden. Kürbis und Kapern abtropfen lassen.

4. Das Olivenöl in einem Topf erhitzen. Schalottenscheiben darin andünsten. Kürbisstücke, Kapern und Tomatenstücke hinzufügen, mit andünsten.

5. Minze abspülen und trocken tupfen. Die Blättchen von den Stängeln zupfen (einige Blättchen beiseitelegen). Die Blättchen in Streifen schneiden.

6. Die Nudeln mit dem gedünsteten Gemüse vermengen und nochmals kurz erhitzen. Mit Salz, Pfeffer und Muskat würzen. Die Minzestreifen unterheben.

7. Penne mit den beiseitegelegten Minzeblättchen garniert servieren.

Beilage: Geröstetes, italienisches Weißbrot.

Tipp: Zusätzlich gebratene Scampi und Muscheln unter die Nudeln heben.

Perlhuhn mit Rum Faraona al rum

Dauert länger – mit Alkohol

6 Portionen

Pro Portion:
E: 50 g, F: 35 g, Kh: 28 g, kJ: 2869, kcal: 685

1 küchenfertiges Perlhuhn (etwa 1,2 kg)
Salz
frisch gemahlener Pfeffer

Für die Füllung:
75 g Korinthen
4 EL Rum
100 g Geflügelleber
1 Perlhuhnleber
30 g Butter
150 g roher Schinken
100 g Weißbrot (vom Vortag)
125 ml (1/8 l) Milch
2 Petersilienstängel
2 Knoblauchzehen
100 g Doppelrahm-Frischkäse
1 Ei (Größe M)

1 EL Butter zum Bestreichen
4 Schalotten
100 ml Rum
125 ml (1/8 l) warme Geflügelbrühe

50 g Butter
2 EL Speiseöl
4–5 Scheiben Toastbrot (vom Vortag)

Außerdem:
Fleischnadeln oder Küchengarn

Zubereitungszeit: 40 Minuten, ohne Einweich- und Abkühlzeit
Garzeit: etwa 60 Minuten

1. Perlhuhn unter fließendem kalten Wasser abspülen und trocken tupfen. Das Huhn von innen und außen mit Salz und Pfeffer einreiben.

2. Für die Füllung die Korinthen in Rum einweichen. Geflügel- und Perlhuhnleber unter fließendem kalten Wasser abspülen und gut trocken tupfen. Butter in einer Pfanne zerlassen. Geflügelleber und Perlhuhnleber darin von allen Seiten kurz anbraten, herausnehmen, etwas abkühlen lassen und in sehr kleine Würfel schneiden. Schinken in kleine Würfel schneiden und hinzufügen.

3. Weißbrot zerbröseln und in Milch einweichen. Anschließend die Milch abgießen. Petersilie abspülen und trocken tupfen. Die Blättchen von den Stängeln zupfen. Blättchen klein schneiden. Knoblauch abziehen und klein hacken.

4. Frischkäse in eine Rührschüssel geben. Ei, eingeweichtes Brot, Petersilie, Knoblauch und die Leber-Schinken-Mischung hinzufügen. Die Zutaten gut vermischen. Rum-Korinthen unterrühren. Mit Salz und Pfeffer würzen.

5. Das Perlhuhn mit zwei Drittel der Masse füllen. Die Öffnung zunähen oder zustecken. Das Perlhuhn mit etwas Butter bestreichen, mit Salz und Pfeffer bestreuen und in eine feuerfeste Form (gefettet) legen.

6. Schalotten abziehen, in kleine Würfel schneiden und mit in die Form legen. Die Form auf dem Rost in den vorgeheizten Backofen schieben.
Ober-/Unterhitze: etwa 200 °C
Heißluft: etwa 180 °C
Garzeit: etwa 60 Minuten.

7. Das Perlhuhn während der Garzeit zwischendurch mit etwas Rum und Geflügelbrühe begießen.

8. Butter und Speiseöl in einer Pfanne erhitzen. Toastbrot darin von beiden Seiten goldgelb rösten und mit der restlichen Füllung bestreichen. Die Toastscheiben etwa 10 Minuten vor Ende der Garzeit ebenfalls auf dem Rost in den Backofen schieben.

9. Das Perlhuhn tranchieren und auf dem Brot anrichten. Die Füllung in Scheiben schneiden und darumlegen. Den Bratensatz mit dem restlichen Rum flambieren und dazu servieren.

Perlhuhn mit Tomaten

Faraona al pomodoro | **Etwas teurer**

6 Portionen

Pro Portion:
E: 46 g, F: 22 g, Kh: 3 g, kJ: 1629, kcal: 388

2 kleine, küchenfertige Perlhühner oder Poularden
2 Zweige Rosmarin
2 Zweige Thymian
2 Zweige Salbei
Salz
frisch gemahlener Pfeffer
4 EL Olivenöl

Für die Tomaten:
600 g Strauchtomaten
2 Schalotten
1 Knoblauchzehe
3 EL Olivenöl

1 Topf Basilikum

Zubereitungszeit: 60 Minuten
Garzeit: etwa 50 Minuten

1. Perlhühner oder Poularden von innen und außen unter fließendem kalten Wasser abspülen und trocken tupfen. Die Perlhühner oder Poularden auf die Brust legen. Mit einer Geflügelschere rechts und links am Rückenknochen entlangschneiden, so dass dieser entfernt wird.

2. Fleisch umdrehen und so weit wie möglich auseinanderklappen, mit der Hand die Brust flach drücken. Kräuterzweige abspülen und trocken tupfen. Die Blättchen von den Stängeln zupfen und klein schneiden. Die Haut jeweils von der Brust hochheben. Die Kräuter zwischen Brust und Haut verteilen.

3. Die Fleischstücke von beiden Seiten mit Salz und Pfeffer würzen und nebeneinander in einen großen Bräter legen. Fleischstücke mit Olivenöl bestreichen. Den Bräter auf dem Rost in den vorgeheizten Backofen schieben.
Ober-/Unterhitze: etwa 200 °C
Heißluft: etwa 180 °C
Garzeit: etwa 50 Minuten.

4. Während des Garens zwischendurch etwas Wasser hinzufügen.

5. Für die Tomaten Tomaten waschen, kreuzweise einschneiden und einige Sekunden in kochendes Wasser legen. Tomaten kurz in kaltes Wasser legen, enthäuten, vierteln, entkernen und die Stängelansätze herausschneiden.

6. Schalotten und Knoblauch abziehen, in kleine Würfel schneiden. Olivenöl in einem Topf erhitzen. Schalotten- und Knoblauchwürfel darin andünsten. Tomatenviertel hinzufügen, mit Salz und Pfeffer würzen. Die Tomatenviertel etwa 5 Minuten schmoren.

7. Basilikum abspülen und trocken tupfen. Die Blättchen (einige Blättchen zum Garnieren beiseitelegen) von den Stängeln zupfen. Blättchen klein schneiden. Basilikum unter die geschmorten Tomaten heben, mit den beiseitegelegten Basilikumblättchen garnieren und mit dem Perlhuhn servieren.

Pesto Basilikumsauce | **Klassisch**

Insgesamt:
E: 25 g, F: 162 g, Kh: 6 g, kJ: 6530, kcal: 1561

2 EL Pinienkerne
2 Bund Basilikum
1 Bund Petersilie
50 g Parmesan-Käse
½ TL Salz
10 EL Olivenöl
3 Knoblauchzehen

30 g Olivenöl

Zubereitungszeit: 20 Minuten, ohne Abkühlzeit

1. Pinienkerne in einer Pfanne ohne Fett goldbraun rösten, herausnehmen und auf einem Teller erkalten lassen. Basilikum und Petersilie abspülen und trocken tupfen. Die Blättchen von den Stängeln zupfen. Parmesan-Käse grob zerkleinern.

2. Pinienkerne, Basilikum, Petersilie, Parmesan-Käse, Salz und Olivenöl in einen hohen Rührbecher geben und sehr fein pürieren. Knoblauch abziehen, in sehr kleine Würfel schneiden und unterrühren.

3. Pesto in vorbereitete Gläser füllen und mit Olivenöl begießen. Die Gläser mit Twist-off-Deckeln verschließen und kalt stellen.

Tipp: Das Pesto hält sich gut gekühlt etwa 6 Wochen.

Pfefferminz-Granita

Granita alla menta | **Für Kinder**

4–6 Portionen

Pro Portion:
E: 0 g, F: 2 g, Kh: 30 g, kJ: 564, kcal: 135

2–3 frische Stängel Pfefferminze
500 ml Wasser
90 g Zucker
1 EL flüssiger Honig (z. B. Lindenblütenhonig)
60 g Schoko-Minz-Täfelchen

Zum Garnieren:
1–2 frische Stängel Pfefferminze

Zubereitungszeit: 30 Minuten, ohne Abkühl- und Gefrierzeit

1. Die Pfefferminzstängel abspülen und abtropfen lassen. Wasser mit Zucker in einem Topf verrühren, zum Kochen bringen und einmal kurz aufkochen lassen. Den Topf von der Kochstelle nehmen.

2. Die Pfefferminzstängel etwa 2 Minuten in die Zuckerlösung legen und wieder herausnehmen. Honig in die Pfefferminz-Zucker-Lösung rühren und erkalten lassen.

3. Anschließend die erkaltete Pfefferminz-Zucker-Lösung in eine gefriergeeignete Schüssel füllen, zudecken und 4–5 Stunden tiefgefrieren. Dabei die Masse in regelmäßigen Abständen etwa 8-mal mit einem Schneebesen kräftig durchrühren.

4. Die Schoko-Minz-Täfelchen ebenfalls etwa 30 Minuten tiefgefrieren, dann in kleine Stücke schneiden und unter die Pfefferminz-Granita rühren.

5. Zum Garnieren Pfefferminzstängel abspülen und trocken tupfen. Danach die Blättchen von den Stängeln zupfen.

6. Pfefferminz-Granita nach Belieben in Gläser füllen und mit Pfefferminzblättchen garniert servieren.

Piccata vom Seehecht

Piccata di nasello | **Für Kinder**

4 Portionen

Pro Portion:

E: 42 g, F: 29 g, Kh: 51 g, kJ: 2665, kcal: 636

2 1/2 l Wasser
2 1/2 gestr. TL Salz
250 g Spaghetti
3 Eier (Größe M)
50 g frisch geriebener Parmesan-Käse
8 Seehecht-Filetstücke (je etwa 70 g)
Salz
frisch gemahlener Pfeffer
35 g Weizenmehl
4 EL Olivenöl
40 g Butter
1 kleine Dose gehackte, geschälte Tomaten (Einwaage 400 g)
1 Knoblauchzehe
1 Bund Basilikum

Zubereitungszeit: 45 Minuten

1. Wasser in einem großen Topf mit geschlossenem Deckel zum Kochen bringen. Dann Salz und Spaghetti zugeben. Die Spaghetti im geöffneten Topf bei mittlerer Hitze nach Packungsanleitung kochen lassen, dabei zwischendurch 4–5-mal umrühren.

2. Anschließend die Spaghetti in ein Sieb geben, mit heißem Wasser abspülen und abtropfen lassen.

3. Eier in einer Schüssel oder einem tiefen Teller mit Parmesan-Käse verrühren. Seehecht-Filetstücke unter fließendem kalten Wasser abspülen und trocken tupfen. Mit Salz und Pfeffer bestreuen. Seehechtfilets zuerst in Mehl wenden, dann durch die Eier-Parmesan-Masse ziehen, am Schüsselrand etwas abstreifen.

4. Zwei Esslöffel Olivenöl mit Butter in einer beschichteten Pfanne erhitzen. Seehechtfilets darin von beiden Seiten etwa 5 Minuten braten.

5. Restliches Olivenöl in einem Topf erhitzen. Spaghetti und Tomatenstücke mit der Flüssigkeit darin unter vorsichtigem Umrühren erhitzen. Knoblauch abziehen, klein würfeln oder durch eine Knoblauchpresse drücken und hinzufügen. Mit Salz und Pfeffer würzen.

6. Basilikum abspülen und trocken tupfen. Die Blättchen von den Stängeln zupfen. Die Nudel-Tomaten-Mischung auf Tellern verteilen. Den Fisch darauf anrichten und mit Basilikumblättchen garnieren.

Tipps: Statt Spaghetti können auch andere Nudelsorten verwendet werden. Nach Belieben zusätzlich einige frische Tomatenwürfel unter die Spaghetti-Tomaten-Mischung heben.

Piemonteser Gemüsefondue

Bagna Cauda alla piemontese

Für Gäste

4 Portionen

Pro Portion:
E: 15 g, F: 78 g, Kh: 23 g, kJ: 3547, kcal: 848

1 kleiner Blumenkohl
200 g Brokkoli
200 g kleine Möhren
200 g Champignons
300 g kleine Kartoffeln
Salz
100 g Fenchel
je 1 kleine rote, grüne und gelbe Paprikaschote
4 Stangen Staudensellerie

Für die Sauce:
12 Knoblauchzehen
100 g Sardellenfilets
60 g Butter
250 ml (1/4 l) Olivenöl
evtl. kräftiger Rotwein, weiße Trüffeln oder Nussöl

Zubereitungszeit: 45 Minuten, ohne Abkühlzeit

1. Vom Blumenkohl und Brokkoli die Blätter und schlechten Stellen entfernen. Jeweils den Strunk entfernen. Blumenkohl und Brokkoli waschen, abtropfen lassen und in kleine Röschen teilen. Möhren putzen, schälen, waschen, abtropfen lassen und halbieren. Champignons putzen, mit Küchenpapier abreiben, evtl. abspülen und trocken tupfen.

2. Kartoffeln waschen, schälen, abspülen und in kochendem Salzwasser etwa 15 Minuten garen. Kartoffeln abgießen und abkühlen lassen. Fenchel putzen, waschen, abtropfen lassen und in Scheiben schneiden.

3. Paprika halbieren, entstielen, entkernen und die weißen Scheidewände entfernen. Schotenhälften waschen, trocken tupfen und in schmale Streifen schneiden. Selleriestangen putzen und die harten Außenfäden abziehen. Stangen waschen, abtropfen lassen und in etwa 5 cm lange Stücke schneiden.

4. Für die Sauce Knoblauch abziehen und in kleine Würfel schneiden. Sardellenfilets unter fließendem kalten Wasser abspülen, abtrocknen und in sehr kleine Stücke schneiden.

5. Butter in einem Topf zerlassen. Knoblauchwürfel darin glasig dünsten. Olivenöl nach und nach hinzugießen. Sardellenstückchen unterrühren.

6. Die Sauce nach Belieben mit Rotwein, weißen Trüffeln oder Nussöl verfeinern.

7. Die vorbereiteten Gemüsezutaten dekorativ auf einer Platte anrichten. Die Sauce in einen Fonduetopf gießen und auf einem Rechaud warm halten.

8. Die Gemüsestücke auf Fonduegabeln stecken und kurz in die Sauce tauchen. Das Gemüse soll nur etwas Geschmack annehmen, nicht garen.

Beilage: Knuspriges Bauernbrot und ein kräftiger Rotwein.

Pilze, gegrillt Funghi alla griglia | **Einfach**

4 Portionen

Pro Portion:
E: 6 g, F: 10 g, Kh: 1 g, kJ: 487, kcal: 117

8 große Steinpilze
oder 16 große Champignons
Salz
frisch gemahlener Pfeffer
4 EL Olivenöl
1 Bund Petersilie
2 Knoblauchzehen

Zubereitungszeit: 25 Minuten
Grillzeit: 5–8 Minuten

1. Pilze putzen, mit Küchenpapier abreiben und die Stiele von den Champignons herausdrehen (nur die Köpfe verwenden). Steinpilze in etwa 1 cm dicke Scheiben schneiden.

2. Pilze in eine feuerfeste Form legen. Mit Salz und Pfeffer bestreuen, mit Olivenöl bestreichen. Die Form auf dem Rost unter den vorgeheizten Grill des Backofens schieben. Die Pilze je nach Größe 5–8 Minuten grillen.

3. In der Zwischenzeit Petersilie abspülen und trocken tupfen. Die Blättchen von den Stängeln zupfen. Blättchen klein schneiden. Knoblauch abziehen und in kleine Stücke schneiden.

4. Petersilie und Knoblauch kurz vor Ende der Grillzeit auf den Pilzen verteilen.

Tipp: Sie können die Pilze auch in der Pfanne schmoren. Dann Pilze in Scheiben schneiden. 4 Esslöffel Olivenöl in einer Pfanne erhitzen. Klein geschnittenen Knoblauch darin goldgelb dünsten und herausnehmen. Pilze in das Knoblauchöl geben und unter Rühren 3–5 Minuten anbraten. Mit Salz und Pfeffer würzen und mit Petersilie bestreut servieren.

Pilz-Lasagne

Lasagne ai funghi con erbe | **Dauert länger**

4 Portionen

Pro Portion:
E: 33 g, F: 52 g, Kh: 62 g, kJ: 3600, kcal: 861

Für die Pilzsauce:

3 Knoblauchzehen
3 Zwiebeln
400 g braune Champignons
350 g Stein- oder Austernpilze
120 g Knollensellerie
60 g Butter
1 Glas Pilzfond (400 ml)
100 g Schlagsahne
1 EL Zitronensaft
3 Zweige Thymian
1 Zweig Rosmarin
1 Zweig Salbei
20 g Butter
1 EL Weizenmehl
Salz, frisch gemahlener Pfeffer

Für die Béchamelsauce:

40 g Butter
40 g Weizenmehl
250 ml (1/4 l) Gemüsebrühe
300 ml Milch
frisch geriebene Muskatnuss
gerebelter Thymian
2 Eigelb (Größe M)

250 g Lasagneplatten, ohne Vorkochen

150 g geriebener Edamer-Käse

Zubereitungszeit: 45 Minuten
Garzeit: etwa 45 Minuten

1. Für die Sauce Knoblauch und Zwiebeln abziehen und in kleine Würfel schneiden. Champignons und Stein- oder Austernpilze putzen, mit Küchenpapier abreiben, evtl. abspülen, abtropfen lassen und in Scheiben schneiden. Knollensellerie putzen, schälen, waschen, abtropfen lassen und ebenfalls in kleine Würfel schneiden.

2. Butter in einem Topf zerlassen. Knoblauch- und Zwiebelwürfel darin andünsten. Pilzscheiben und Selleriewürfel hinzufügen, mit andünsten. Pilzfond, Sahne und Zitronensaft hinzugießen, aufkochen lassen.

3. Kräuterzweige abspülen und trocken tupfen. Die Blättchen oder Nadeln von den Stängeln zupfen. Butter mit Mehl verkneten, kleine Kugeln formen und zum Binden zur Pilz-Sellerie-Masse geben. Thymian, Rosmarinnadeln und Salbeiblättchen unterrühren. Mit Salz und Pfeffer würzen.

4. Für die Béchamelsauce Butter in einem Topf zerlassen. Mehl unter Rühren so lange darin erhitzen, bis es hellgelb ist. Nach und nach Brühe und Milch hinzugießen. Mit einem Schneebesen durchschlagen. Darauf achten, dass keine Klümpchen entstehen.
Die Sauce unter Rühren aufkochen lassen. Mit Salz, Pfeffer, Muskat und Thymian abschmecken. Die Sauce 2–3 Minuten unter Rühren kochen lassen, dann Eigelb unterrühren.

5. Ein Drittel der Béchamelsauce in eine große, rechteckige Auflaufform (gefettet) geben und mit Lasagneplatten belegen. Die Hälfte der Pilzsauce darauf verteilen und wieder mit Lasagneplatten belegen. Restliche Pilzsauce darauf verteilen und die restlichen Lasagneplatten darauflegen. Restliche Béchamelsauce als letzte Schicht daraufgeben.

6. Die Lasagne mit Käse bestreuen. Die Form auf dem Rost in den vorgeheizten Backofen schieben.
Ober-/Unterhitze: etwa 200 °C
Heißluft: etwa 180 °C
Garzeit: etwa 45 Minuten.

Pinienkern-Makronen

Amaretti di tivoli | **Einfach**

Insgesamt:
E: 84 g, F: 158 g, Kh: 263 g, kJ: 11663, kcal: 2786

Für den Teig:

5 Eiweiß (Größe M)
150 g Zucker
50 g gesiebter Puderzucker
1 Vanilleschote
1 gestr. TL gemahlener Zimt
50 g gesiebte Speisestärke
150 g gehackte Mandeln

Zum Bestreuen:

etwa 150 g Pinienkerne

Zubereitungszeit: 50 Minuten
Backzeit: 25–30 Minuten

1. Für den Teig Eiweiß in einer Schüssel im Wasserbad erhitzen, dabei das Eiweiß mit Handrührgerät mit Rührbesen auf höchster Stufe fast steif schlagen. Nach und nach Zucker unterschlagen. Die Eischneemasse noch etwa 1 Minute weiterschlagen. Anschließend die Schüssel mit der Eischneemasse in kaltes Wasser setzen und mit einem Schneebesen kalt schlagen. Puderzucker unterschlagen.

2. Vanilleschote längs aufschneiden, Vanillemark herauskratzen, mit Zimt, Speisestärke und Mandeln mischen und unter die Eischneemasse rühren.

3. Die Masse in einen Spritzbeutel ohne Tülle füllen und walnussgroße Tuffs auf Backbleche (gefettet, mit Backpapier belegt) spritzen. Die Tuffs mit Pinienkernen bestreuen (je Tuff etwa 8 Pinienkerne). Die Backbleche nacheinander (bei Heißluft zusammen) in den vorgeheizten Backofen schieben.
Ober-/Unterhitze: etwa 160 °C
Heißluft: etwa 140 °C
Backzeit: 25–30 Minuten.

4. Die Makronen mit dem Backpapier von den Backblechen auf einen Kuchenrost ziehen und erkalten lassen. Die Makronen vom Backpapier lösen und in einer gut schließenden Dose aufbewahren.

Pinzimonio Rohkost-Dressing | **Schnell**

8 Portionen (etwa 325 ml)

Insgesamt:
E: 0 g, F: 299 g, Kh: 2 g, kJ: 11132, kcal: 2659

	Saft von
1	*Zitrone*
300 ml	*kalt gepresstes Olivenöl*
	Salz
	frisch gemahlener Pfeffer

Zubereitungszeit: 10 Minuten

1. Zitrone halbieren und den Saft auspressen. Zitronensaft mit etwas Olivenöl, Salz und Pfeffer in einen hohen Rührbecher geben und mit einem Mixstab so lange schlagen, bis das Salz aufgelöst ist.

2. Restliches Olivenöl mit der Zitronen-Öl-Mischung verschlagen (nicht zu lange schlagen, das Olivenöl wird sonst trübe).

3. Die Sauce in vorbereitete Flaschen füllen und verschließen. (Die Sauce vor jedem Gebrauch schütteln.)

Tipps: Pinzimonio eignet sich gut zum Dippen von Rohkoststicks (Möhren, Kohlrabi, Staudensellerie), Chicoréeblättern oder frischen Artischockenblättern. Man kann auch gebratenen oder gegrillten Fisch, Fleischspieße oder Maiskolben mit dem Pinzimonio beträufeln. Er hält sich 3–4 Monate.

Pizza alla napoletana

Pizza auf neapoletanische Art | **Für Kinder**

4 Portionen

Pro Portion:
E: 23 g, F: 34 g, Kh: 55 g, kJ: 2634, kcal: 628

Für den Quark-Öl-Teig:

200 g Weizenmehl
3 gestr. TL Dr. Oetker Backin
100 g Magerquark
4 EL Milch
4 EL Speiseöl
1 gestr. TL Salz

Für den Belag:

4 EL Speiseöl
8 EL Tomatenketchup
1 Dose geschälte Tomaten (Einwaage 800 g)
1 Glas Champignons (Abtropfgewicht 425 g)
2 Zwiebeln
1 gestr. TL Salz, frisch gemahlener Pfeffer
1 TL gerebelter Oregano
12 Scheiben Salami
100 g geraspelter Edamer-Käse

Zubereitungszeit: 40 Minuten
Backzeit: etwa 25 Minuten

1. Für den Teig Mehl mit dem Backpulver mischen und in eine Rührschüssel sieben. Quark, Milch, Speiseöl und Salz hinzufügen. Die Zutaten mit Handrührgerät mit Knethaken zunächst kurz auf niedrigster, dann auf höchster Stufe zu einem glatten Teig verarbeiten (nicht zu lange, Teig klebt sonst).

2. Den Teig auf einer bemehlten Arbeitsfläche zu einer Rolle formen und auf einem Backblech (30 x 40 cm, gefettet) ausrollen.

3. Für den Belag den Teig mit Speiseöl und Ketchup bestreichen. Tomaten abgießen und in Würfel schneiden. Die Champignons in einem Sieb gut abtropfen lassen und in Scheiben schneiden. Zwiebeln abziehen und ebenfalls in Scheiben schneiden.

4. Tomatenwürfel, Champignon- und Zwiebelscheiben gleichmäßig auf dem Teig verteilen. Mit Salz, Pfeffer und Oregano würzen. Mit Salamischeiben belegen und mit Käse bestreuen.

5. Das Backblech in den vorgeheizten Backofen schieben.
Ober-/Unterhitze: etwa 200 °C
Heißluft: etwa 180 °C
Backzeit: etwa 25 Minuten.

Pizza auf Bauernart Pizza contadina

Raffiniert

6 Portionen

Pro Portion:
E: 33 g, F: 52 g, Kh: 33 g, kJ: 3078, kcal: 736

Für den Teig:

250 g Weizenmehl
150 g Schweineschmalz
2 TL Zucker
1 Ei (Größe M)
50 ml warmes Wasser
Salz

Für den Belag:

250 g Ricotta (italienischer Frischkäse)
2 Eier (Größe M)
2 EL gehackte Petersilie
100 g frisch geriebener Parmesan-Käse
125 g Mozzarella-Käse
100 g Provolone-Käse (Käse mit sahnigem Geschmack)
200 g gekochter Schinken
frisch gemahlener Pfeffer

Zum Bestreichen:

1 Eigelb
1 EL Wasser

Zubereitungszeit: 90 Minuten, ohne Ruhe- und Abkühlzeit
Backzeit: etwa 60 Minuten

1. Für den Teig Mehl in eine Rührschüssel sieben. Schmalz, Zucker, Ei, Wasser und Salz hinzufügen. Die Zutaten mit Handrührgerät mit Knethaken zunächst kurz auf niedrigster, dann auf höchster Stufe zu einem Teig verarbeiten. Der Teig soll fest, aber geschmeidig sein. Den Teig zu einer Kugel formen und etwa 30 Minuten ruhen lassen.

2. Für den Belag Ricotta in eine Schüssel geben, zerdrücken und Eier unterrühren. Petersilie und Parmesan-Käse ebenfalls unterrühren.

3. Mozzarella abtropfen lassen, mit Provolone und Schinken in kleine Würfel schneiden, zur Ricotta-Masse geben und untermischen. Mit Salz und Pfeffer würzen.

4. Teig dritteln. Ein Teigdrittel auf dem Boden einer Springform (Ø 22–24 cm, gefettet) ausrollen, den Springformrand darumlegen. Die Form auf dem Rost in den vorgeheizten Backofen schieben und den Boden vorbacken.
Ober-/Unterhitze: etwa 200 °C
Heißluft: etwa 180 °C
Backzeit: etwa 10 Minuten.
Aus einem Teigdrittel eine Rolle formen und an den leicht abgekühlten Formrand legen.

5. Die vorbereiteten Belagzutaten auf den vorgebackenen Teigboden geben.

6. Restlichen Teig auf der bemehlten Arbeitsfläche zu einer runden Platte (etwa Ø 24 cm) ausrollen und auf den Belag legen. Teigdeckel und Teigrand gut zusammendrücken und den Deckel mehrfach einstechen.

7. Zum Bestreichen Eigelb mit Wasser verschlagen. Die Teigdecke damit bestreichen. Die Form auf dem Rost in den heißen Backofen schieben.
Ober-/Unterhitze: etwa 200 °C
Heißluft: etwa 180 °C
Backzeit: etwa 50 Minuten.

8. Die Pizza aus der Form lösen und auf einen Kuchenrost legen. Warm oder kalt servieren.

Pizza Margherita Pizza Margherita

Klassisch

4 Portionen

Pro Portion:
E: 25 g, F: 35 g, Kh: 58 g, kJ: 2713, kcal: 648

Für den Hefeteig:

300 g Weizenmehl
1 Pck. Dr. Oetker Trockenbackhefe
1/2 TL Zucker
1 gestr. TL Salz
3 EL Speiseöl
125 ml (1/8 l) lauwarmes Wasser

Für den Belag:

400 g Tomaten
250 g Mozzarella-Käse
Salz
frisch gemahlener Pfeffer
12 Basilikumblättchen
50 g frisch geriebener Parmesan-Käse
3 EL Olivenöl

Zubereitungszeit: 60 Minuten, ohne Teiggehzeit
Backzeit: 25–30 Minuten

1. Für den Teig Mehl in eine Rührschüssel sieben, mit Trockenbackhefe sorgfältig vermischen. Zucker, Salz, Speiseöl und Wasser hinzufügen. Die Zutaten mit Handrührgerät mit Knethaken zunächst kurz auf niedrigster, dann auf höchster Stufe in etwa 5 Minuten zu einem glatten Teig verarbeiten. Den Teig zugedeckt so lange an einem warmen Ort gehen lassen, bis er sich sichtbar vergrößert hat.

2. Den gegangenen Teig leicht mit Mehl bestäuben, aus der Schüssel nehmen, auf einer bemehlten Arbeitsfläche nochmals kurz durchkneten und auf einem Backblech (30 x 40 cm, gefettet) ausrollen.

3. Für den Belag Tomaten waschen, kreuzweise einschneiden und einige Sekunden in kochendes Wasser legen. Tomaten kurz in kaltes Wasser legen, enthäuten, halbieren, entkernen und die Stängelansätze herausschneiden. Tomatenhälften in Scheiben schneiden. Mozzarella abtropfen lassen und in Scheiben schneiden.

4. Tomaten- und Mozzarellascheiben auf dem Teig verteilen. Mit Salz und Pfeffer bestreuen. Basilikum abspülen und trocken tupfen. Die Blättchen von den Stängeln zupfen. Blättchen klein schneiden und auf die Pizza legen. Mit Parmesan bestreuen und mit Olivenöl beträufeln.

5. Das Backblech in den vorgeheizten Backofen schieben.
Ober-/Unterhitze: etwa 200 °C
Heißluft: etwa 180 °C
Backzeit: 25–30 Minuten.

Beilage: Grüner Salat.

Pizza „Vier Jahreszeiten“

Pizza quattro stagioni **Klassisch – für Gäste**

4 Portionen

Pro Portion:
E: 32 g, F: 34 g, Kh: 56 g, kJ: 2772, kcal: 662

Für den Hefeteig:
- *250 g Weizenmehl*
- *1/2 Pck. frische Hefe (21 g)*
- *125 ml (1/8 l) lauwarmes Wasser*
- *1/2 TL Zucker*
- *2 EL Olivenöl*
- *1/2 gestr. TL Salz*

Für die Sauce:
- *1 Zwiebel*
- *1 Knoblauchzehe*
- *2 EL Olivenöl*
- *1 EL Tomatenmark*
- *1 Dose pürierte Tomaten (Einwaage 400 g)*
- *gerebelter Rosmarin*
- *gerebelter Oregano*
- *Salz*
- *frisch gemahlener Pfeffer*

Für den Belag:
- *1 Dose Artischockenherzen (Abtropfgewicht 180 g)*
- *1 Tomate*
- *1 Dose Champignons (Abtropfgewicht 175 g)*
- *1 kleine, rote Paprikaschote*
- *1 kleine, grüne Paprikaschote*
- *50 g gewürfelter Kochschinken*
- *gerebelter Oregano*
- *100 g frisch geriebener Edamer-Käse*
- *125 g abgetropfte Mozzarellastücke*

Zubereitungszeit: 70 Minuten, ohne Teiggeh- und Abkühlzeit
Backzeit: etwa 25 Minuten

1. Für den Teig Mehl in eine Rührschüssel sieben. In die Mitte eine Vertiefung drücken. Hefe hineinbröckeln, etwas Wasser und Zucker hinzufügen. Mit einer Gabel vorsichtig verrühren und etwa 10 Minuten gehen lassen.

2. Olivenöl, restliches Wasser und Salz hinzufügen. Die Zutaten mit Handrührgerät mit Knethaken zunächst kurz auf niedrigster, dann auf höchster Stufe in etwa 5 Minuten zu einem Teig verarbeiten. Den Teig zugedeckt so lange an einem warmen Ort gehen lassen, bis er sich sichtbar vergrößert hat.

3. Den gegangenen Teig leicht mit Mehl bestäuben, aus der Schüssel nehmen, auf einer bemehlten Arbeitsfläche nochmals kurz durchkneten und zu einer runden Platte ausrollen. Teigplatte auf ein Backblech (gefettet) legen.

4. Für die Sauce Zwiebel und Knoblauch abziehen, in kleine Würfel schneiden. Olivenöl in einer Pfanne erhitzen, Zwiebel- und Knoblauchwürfel darin andünsten.

5. Tomatenmark und pürierte Tomaten hinzufügen. Mit Rosmarin, Oregano, Salz und Pfeffer würzen. Die Zutaten zum Kochen bringen und zu einer Sauce einkochen lassen, abkühlen lassen. Die Sauce auf der Teigplatte verteilen.

6. Für den Belag Artischockenherzen in einem Sieb abtropfen lassen. Tomate waschen, abtrocknen und den Stängelansatz entfernen. Tomate in Scheiben schneiden. Champignons abtropfen lassen und in Scheiben schneiden.

7. Paprika halbieren, entkernen und die weißen Scheidewände entfernen. Schoten waschen, trocken tupfen und in feine Streifen schneiden.

8. Ein Viertel der Pizza mit Artischocken, ein Viertel mit Champignonscheiben, ein Viertel mit Paprikastreifen und ein Viertel mit Schinkenwürfeln belegen.

9. Die Pizza mit Oregano, Salz und Pfeffer bestreuen. Die Käsesorten beliebig darauf verteilen. Das Backblech in den vorgeheizten Backofen schieben.
Ober-/Unterhitze: 200–220 °C
Heißluft: 180–200 °C
Backzeit: etwa 25 Minuten.

Pizzabrot Focaccia

Für Gäste

12 Stück

Insgesamt:
E: 54 g, F: 60 g, Kh: 362 g, kJ: 9320, kcal: 2228

Für den Hefeteig:

500 g	*Weizenmehl*
½ Pck.	*frische Hefe (21 g)*
250 ml (¼ l)	*lauwarmes Wasser*
1 gestr. TL	*Salz*
30 g	*Butter oder Margarine*

Zum Bestreichen:

3 EL	*Olivenöl*

Zum Bestreuen:

gerebelter Oregano
gerebelter Thymian

Zubereitungszeit: 40 Minuten, ohne Teiggehzeit
Backzeit: etwa 12 Minuten je Backblech

1. Für den Teig Mehl in eine Rührschüssel sieben. In die Mitte eine Vertiefung drücken. Hefe hineinbröckeln und etwas Wasser hinzufügen. Mit einer Gabel vorsichtig verrühren und anschließend etwa 10 Minuten gehen lassen.

2. Salz, Butter oder Margarine und restliches Wasser hinzufügen. Die Zutaten mit Handrührgerät mit Knethaken zunächst kurz auf niedrigster, dann auf höchster Stufe in etwa 5 Minuten zu einem Teig verarbeiten. Den Teig zugedeckt so lange an einem warmen Ort gehen lassen, bis er sich sichtbar vergrößert hat.

3. Den gegangenen Teig leicht mit Mehl bestäuben, aus der Schüssel nehmen und auf einer bemehlten Arbeitsfläche nochmals kurz durchkneten. Den Teig in 12 Portionen teilen. Die Teigportionen jeweils zu ovalen Fladen ausrollen.

4. Die Fladen auf Backbleche (gefettet, mit Backpapier belegt) legen. Mit einem Löffelstiel Vertiefungen in die Fladen drücken, mit Olivenöl bestreichen und dann mit den getrockneten Kräutern bestreuen.

5. Die Backbleche nacheinander (bei Heißluft zusammen) in den vorgeheizten Backofen schieben. Die Fladen goldbraun backen.
Ober-/Unterhitze: etwa 220 °C
Heißluft: etwa 200 °C
Backzeit: etwa 12 Minuten je Backblech.

6. Die Pizzabrote mit dem Backpapier von den Backblechen auf Kuchenroste ziehen. Pizzabrote erkalten lassen.

Tipp: Die Pizzabrote auf Vorrat backen und einzeln einfrieren. Gut angetaut bei Ober-/Unterhitze: etwa 200 °C, Heißluft: etwa 180 °C etwa 8 Minuten aufbacken. So schmecken sie wie frisch. Die Pizzabrote mit gefüllten Oliven, Weinbergblättern und Tomaten servieren.

Pizzafladen mit Rosmarin und Oliven

Focaccia alle olive e rosmarino **Raffiniert**

8–10 Portionen (4 Stück)

Pro Portion:
E: 7 g, F: 17 g, Kh: 42 g, kJ: 1466, kcal: 350

Für den Hefeteig:

500 g Weizenmehl
2 Pck. Dr. Oetker Trockenbackhefe
1 ½ gestr. TL Salz
250 ml (¼ l) lauwarmes Wasser
2 EL Olivenöl
100 g trocken eingelegte, schwarze Oliven
2 EL frisch gehackter oder gerebelter Rosmarin

Zum Bestreichen und Bestreuen:

8 EL Olivenöl
2–3 TL grobes Meersalz

Zubereitungszeit: 40 Minuten, ohne Teiggehzeit
Backzeit: etwa 15 Minuten je Backblech

1. Für den Teig Mehl in eine Rührschüssel sieben und mit Trockenbackhefe sorgfältig vermischen. Salz, Wasser und Olivenöl hinzufügen.

2. Die Zutaten mit Handrührgerät mit Knethaken zunächst kurz auf niedrigster, dann auf höchster Stufe in etwa 5 Minuten zu einem glatten Teig verarbeiten. Den Teig zugedeckt so lange an einem warmen Ort gehen lassen, bis er sich sichtbar vergrößert hat.

3. In der Zwischenzeit Oliven entsteinen und in Würfel schneiden.

4. Den gegangenen Teig leicht mit Mehl bestäuben, aus der Schüssel nehmen und auf einer leicht bemehlten Arbeitsfläche nochmals kurz durchkneten. Den Teig halbieren. Unter eine Teighälfte Olivenwürfel und unter die andere Teighälfte Rosmarin kneten.

5. Beide Teigportionen nochmals halbieren und jeweils auf der bemehlter Arbeitsfläche rund ausrollen (Ø etwa 20 cm). Jeweils 2 Fladen auf ein Backblech (30 x 40 cm, gefettet) legen und mit dem Daumen mehrere Vertiefungen in den Teig drücken.

6. Olivenöl auf den Fladen verteilen, so dass es sich in den Vertiefungen sammelt. Die Rosmarinfladen mit Meersalz bestreuen. Die Backbleche nacheinander (bei Heißluft zusammen) in den vorgeheizten Backofen schieben.
Ober-/Unterhitze: etwa 220 °C
Heißluft: etwa 200 °C
Backzeit: etwa 15 Minuten je Backblech.

7. Die Fladen von den Backblechen lösen und auf einem Kuchenrost abkühlen lassen.

Tipps: Sie können die Pizzafladen auch hell vorbacken, erkalten lassen und einfrieren. Die aufgetauten Fladen dann im vorgeheizten Backofen etwa 5 Minuten bei Ober-/Unterhitze: etwa 180 °C, Heißluft: etwa 160 °C aufbacken. Die Pizzafladen als Vorspeise mit Kräuterfrischkäse reichen.

Pizza-Variationen

Pizza per tutti i gusti | **Für Gäste**

2 Stück

Für den Hefeteig:

300 g Weizenmehl
1 Pck. Dr. Oetker Trockenbackhefe
1 gestr. TL Salz
4 EL Speiseöl
150 ml lauwarmes Wasser

Für die Sauce:

1 Dose geschälte Tomaten (Einwaage 800 g)
1 abgezogene, durchgepresste Knoblauchzehe
1 gestr. TL Salz
frisch gemahlener Pfeffer
Oregano, Basilikum, Rosmarin

Insgesamt: „Fisch Klassisch"

E: 106 g, F: 111 g, Kh: 131 g, kJ: 8224, kcal: 1963

Für die Variation „Fisch Klassisch":

2 Tomaten
150 g Tunfisch in Öl (aus der Dose)
½ Gemüsezwiebel, in Scheiben
30 g gefüllte, grüne Oliven
200 g geraspelter Gouda-Käse

Insgesamt: „pur"

E: 92 g, F: 125 g, Kh: 134 g, kJ: 8660, kcal: 2067

Für die Variation „pur":

500 g Brokkoli, in Röschen geteilt, gedünstet
2 Tomaten
250 g Bel Paese (italienischer Weichkäse), in kleinen Stücken
70 g schwarze Oliven

Insgesamt: „klassisch"

E: 99 g, F: 105 g, Kh: 130 g, kJ: 7828, kcal: 1867

Für die Variation „klassisch":

2 Tomaten
75 g italienische Salamischeiben
180 g Artischockenherzen (aus der Dose), geviertelt
230 g Champignonscheiben (aus dem Glas)
200 g geriebener Gouda-Käse

Insgesamt: „Gemüse edel"

E: 73 g, F: 64 g, Kh: 133 g, kJ: 5932, kcal: 1415

Für die Variation „Gemüse edel":

100 g geriebener Gouda–Käse
2 Tomaten
300 g grüner Spargel, gedünstet
50 g Parmaschinken
1 Zucchini, in Scheiben, gedünstet
50 g Austernpilze, in Stücken, kurz in Butter angebraten
20 g geriebener Gouda-Käse

Insgesamt: „fruchtig"

E: 105 g, F: 63 g, Kh: 188 g, kJ: 7424, kcal: 1774

Für die Variation „fruchtig":

50 g geriebener Gouda-Käse
2 Tomaten
70 g Erbsen
1 Dose Pfirsichspalten (Abtropfgewicht 235 g)
13 Kaiser-Kirschen (aus dem Glas)
250 g geräucherte Putenbrust, in Streifen geschnitten
50 g geriebener Gouda-Käse

Insgesamt: „edel"

E: 107 g, F: 87 g, Kh: 129 g, kJ: 7325, kcal: 1747

Für die Variation „edel":

50 g geriebener Gouda-Käse
50 g geriebener Parmesan-Käse (beide Käse mischen, die Hälfte davon auf die Sauce geben)
2 Tomaten
150 g Krabben
200 g Spinat, in Butter gedünstet
Rührei (aus 3 Eiern und 2 EL Milch)
restliche Käsemischung (s. o.)

Zubereitungszeit: 90 Minuten,
ohne Teiggeh- und Abkühlzeit
Backzeit: 20–30 Minuten je Backblech

1. Für den Teig Mehl in eine Rührschüssel sieben, mit Trockenbackhefe sorgfältig vermischen. Restliche Zutaten hinzufügen und mit Handrührgerät mit Knethaken auf höchster Stufe in etwa 5 Minuten zu einem glatten Teig verarbeiten. Den Teig zugedeckt so lange an einem warmen Ort gehen lassen, bis er sich sichtbar vergrößert hat (etwa 20 Minuten).

2. Den gegangenen Teig leicht mit Mehl bestäuben, aus der Schüssel nehmen und auf einer bemehlten Arbeitsfläche nochmals kurz durchkneten. 2 runde Platten (Ø etwa 30 cm) ausrollen und auf Backbleche (mit Backpapier belegt) legen. Oder nach belieben den ganzen Teig auf einem Backblech (30 x 40 cm, gefettet) ausrollen.

3. Für die Sauce die angegebenen Zutaten mit den Gewürzen in einem Topf unter Rühren zum Kochen bringen und bei schwacher Hitze unter gelegentlichem Rühren zu einer dicklichen Masse einkochen, abkühlen lassen.

4. Den Teig damit bestreichen und mit je einer der 6 Variationen belegen. Nochmals so lange an einem warmen Ort gehen lassen, bis der Teig sich sichtbar vergrößert hat.

5. Die Backbleche nacheinander (bei Heißluft zusammen) in den vorgeheizten Backofen schieben.
Ober-/Unterhitze: 200–220 °C
Heißluft: 180–200 °C
Backzeit: 20–30 Minuten je Backblech.

Tipp: Die Mengenangaben einer Variation reichen für eine runde Pizza.

Polenta, gebraten Polenta fritta I

Für Kinder

4 Portionen

Pro Portion:
E: 9 g, F: 25 g, Kh: 37 g, kJ: 1710, kcal: 409

750 ml (3/4 l) Gemüsebrühe
250 g Maisgrieß
Salz
75 g Butter
50 g frisch geriebener Parmesan-Käse

vorbereitete Salatblätter
1 vorbereiteter Thymianzweig

Zubereitungszeit: 60 Minuten, ohne Abkühlzeit

1. Brühe in einem Topf zum Kochen bringen. Grieß unter Rühren in die kochende Brühe einrieseln lassen, bei schwacher Hitze 10–15 Minuten garen, mit Salz abschmecken.

2. Die Masse in einer flachen Form (mit Speiseöl gefettet) verteilen (etwa 1 cm dick). Masse erkalten lassen.

3. Aus der Polenta-Masse Halbmonde schneiden. Butter in einer Pfanne zerlassen.

4. Polenta-Halbmonde darin von beiden Seiten goldbraun braten.

5. Polenta mit Parmesan-Käse bestreut auf einem Teller anrichten. Mit Salatblättern, dem Bratfett und einem Thymianzweig garniert servieren.

Polenta, gegrillt mit Lardo

Polenta fritta con lardo | **Klassisch**

6 Portionen

Pro Portion:
E: 4 g, F: 25 g, Kh: 28 g, kJ: 1482, kcal: 354

750 ml (3/4 l)	***Fleischbrühe***
225 g	***Maisgrieß***
750 ml (3/4 l)	***Wasser***
1 gestr. TL	***Salz***
1 Stängel	***Rosmarin***
6 EL	***Olivenöl***
100 g	***Lardo (gewürzter fetter Speck, hauchdünn geschnitten)***
	frisch gemahlener, schwarzer Pfeffer

Zubereitungszeit: 45 Minuten, ohne Kühlzeit

1. Brühe in einem Topf zum Kochen bringen. Maisgrieß mit Wasser verrühren, in die kochende Brühe geben und unterrühren. Mit Salz würzen. Mit einem Schneebesen so lange rühren, bis die Masse anfängt dicklich zu werden.

2. Die Grießmasse bei schwacher Hitze unter ständigem Rühren 2–3 Minuten kochen lassen, bis sie sehr dick ist.

3. Masse in eine Kastenform (30 x 11 cm, mit Olivenöl gefettet oder mit Frischhaltefolie ausgelegt) geben, glatt streichen und kalt stellen.

4. Rosmarin abspülen und trocken tupfen. Die Nadeln von dem Stängel zupfen, Nadeln klein schneiden.

5. Wenn die Polenta fest geworden ist, sie aus der Form stürzen und in etwa 1 cm breite Scheiben schneiden. Olivenöl in einer Pfanne erhitzen. Polentascheiben darin von beiden Seiten kross braten, herausnehmen und auf einer Platte anrichten. Speckscheiben darauf verteilen. Mit Pfeffer und Rosmarin bestreuen.

Polenta mit Gorgonzola, überbacken

Polenta e gorgonzola al forno **| Raffiniert**

4 Portionen

Pro Portion:
E: 21 g, F: 67 g, Kh: 59 g, kJ: 3879, kcal: 929

1 1/4 l Wasser
Salz
270 g Maisgrieß
30 g Butter

Für die Füllung:
120 g Gorgonzola (Blauschimmelkäse)
100 g frisch geriebener Parmesan-Käse
50 g Butter

Zubereitungszeit: 80 Minuten, ohne Abkühlzeit
Backzeit: etwa 20 Minuten

1. Wasser mit Salz in einem Topf zum Kochen bringen. Maisgrieß unter Rühren langsam einrieseln lassen. Wieder zum Kochen bringen und zugedeckt bei schwacher Hitze nach Packungsanleitung ausquellen lassen. Dabei ab und zu umrühren.

2. Die Butter unter kräftigem Rühren unterarbeiten. Die Maismasse in ein hohes, mit Wasser ausgespültes Gefäß geben. Die Oberfläche mit einem Spatel glatt streichen. Maismasse erkalten lassen.

3. Die Polenta auf ein Holzbrett oder eine Platte stürzen und in gut 1/2 cm dicke Scheiben schneiden.

4. Für die Füllung Gorgonzola ebenfalls in Scheiben schneiden. Den Boden einer Auflaufform (mit Butter gefettet) mit einigen Polentascheiben belegen. Darauf einige Gorgonzolascheiben legen, mit Parmesan-Käse bestreuen und einige Butterflöckchen daraufsetzen.

5. Abwechselnd lagenweise die restlichen Polenta-, Gorgonzolascheiben, Parmesan-Käse und Butterflöckchen einschichten. Die oberste Schicht sollte aus Polentascheiben und Butterflöckchen bestehen.

6. Die Form auf dem Rost in den vorgeheizten Backofen schieben.
Ober-/Unterhitze: etwa 180 °C
Heißluft: etwa 160 °C
Backzeit: etwa 20 Minuten.

Tipp: Lecker schmeckt es auch, wenn Sie die überbackene Polenta in etwa 4 x 4 cm große Würfel schneiden und in Mehl wenden. Danach 150 ml Erdnussöl in einem Topf auf etwa 180 °C erhitzen und die Polentawürfel darin von allen Seiten goldgelb und knusprig ausbacken. Mit einem Schaumlöffel herausnehmen, auf Küchenpapier abtropfen lassen und servieren.

Polenta-Gratin

Polenta gratinata con funghi | **Für Gäste**

4 Portionen

Pro Portion:

E: 25 g, F: 40 g, Kh: 50 g, kJ: 2778, kcal: 664

1 l Gemüsebrühe
1 gestr. TL Salz
250 g Maisgrieß
50 g Butter
60 g frisch geriebener Parmesan-Käse
1 Zwiebel
400 g Champignons
2 EL Olivenöl
Salz
frisch gemahlener Pfeffer
3 EL gehacktes Basilikum
3 EL Schlagsahne
5 Tomaten
100 g Rucola (Rauke)
100 g Pecorino-Käse
1 EL Olivenöl

evtl. vorbereitete Basilikumblättchen

Zubereitungszeit: 40 Minuten
Garzeit: etwa 15 Minuten

1. Brühe in einem großen Topf zum Kochen bringen. Salz hinzufügen. Maisgrieß unter Rühren einrieseln und nach Packungsanleitung garen.

2. Butter und Parmesan-Käse unter den noch heißen Maisbrei rühren. Die Hälfte des Maisbreis in einer flachen Auflaufform (gefettet) verteilen. Restlichen Maisbrei auf ein Stück Alufolie (gefettet) streichen.

3. Zwiebel abziehen und in kleine Würfel schneiden. Champignons putzen, mit Küchenpapier abreiben, evtl. abspülen, trocken tupfen, in Scheiben schneiden.

4. Olivenöl in einer Pfanne erhitzen. Zwiebelwürfel darin andünsten. Champignonscheiben hinzufügen und mit andünsten. Mit Salz und Pfeffer würzen, Basilikum und Sahne unterrühren.

5. Tomaten waschen, kreuzweise einschneiden und einige Sekunden in kochendes Wasser legen. Tomaten kurz in kaltes Wasser legen, enthäuten, halbieren, entkernen und die Stängelansätze herausschneiden. Tomaten in kleine Würfel schneiden. Rucola putzen, waschen und abtropfen lassen.

6. Tomatenwürfel mit Rucola und Champignonsscheiben mischen, leicht mit Salz und Pfeffer würzen. Die Tomaten-Champignon-Mischung in die Auflaufform auf den Maisbrei geben.

7. Pecorino reiben und etwa ein Drittel davon auf die Gemüsemischung streuen. Den Maisbrei von der Alufolie in Streifen schneiden und auf die Gemüsemischung legen. Mit restlichem Pecorino bestreuen, mit Öl beträufeln.

8. Die Form auf dem Rost in den vorgeheizten Backofen schieben.
Ober-/Unterhitze: etwa 200 °C
Heißluft: etwa 180 °C
Garzeit: etwa 15 Minuten.

9. Polenta-Gratin in der Form servieren. Evtl. mit Basilikumblättchen garnieren.

Putenröllchen, mit Tomate und Mozzarella gefüllt

Involtini di tacchino al pomodoro

Für Gäste – mit Alkohol

4 Portionen

Pro Portion:
E: 43 g, F: 42 g, Kh: 19 g, kJ: 2697, kcal: 644

Für die Gemüserosetten:

4 mittelgroße Kartoffeln
4 kleine Flaschentomaten
1 Zucchini (etwa 250 g)
4 EL Olivenöl
Salz
frisch gemahlener Pfeffer
40 g frisch geriebener Parmesan-Käse
einige frische Thymianblättchen

500 g Putenbrust

Für die Füllung:

125 g Mozzarella-Käse
100 g Tomatenwürfel von enthäuteten, entkernten Tomaten
8 fein geschnittene Basilikumblätter

1 kleiner Rosmarinzweig
4 EL Olivenöl

Für die Sauce:

100 ml Weißwein
125 ml (1/8 l) Geflügelbrühe
50 g kalte Butter

Außerdem:

Holzstäbchen

Zubereitungszeit: 65 Minuten
Garzeit: etwa 20 Minuten

1. Für die Rosetten Kartoffeln schälen, waschen, abspülen, abtropfen lassen und in dünne Scheiben schneiden. Tomaten waschen, trocken tupfen, halbieren und die Stängelansätze herausschneiden. Tomatenhälften in dünne Scheiben schneiden. Zucchini waschen, abtrocknen und die Enden abschneiden. Zucchini ebenfalls in dünne Scheiben schneiden.

2. Olivenöl in einer Pfanne erhitzen. Kartoffel- und Zucchinischeiben darin von beiden Seiten anbraten, herausnehmen, auf Küchenpapier abtropfen lassen.

3. Abwechselnd Tomaten,- Zucchini- und Kartoffelscheiben auf einem Backblech (gefettet) zu 4 Kreisen legen. Mit Salz und Pfeffer würzen, mit frisch geriebenem Parmesan-Käse und etwas Thymian bestreuen. Das Backblech in den vorgeheizten Backofen schieben.
Ober-/Unterhitze: etwa 200 °C
Heißluft: etwa 180 °C
Garzeit: etwa 10 Minuten.

4. Putenbrust unter fließendem kalten Wasser abspülen, trocken tupfen und in 8 dünne Scheiben schneiden. Mit der flachen Seite eines breiten Messers leicht flach drücken, mit Salz und Pfeffer würzen.

5. Für die Füllung Mozzarella abtropfen lassen und in Würfel schneiden, mit Tomatenwürfeln und Basilikum mischen. Mit Salz und Pfeffer würzen. Die Füllung auf den Fleischscheiben verteilen, jeweils aufrollen und mit Holzstäbchen zusammenstecken. Die Putenröllchen mit Salz und Pfeffer bestreuen.

6. Rosmarin abspülen und trocken tupfen. Olivenöl in einer hitzebeständigen Pfanne erhitzen. Die Putenröllchen und den Rosmarinzweig hinzufügen. Die Putenröllchen von allen Seiten anbraten.

7. Die Pfanne auf dem Rost in den vorgeheizten Backofen schieben. Die Putenröllchen **bei gleicher Backofeneinstellung in etwa 10 Minuten fertig garen.** Die Putenröllchen herausnehmen und warm stellen. Rosmarinzweig entfernen.

8. Für die Sauce den Bratensatz mit Wein ablöschen, Brühe hinzugießen. Die kalte Butter in Stückchen unterschlagen. Die Sauce evtl. mit Salz und Pfeffer abschmecken.

9. Die Gemüserosetten auf Tellern verteilen. Die Putenröllchen jeweils in die Mitte der Gemüserosetten legen und mit Sauce übergießen.

Radicchio, im Ofen gegart

Radicchio al forno | **Schnell – vegetarisch**

4 Portionen

Pro Portion:
E: 1 g, F: 10 g, Kh: 2 g, kJ: 429, kcal: 102

400 g länglicher oder runder Radicchio
200 g Chicorée
Salz
frisch gemahlener, grober, bunter Pfeffer

Zubereitungszeit: 25 Minuten
Garzeit: 15–20 Minuten

1. Radicchio und Chicorée putzen, unter fließendem kalten Wasser abspülen und gut abtropfen lassen. Von dem Chicorée die bitteren Strünke keilförmig herausschneiden.

2. Dann Radicchio und Chicorée in eine Auflaufform (gefettet) geben. Mit Salz und Pfeffer bestreuen. Die Form auf dem Rost in den vorgeheizten Backofen schieben.
Ober-/Unterhitze: etwa 200 °C
Heißluft: etwa 180 °C
Garzeit: 15–20 Minuten.

Tipps: 100 g Weißbrotwürfel in Knoblauchöl braten und auf den Radicchio streuen. Radicchio zu kurzgebratenem Fleisch servieren.

Radieschen mit Tunfisch

Ravanelli con tonno **| Gut vorzubereiten – einfach**

4–6 Portionen

Pro Portion:

E: 24 g, F: 26 g, Kh: 2 g, kJ: 1415, kcal: 338

2 Bund Radieschen
2 Dosen Tunfisch, naturell (Abtropfgewicht je 215 g)
Salz
frisch gemahlener Pfeffer
4 EL Olivenöl
2 Frühlingszwiebeln

Zubereitungszeit: 25 Minuten

1. Die Radieschen putzen und die Wurzelenden abschneiden. Dann Radieschen waschen, trocken tupfen, in feine Stifte schneiden und in eine Salatschüssel geben. Den Tunfisch abtropfen lassen, mit einer Gabel zerpflücken, zu den Radieschenstiften geben. Salat mit Salz und Pfeffer bestreuen, mit Öl beträufeln.

2. Frühlingszwiebeln putzen, waschen, abtropfen lassen und in Ringe schneiden. Frühlingszwiebelringe auf dem Salat verteilen.

Beilage: Ofenfrisches Baguette.

Ravioli mit Frischkäse-Spinat-Füllung

Ravioli ripieni di stracchino

Dauert länger – raffiniert

4 Portionen

Pro Portion:
E: 20 g, F: 35 g, Kh: 49 g, kJ: 2496, kcal: 597

Für den Nudelteig:

250 g Weizenmehl
1 Ei (Größe M)
2 Eigelb (Größe M)
2 EL Speiseöl
1/2 gestr. TL Salz
3–4 EL Wasser
etwas Weizenmehl

Für die Füllung:

500 g Blattspinat
40 g Butter
Salz
frisch gemahlener Pfeffer
frisch geriebene Muskatnuss
200 g Doppelrahm-Frischkäse
50 g geröstete Sesamsamen
Cayennepfeffer

Zubereitungszeit: 80 Minuten, ohne Ruhe- und Abkühlzeit
Garzeit: 6–8 Minuten

1. Für den Nudelteig Mehl in eine Rührschüssel sieben, in die Mitte eine Vertiefung drücken. Ei mit Eigelb, Speiseöl, Salz und Wasser verschlagen, in die Vertiefung geben und mit Handrührgerät mit Knethaken zu einem glatten Teig verkneten. Sollte er kleben, noch etwas Weizenmehl hinzugeben. Dann den Teig mit etwas Mehl bestäuben, in Frischhaltefolie wickeln und etwa 1 Stunde ruhen lassen.

2. Für die Füllung den Spinat verlesen, gründlich waschen und gut abtropfen lassen. Danach Butter in einem Topf zerlassen, Spinat hinzufügen. Mit Salz, Pfeffer und Muskat würzen. Spinat so lange dünsten, bis er zusammenfällt. Anschließend in einem Sieb abtropfen lassen.

3. Den Spinat mit Frischkäse und Sesam vermengen. Mit Salz und Cayennepfeffer abschmecken, abkühlen lassen.

4. Den Nudelteig zu Bahnen ausrollen (etwa 15 cm Breite) und in jeweils einer Handbreit Abstand 1 Esslöffel der Spinatfüllung geben. Eine Längskante des Teiges mit Wasser bestreichen, die andere Seite darüberschlagen. Nun die äußeren Ränder mit der Hand fest andrücken, mit einem gezackten Förmchen oder Teigrädchen Rechtecke ausschneiden und mit einer Gabel einmal einstechen. Die Ravioli in kochendes Salzwasser geben, leise kochend in 6–8 Minuten gar ziehen lassen.

Tipp: Dazu gelbe Paprikasauce servieren.

Ravioli-Gratin Ravioli gratinati

Schnell – einfach

4 Portionen

Pro Portion:
E: 28 g, F: 42 g, Kh: 74 g, kJ: 3315, kcal: 789

300 g Tomaten
1 Zucchini (etwa 300 g)
500 g Ravioli mit Käsefüllung (aus dem Kühlregal)
1 Bund Basilikum
2 Pck. Tomatenpüree mit Knoblauch (je 370 g)
250 g Schlagsahne
100 g frisch geriebener Greyerzer-Käse
Salz, frisch gemahlener Pfeffer

Zubereitungszeit: 25 Minuten
Backzeit: etwa 20 Minuten

1. Tomaten waschen, trocken tupfen, vierteln, entkernen und die Stängelansätze herausschneiden. Zucchini waschen, abtrocknen und die Enden abschneiden. Zucchini in dünne Scheiben schneiden.

2. Ravioli nach Packungsanleitung zubereiten. Ein Drittel der Ravioli in eine flache Auflaufform (gefettet) geben. Jeweils die Hälfte der Tomatenviertel und der Zucchinischeiben darauflegen.

3. Basilikum abspülen und trocken tupfen. Die Blättchen von den Stängeln zupfen. Blättchen in feine Streifen schneiden. Tomatenpüree mit den Basilikumstreifen mischen, auf den Tomatenvierteln und Zucchinischeiben verteilen. Wieder ein Drittel der Ravioli daraufgeben, dann die restlichen Tomatenviertel und Zucchinischeiben darauf verteilen. Mit den restlichen Ravioli belegen.

4. Sahne in einem Topf zum Kochen bringen. Die Hälfte des Käses hinzufügen und unter Rühren schmelzen lassen, mit Salz und Pfeffer würzen. Den Auflauf mit der Käse-Sahne-Sauce begießen. Restlichen Käse daraufstreuen. Die Form auf dem Rost in den vorgeheizten Backofen schieben.
Ober-/Unterhitze: etwa 200 °C
Heißluft: etwa 180 °C
Backzeit: etwa 20 Minuten.

Beilage: Gemischter Salat, Tomatensalat oder ein grüner Salat.

Ravioli-Salat Insalata di ravioli | **Für Gäste**

4 Portionen

Pro Portion:
E: 21 g, F: 43 g, Kh: 65 g, kJ: 3064, kcal: 730

500 g Ravioli mit Käsefüllung (aus dem Kühlregal)
Salz
8 Stangen Staudensellerie
250 g Cocktailtomaten
2 rote Zwiebeln
etwa 25 entsteinte, schwarze Oliven

Für die Sauce:
2 Knoblauchzehen
3 geh. TL Crema di Rucola oder Pesto (aus dem Glas)
5 EL Olivenöl
frisch gemahlener Pfeffer
etwas Zitronensaft

40 g frisch gehobelter Parmesan-Käse
evtl. vorbereitete Basilikumblättchen

Zubereitungszeit: 35 Minuten, ohne Durchziehzeit

1. Ravioli in kochendem Salzwasser nach Packungsanleitung garen. Ravioli in ein Sieb geben, mit kaltem Wasser übergießen und gut abtropfen lassen.

2. Sellerie putzen und die harten Außenfäden abziehen. Sellerie waschen, abtropfen lassen und in Scheiben schneiden. Tomaten waschen, abtrocknen, evtl. Stängelansätze herausschneiden. Tomaten je nach Größe halbieren, vierteln oder achteln. Zwiebeln abziehen, halbieren und in Streifen schneiden. Oliven evtl. halbieren.

3. Für die Sauce Knoblauch abziehen und durch eine Knoblauchpresse drücken. Knoblauch mit Crema di Rucola oder Pesto und Olivenöl verrühren. Mit Salz, Pfeffer und Zitronensaft würzen.

4. Ravioli, Selleriescheiben, Tomatenstücke, Zwiebelstreifen und Oliven in eine Schüssel geben, mit der Sauce übergießen und gut vermischen. Den Salat etwa 1 Stunde durchziehen lassen.

5. Den Salat vor dem Servieren mit Käse bestreuen und nach Belieben mit Basilikumblättchen garnieren.

Reis mit Erbsen Risi e bisi | **Einfach**

6 Portionen

Pro Portion:
E: 14 g, F: 15 g, Kh: 49 g, kJ: 1636, kcal: 391

1	*Zwiebel*
150 g	*gekochter Schinken*
80 g	*Butter*
	Salz
	frisch gemahlener Pfeffer
350 g	*italienischer Rundkornreis oder Langkornreis*
750 ml (3/4 l)	*Hühner- oder Rindfleischbrühe (oder Instant-Fleischbrühe)*
150 g	*junge Erbsen oder TK-Erbsen*
40 g	*frisch geriebener Parmesan-Käse*

Zubereitungszeit: 30 Minuten

1. Zwiebel abziehen und in kleine Würfel schneiden. Schinken in schmale Streifen schneiden.

2. Die Butter (etwa 2 Esslöffel beiseitestellen) in einer Pfanne zerlassen. Zwiebelwürfel und Schinkenstreifen darin leicht anbraten. Mit Salz und Pfeffer würzen.

3. Den Reis in kochendem Salzwasser nicht ganz gar kochen lassen. Dann Zwiebelwürfel und Schinkenstreifen hinzugeben. Brühe hinzugießen und Erbsen unterrühren. Anschließend den Reis mit den Zutaten zugedeckt bei schwacher Hitze nach Packungsanleitung fertig garen.

4. Beiseitegestellte Butter in Flöckchen unterheben. Den Reis mit Parmesan-Käse bestreut servieren.

Ricotta-Eis Gelato alla ricotta | **Für Gäste**

8–10 Portionen

Pro Portion:
E: 7 g, F: 22 g, Kh: 21 g, kJ: 1304, kcal: 312

3 Eier (Größe M)
100 g Zucker
1 Pck. Dr. Oetker Bourbon-Vanille-Zucker
250 g Ricotta (italienischer Frischkäse)
400 g Schlagsahne
20 g gesiebter Puderzucker

Für den Pinienkrokant:
50 g Zucker
30 g gehackte Pinienkerne

Nach Belieben:
1 Bio-Limette (unbehandelt, ungewachst)
etwas gesiebter Puderzucker

Zubereitungszeit: 30 Minuten, ohne Abkühl- und Gefrierzeit

1. Eier mit Zucker und Vanille-Zucker in einem Topf bei mittlerer Hitze unter ständigem Rühren mit einem Schneebesen zu einer dicklich-cremigen Masse aufschlagen. Die Masse darf dabei nicht kochen.

2. Den Topf sofort in eiskaltes Wasser stellen. Die Masse unter Rühren erkalten lassen. Ricotta unter die erkaltete Eiermasse rühren.

3. Sahne mit Puderzucker steif schlagen, unter die Ricotta-Creme rühren und in eine Eisbombenform (Inhalt etwa 1 l) oder in eine gefriergeeignete Schüssel füllen. Die Form oder Schüssel zudecken, die Creme etwa 5 Stunden tiefgefrieren.

4. Für den Krokant Zucker in einem kleinen Topf bei mittlerer Hitze karamellisieren lassen (dabei nicht umrühren). Pinienkerne hinzufügen und kurz anrösten lassen. Mit einem Teelöffel kleine Taler abstechen und auf Backpapier setzen. Krokant trocknen lassen.

5. Die Form oder Schüssel kurz in heißes Wasser tauchen und die Eisbombe auf einen Teller stürzen. Eisbombe in Portionsstücke schneiden und mit dem Pinienkrokant garnieren.

6. Die Limette heiß abwaschen, abtrocknen und die Schale mit einem Zestenreißer abziehen. Ricotta-Eis-Portionen zusätzlich mit Limettenschalenstreifen garnieren und mit etwas Puderzucker bestäubt servieren.

Tipps: Den Pinienkrokant maximal 2 Stunden vor dem Verzehr zubereiten, da er sonst weich wird. Oder den Krokant nach dem Trocknen in einer gut schließenden Dose aufbewahren.

Ricotta-Klößchen mit Spinat

Malfatti di ricotta con spinaci **Raffiniert**

6 Portionen

Pro Portion:
E: 13 g, F: 21 g, Kh: 4 g, kJ: 1080, kcal: 259

Für die Klößchen:

1 kg frischer Spinat
Salz
300 g Ricotta (italienischer Frischkäse)
1 Ei (Größe M)
50 g frisch geriebener Parmesan-Käse
frisch geriebene Muskatnuss

250 g Béchamelsauce (aus dem Tetra Pak®)
1 Dose Pizza-Tomaten (Einwaage 400 g)

Zubereitungszeit: 35 Minuten
Gratinierzeit: 5–10 Minuten

1. Spinat putzen, gründlich waschen und in kochendem Salzwasser kurz blanchieren, bis er zusammengefallen ist. Spinat gut abtropfen lassen, ausdrücken und anschließend in eine Schüssel geben.

2. Ricotta, Ei und 30 g von dem Parmesan-Käse hinzufügen und zu einem Teig verarbeiten. Mit Salz und Muskat würzen.

3. Aus der Masse mit angefeuchteten Händen etwa 24 Tischtennisball-große Klößchen formen und in eine große, flache Auflaufform (gefettet) geben. Béchamelsauce darauf verteilen, so dass die Klößchen bedeckt sind. Jeweils in die Mitte etwas von den Pizza-Tomaten geben. Restlichen Parmesan-Käse daraufstreuen.

4. Die Form auf dem Rost in den vorgeheizten Backofen schieben.
Ober-/Unterhitze: etwa 180 °C
Heißluft: etwa 160 °C
Gratinierzeit: 5–10 Minuten.

5. Die Klößchen so lange gratinieren, bis sich eine leichte Kruste gebildet hat.

Ricotta-Törtchen mit Himbeersauce

Tortina di ricotta con salsa di lamponi

Mit Alkohol – für Gäste

4 Portionen

Pro Portion:
E: 9 g, F: 10 g, Kh: 26 g, kJ: 1071, kcal: 256

Für die Ricotta-Törtchen:

2 Blatt weiße Gelatine
2 EL Milch
250 g Ricotta (italienischer Frischkäse)
50–75 g Zucker
1 EL Vin Santo oder ein anderer Dessertwein
2 Eiweiß (Größe M)

Für die Himbeersauce:

200 g frische Himbeeren
1–2 EL Zucker
2–3 EL Maraschino (Kirschlikör)

Zubereitungszeit: 25 Minuten, ohne Kühlzeit

1. Für die Törtchen Gelatine in kaltem Wasser nach Packungsanleitung einweichen. Milch in einem kleinen Topf erwärmen (nicht kochen). Gelatine leicht ausdrücken und anschließend in der Milch unter Rühren vollständig auflösen.

2. Den Ricotta mit Zucker und Vin Santo cremig rühren, die aufgelöste Gelatine unterrühren. Eiweiß steif schlagen und vorsichtig unterheben.

3. Die Ricotta-Creme in 4 Förmchen (kalt ausgespült) füllen. Die Förmchen mit der Creme etwa 2 Stunden kalt stellen.

4. Für die Sauce Himbeeren verlesen, evtl. kurz abspülen, trocken tupfen und in einen hohen Becher geben. Zucker und Likör hinzufügen. Himbeeren pürieren und anschließend durch ein Sieb streichen.

5. Die Törtchen mit einem spitzen Messer vorsichtig vom Rand lösen, dann auf je einen Teller stürzen und jeweils etwas von der Sauce (Zimmertemperatur) auf die Törtchen und daneben gießen.

Hinweis: Nur ganz frische Eier verwenden, die nicht älter als 5 Tage sind (Legedatum beachten!).

Rigatoni mit Roquefort

Rigatoni alla crema di Roquefort

Schnell – einfach

4 Portionen

Pro Portion:
E: 28 g, F: 67 g, Kh: 74 g, kJ: 4334, kcal: 1036

Für die Roquefort-Sahne-Sauce:

200 g Roquefort (Blauschimmelkäse)
500 g Schlagsahne
Salz
frisch gemahlener, weißer Pfeffer

250 g Champignons
60 g Butter
4 l Wasser
4 gestr. TL Salz
400 g dreifarbige Rigatoni-Nudeln

Zubereitungszeit: 35 Minuten

1. Für die Sauce den Roquefort zerbröseln und in einen kleinen Topf geben. Sahne hinzufügen und unter Rühren zum Kochen bringen, mit Salz und Pfeffer abschmecken. Die Roquefort-Sahne-Sauce cremig einkochen lassen.

2. Champignons putzen, mit Küchenpapier abreiben, evtl. abspülen, abtropfen lassen und in dünne Scheiben schneiden.

3. Die Butter in einer Pfanne zerlassen, die Champignonscheiben darin kurz andünsten, mit Salz und Pfeffer würzen, warm stellen.

4. Wasser in einem großen Topf mit geschlossenem Deckel zum Kochen bringen. Dann Salz und Nudeln zugeben. Die Nudeln im geöffneten Topf bei mittlerer Hitze nach Packungsanleitung kochen lassen, dabei zwischendurch 4–5-mal umrühren.

5. Anschließend die Nudeln in ein Sieb geben, mit heißem Wasser abspülen, abtropfen lassen und zu den Champignonscheiben geben.

6. Die Roquefort-Sahne-Sauce unterrühren, evtl. nochmals ganz kurz erhitzen und sofort servieren.

Risotto grün und rot

Risotto rosso verde | **Raffiniert**

4 Portionen

Pro Portion:
E: 16 g, F: 35 g, Kh: 87 g, kJ: 3065, kcal: 733

1 Zwiebel
1 Knoblauchzehe
4 EL Speiseöl
400 g Rundkornreis oder Risotto-Reis
250 ml (1/4 l) kochende Fleischbrühe

Für den grünen Reis:
500 g Spinat
Salz
150 g ausgepalte, frische Erbsen
3 EL Wasser
1 EL Butter
frisch gemahlener Pfeffer

Für den roten Reis:
1 Fleischtomate
1 rote Paprikaschote
3 EL Speiseöl

40 g Butter
40 g Parmesan-Käse

Zubereitungszeit: 55 Minuten

1. Zwiebel und Knoblauch abziehen, in kleine Würfel schneiden. Speiseöl in einem Topf erhitzen. Zwiebel- und Knoblauchwürfel darin andünsten.

2. Reis hinzugeben und kurz mit andünsten. Nach und nach die Brühe hinzugießen. Den Reis nach Packungsanleitung garen, eventuell noch etwas Wasser oder Brühe hinzufügen. Der Reis soll weich, jedoch nicht klebrig sein, warm stellen.

3. Für den grünen Reis Spinat verlesen, gründlich waschen und in kochendem Salzwasser so lange blanchieren, bis er zusammenfällt, Spinat abtropfen lassen. Erbsen etwa 5 Minuten in Wasser und Butter dünsten. Spinat und die Hälfte der Erbsen pürieren.

4. Das Püree und die Erbsen mit der Hälfte des Reis vermengen und danach mit Salz und Pfeffer würzen.

5. Für den roten Reis Tomate waschen, kreuzweise einschneiden und einige Sekunden in kochendes Wasser legen. Tomate kurz in kaltes Wasser legen, enthäuten, halbieren, entkernen und den Stängelansatz herausschneiden. Tomatenhälften in Würfel schneiden.

6. Paprika halbieren, entstielen, entkernen und die weißen Scheidewände entfernen. Schote waschen, abtropfen lassen und klein würfeln.

7. Das Speiseöl in einem Topf erhitzen, Gemüsewürfel darin andünsten und unter den restlichen Reis mengen, mit Salz und Pfeffer würzen.

8. Butter und Parmesan-Käse unter den grünen und roten Reis ziehen.

9. Den grünen und roten Reis auf einem Teller anrichten.

Tipp: Nach Belieben mit frisch geriebenem Parmesan-Käse bestreuen.

Risotto mit Hähnchenbrust

Risotto con striscette di petto di pollo

Für Gäste

4 Portionen

Pro Portion:
E: 30 g, F: 28 g, Kh: 56 g, kJ: 2504, kcal: 592

1 Zwiebel
1 Knoblauchzehe
2 EL Olivenöl
250 g Risotto-Reis
750 ml (3/4 l) Hühnerbrühe
1 große, gelbe Paprikaschote
2 Hähnchenbrustfilets (etwa 400 g)
2 EL Olivenöl, Salz
200 g Schmand (Sauerrahm)
2 Msp. Safran
125 ml (1/8 l) heiße Hühnerbrühe
10 schwarze Oliven ohne Stein
frisch gemahlener Pfeffer

Zubereitungszeit: 35 Minuten

1. Zwiebel und Knoblauch abziehen, in kleine Würfel schneiden. Olivenöl in einem Topf erhitzen. Zwiebel- und Knoblauchwürfel darin andünsten. Reis hinzufügen und kurz mit andünsten. Hühnerbrühe nach und nach hinzugießen, zum Kochen bringen und zugedeckt nach Packungsanleitung garen.

2. Paprika vierteln, entstielen, entkernen und die weißen Scheidewände entfernen. Paprikaviertel waschen, abtropfen lassen und in große Stücke schneiden. Die Paprikastücke etwa 5 Minuten vor Ende der Garzeit zum Risotto-Reis geben und mitgaren lassen.

3. Hähnchenbrustfilets unter fließendem kalten Wasser abspülen, trocken tupfen, längs vierteln und in Streifen schneiden.

4. Das Olivenöl in einer Pfanne erhitzen. Fleischstreifen darin in 2 Portionen gut anbraten, mit Salz bestreuen und herausnehmen.

5. Schmand und Safran in den Bratenfond rühren, Brühe hinzugießen, zum Kochen bringen und unter den Risotto-Reis rühren. Oliven evtl. in Spalten schneiden.

6. Die Fleischstreifen und Olivenspalten unter den Risotto-Reis rühren. Mit Salz und Pfeffer abschmecken.

Risotto mit Lachs Risotto al salmone I

Mit Alkohol

4 Portionen

Pro Portion:

E: 23 g, F: 13 g, Kh: 41 g, kJ: 1684, kcal: 403

1 Zwiebel
1 Knoblauchzehe
400 g Lachsfilet
Zitronensaft
Salz
2 EL Wermut
30 g Butter
200 g Rundkornreis oder Risotto-Reis
1 Döschen Safran (0,2 g)
125 ml (1/8 l) Weißwein
500 ml (1/2 l) heiße Gemüse- oder Hühnerbrühe
frisch gemahlenem Pfeffer
2 EL gehackte Petersilie

Zubereitungszeit: 30 Minuten, ohne Durchziehzeit

1. Zwiebel und Knoblauch abziehen, in kleine Würfel schneiden. Lachsfilet unter fließendem kalten Wasser abspülen, trocken tupfen und in große Würfel schneiden. Lachswürfel zuerst mit Zitronensaft beträufeln, dann mit Salz bestreuen und zuletzt Wermut darauf verteilen. Die Lachswürfel zugedeckt etwas durchziehen lassen.

2. Butter in einem Topf zerlassen. Reis hinzugeben, mit Safran und Wein verrühren und zum Kochen bringen. Brühe nach und nach hinzugießen. Den Reis nach Packungsanleitung bissfest garen.

3. Lachswürfel auf den Reis legen und zugedeckt etwa 5 Minuten nachziehen lassen.

4. Risotto mit Lachs mit Pfeffer und Petersilie bestreuen und danach sofort servieren.

Risotto mit Tomaten

Risotto al pomodoro **Einfach – schnell**

4 Portionen

Pro Portion:
E: 9 g, F: 17 g, Kh: 54 g, kJ: 1735, kcal: 415

2	*Zwiebeln*
5 EL	*Speiseöl*
3	*Tomaten*
250 g	*Rundkornreis oder Risotto-Reis*
500 ml (1/2 l)	*Tomatensaft (aus der Dose)*
250 ml (1/4 l)	*heiße Fleischbrühe*
	Salz, frisch gemahlener Pfeffer
	gerebelter Oregano
50 g	*geriebener Emmentaler-Käse*

Zubereitungszeit: 30 Minuten

1. Die Zwiebeln abziehen und in kleine Würfel schneiden. Speiseöl in einem Topf erhitzen, Zwiebelwürfel darin andünsten. Tomaten waschen, kreuzweise einschneiden und einige Sekunden in kochendes Wasser legen. Die Tomaten kurz in kaltes Wasser legen, enthäuten, halbieren, entkernen und die Stängelansätze herausschneiden. Tomatenhälften in Würfel schneiden, zu den Zwiebelwürfeln geben und mitdünsten lassen.

2. Reis hinzugeben und unter Rühren leicht glasig dünsten lassen. Tomatensaft und Brühe nach und nach hinzugießen, mit Salz, Pfeffer und Oregano würzen. Den Reis zugedeckt nach Packungsanleitung garen, eventuell noch etwas Wasser hinzufügen. Käse unter den Reis rühren.

Tipp: Risotto mit Tomaten zu kurz gebratenem Fleisch oder Fisch oder mit einem gemischten Salat als vegetarisches Gericht servieren.

Risotto nach Kartäuser Art

Risotto alla certosina | **Klassisch – etwas teurer**

4 Portionen

Pro Portion:
E: 26 g, F: 28 g, Kh: 69 g, kJ: 2684, kcal: 642

1	*kleine Zwiebel*
1 Bund	*Petersilie*
1 Stange	*Porree (Lauch)*
500 g	*große Garnelen (ohne Kopf und mit Schale)*
750 ml (3/4 l)	*Wasser*
1	*Lorbeerblatt*
100 g	*Butter*
2 EL	*Olivenöl*
350 g	*Rundkornreis*
	Salz, frisch gemahlener Pfeffer
1	*Knoblauchzehe*
	vorbereitete Basilikumblättchen

Zubereitungszeit: 60 Minuten, ohne Abkühlzeit
Garzeit: etwa 35 Minuten

1. Die Zwiebel abziehen und halbieren. Petersilie abspülen und trocken tupfen. Dann Porree putzen, die Stange längs halbieren. Porree waschen, abtropfen lassen und in Stücke schneiden.

2. Die Garnelen abspülen und abtropfen lassen. Das Wasser in einem Topf zum Kochen bringen. Garnelen, 1 Zwiebelhälfte, Petersilie, Porreestücke und Lorbeerblatt hinzufügen, wieder zum Kochen bringen und einige Minuten kochen lassen. Garnelen mit einer Schaumkelle herausnehmen und abkühlen lassen.

3. Garnelen schälen und das Fleisch beiseitelegen. Die Schalen in einem Mörser zerstoßen, in den Kochsud zurückgeben und bei schwacher Hitze etwa 15 Minuten leicht weiterkochen. Anschließend die Brühe durch ein feines Sieb gießen.

4. 3 Esslöffel Butter in einem Topf zerlassen, Olivenöl miterhitzen. Restliche Zwiebelhälfte in kleine Würfel schneiden und in dem Butteröl goldgelb rösten.

5. Etwa drei Viertel der Brühe zu den Zwiebelwürfeln geben, zum Kochen bringen. Den Reis hinzufügen. Mit Salz und Pfeffer würzen. Knoblauch durch eine Knoblauchpresse drücken und zum Reis geben.

6. Den Reis zugedeckt etwa 20 Minuten bei schwacher Hitze kochen lassen.

7. Restliche Butter unter den Reis geben und in einer Schüssel anrichten. Die Garnelen darauf verteilen und mit Basilikum garnieren.

Römische Bohnen

Spezzatino di manzo con fagiolini

Gut vorzubereiten

4 Portionen

Pro Portion:

E: 30 g, F: 19 g, Kh: 10 g, kJ: 1380, kcal: 328

500 g Rindfleisch
3 EL Speiseöl
Salz
frisch gemahlener Pfeffer
250 g Zwiebeln
125 ml (1/8 l) Fleischbrühe
750 g grüne Bohnen
2 Fleischtomaten

Zubereitungszeit: 45 Minuten
Garzeit: etwa 60 Minuten

1. Rindfleisch unter fließendem kalten Wasser abspülen, trocken tupfen und in Würfel schneiden. Speiseöl in einem Topf erhitzen. Die Fleischwürfel darin von allen Seiten anbraten, mit Salz und Pfeffer bestreuen.

2. Zwiebeln abziehen, halbieren, in Scheiben schneiden, zu den Fleischwürfeln geben und kurz mit anbraten. Brühe hinzugießen, zum Kochen bringen und zugedeckt etwa 15 Minuten schmoren lassen.

3. Von den Bohnen die Enden abschneiden, eventuell abfädeln. Die Bohnen waschen, abtropfen lassen, in Stücke schneiden und zum Fleisch geben. Mit Salz und Pfeffer würzen. Den Bohnentopf etwa 45 Minuten garen, eventuell noch etwas Brühe hinzugießen.

4. Tomaten waschen, kreuzweise einschneiden und einige Sekunden in kochendes Wasser legen. Tomaten kurz in kaltes Wasser legen, enthäuten, halbieren, entkernen und die Stängelansätze herausschneiden. Tomaten in Würfel schneiden und etwa 10 Minuten vor Ende der Garzeit zum Bohnen-Fleisch-Topf geben.

Beilage: Pellkartoffeln, Kroketten, Kartoffelplätzchen.

Römische Lammpfanne

Spezzatino d'agnello al rosmarino ed origano

Gut vorzubereiten – dauert länger – mit Alkohol

4 Portionen

Pro Portion:
E: 47 g, F: 27 g, Kh: 7 g, kJ: 2002, kcal: 478

750 g Lammfleisch aus der Keule (ohne Knochen)
2 Zwiebeln
4 Tomaten
3 EL Speiseöl
Salz, frisch gemahlener Pfeffer
2–3 EL Tomatenmark
2 Knoblauchzehen
125 ml (1/8 l) Rotwein
6 EL Schlagsahne
gerebelter Rosmarin
gerebelter Oregano
75 g frisch geriebener Parmesan-Käse

Zubereitungszeit: 75 Minuten
Garzeit: etwa 60 Minuten

1. Lammfleisch unter fließendem kalten Wasser abspülen, trocken tupfen und in etwa 2 x 2 cm große Würfel schneiden.

2. Zwiebeln abziehen und klein würfeln. Tomaten waschen, kreuzweise einschneiden und einige Sekunden in kochendes Wasser legen. Tomaten kurz in kaltes Wasser legen, enthäuten, halbieren, entkernen und die Stängelansätze herausschneiden. Tomatenhälften in Würfel schneiden.

3. Das Speiseöl in einer Pfanne erhitzen, Fleischwürfel darin von allen Seiten anbraten, Zwiebelwürfel hinzufügen und glasig dünsten lassen. Mit Salz, Pfeffer und Tomatenmark würzen. Knoblauch abziehen, durch eine Knoblauchpresse drücken und unterrühren.

4. Rotwein hinzugießen. Die Zutaten zum Kochen bringen und zugedeckt etwa 60 Minuten garen. Etwa 15 Minuten vor Ende der Garzeit Tomatenwürfel und Sahne hinzugeben und erhitzen. Mit Salz, Pfeffer, Rosmarin und Oregano abschmecken. Die Lammpfanne mit Parmesan-Käse bestreut servieren.

Beilage: Reis, Nudeln oder Käse-Risotto.

Römische Zucchini

Zucchine alla romana **Vegetarisch**

4 Portionen

Pro Portion:
E: 7 g, F: 11 g, Kh: 12 g, kJ: 759, kcal: 181

1 Zwiebel
1 Knoblauchzehe
1 EL Sonnenblumenöl
500 g Tomaten
1 EL gehackte Oreganoblättchen
Meersalz
frisch gemahlener Pfeffer
500 g kleine Zucchini
2 EL Semmelbrösel
2 EL gehackte Petersilie
1 EL fein geschnittener Schnittlauch
1 EL fein gehackter Dill
40 g geriebener Parmesan-Käse
6 EL Schlagsahne

Zubereitungszeit: 60 Minuten
Garzeit: etwa 20 Minuten

1. Für die Sauce Zwiebel und Knoblauch abziehen, in kleine Würfel schneiden. Sonnenblumenöl in einer feuerfesten Form erhitzen. Zwiebel- und Knoblauchwürfel darin andünsten.

2. Die Tomaten waschen, kreuzweise einschneiden und einige Sekunden in kochendes Wasser legen. Die Tomaten kurz in kaltes Wasser legen, enthäuten, halbieren, entkernen und die Stängelansätze herausschneiden. Tomatenhälften grob zerkleinern, mit den Oreganoblättchen zu den Zwiebel- und Knoblauchwürfeln geben. Mit Salz und Pfeffer würzen. Die Zutaten so lange dünsten, bis eine dickliche Sauce entstanden ist.

3. Von den Zucchini die Enden abschneiden, Zucchini waschen, abtrocknen, längs halbieren und mit Salz bestreuen. Semmelbrösel mit Petersilie, Schnittlauch, Dill, Käse und Sahne zu einer streichfähigen Masse verrühren und auf den Zucchinihälften verteilen.

4. Zucchinihälften nebeneinander in die Tomatensauce setzen. Die Form auf dem Rost in den vorgeheizten Backofen schieben.
Ober-/Unterhitze: etwa 200 °C
Heißluft: etwa 180 °C
Garzeit: etwa 20 Minuten.

Beilage: Vollkornreis.

Rotweincreme

Rossumada (Crema di vino rosso) **I**

Einfach – mit Alkohol

4 Portionen

Pro Portion:

E: 7 g, F: 11 g, Kh: 38 g, kJ: 1353, kcal: 323

2 Eiweiß (Größe M)
5 Eigelb (Größe M)
120 g Zucker
1 Prise Zimt
300 ml Rotwein
50 g Raspelschokolade

Zubereitungszeit: 20 Minuten, ohne Kühlzeit

1. Eiweiß steif schlagen. Eigelb, Zucker und Zimt in einer Schüssel im warmen Wasserbad mit Handrührgerät mit Rührbesen schaumig schlagen. Nach und nach unter ständigem Schlagen Rotwein hinzugießen. So lange weiterschlagen, bis die Creme anfängt fest zu werden. Danach Eischnee unterheben.

2. Die Creme in Portionsgläser füllen und kalt stellen. Mit Raspelschokolade bestreut servieren.

Hinweis: Nur ganz frische Eier verwenden, die nicht älter als 5 Tage sind (Legedatum beachten!).

Rucola mit Parmesan

Insalata di rucola pomodorini e parmigiano I

Einfach

4 Portionen

Pro Portion:
E: 5 g, F: 19 g, Kh: 3 g, kJ: 849, kcal: 203

30 g Pinienkerne
125 g Rucola (Rauke)
200 g Cocktailtomaten
30 g Parmesan-Käse

Für die Sauce:
2–3 EL Balsamico-Essig
½ TL flüssiger Honig
5 EL Olivenöl
Salz, frisch gemahlener Pfeffer

Zubereitungszeit: 25 Minuten, ohne Abkühlzeit

1. Pinienkerne in einer Pfanne ohne Fett goldbraun rösten und erkalten lassen.

2. Den Rucola verlesen, dicke Stängel abschneiden. Rucola waschen, trocken tupfen oder trocken schleudern. Größere Blätter einmal durchschneiden. Cocktailtomaten waschen, abtrocknen, halbieren oder vierteln, eventuell Stängelansätze entfernen. Parmesan-Käse hobeln.

3. Für die Sauce Essig mit Honig verrühren. Olivenöl unterschlagen. Mit Salz und Pfeffer würzen.

4. Rucola auf einer Platte anrichten, Tomaten darauf verteilen und mit der Salatsauce beträufeln. Pinienkerne und Käse daraufstreuen.

Tipp: Den Salat als Vorspeise, als Beilage zu Grillgerichten, zu kurz gebratenem Fleisch oder zu Risotto servieren.

Rumpsteak Pizzaiola

Costata di bue alla pizzaiola | **Schnell**

4 Portionen

Pro Portion:
E: 46 g, F: 17 g, Kh: 3 g, kJ: 1447, kcal: 344

Für die Rumpsteaks:

4 Rumpsteaks (je etwa 200 g, etwa 2 cm dick)
3 EL Olivenöl
Salz
frisch gemahlener Pfeffer

Für die Sauce:

3 Knoblauchzehen
1 Dose pürierte Tomaten mit Saft (Einwaage 400 g)
evtl. Kapern
evtl. gerebelter Oregano

Zubereitungszeit: 40 Minuten, ohne Ruhezeit

1. Rumpsteaks kurz unter fließendem kalten Wasser abspülen, trocken tupfen und jeweils den Fettrand etwas einschneiden.

2. Olivenöl in einer Pfanne erhitzen. Rumpsteaks von beiden Seiten etwa 6 Minuten darin braten. Rumpsteaks herausnehmen, mit Salz und Pfeffer bestreuen und auf eine vorgewärmte Platte legen. Rumpsteaks zugedeckt im vorgeheizten Backofen ruhen lassen.
Ober-/Unterhitze: etwa 80 °C
Heißluft: etwa 60 °C
Ruhezeit: 20 Minuten.

3. Knoblauch abziehen, durch eine Knoblauchpresse drücken und zum Bratensatz geben. Tomatenpüree mit dem Saft hinzufügen, zum Kochen bringen und unter gelegentlichem Rühren etwas einkochen lassen. Nach Belieben Kapern und Oregano unterrühren.

4. Rumpsteaks mit der Sauce anrichten, servieren.

Beilage: Nudeln oder Gnocchi.

Salat mit Walnusskernen

Insalata con noci | **Schnell**

4 Portionen

Pro Portion:

E: 16 g, F: 22 g, Kh: 3 g, kJ: 1151, kcal: 276

4 Stangen Staudensellerie
1 Kopf Endiviensalat
25 g Walnusskerne
4 hart gekochte Eier
100 g Tunfisch (aus der Dose)
4 Sardellenfilets

Für die Sauce:

1 EL Zitronensaft
1 TL Weißweinessig
3 EL Olivenöl
Salz
frisch gemahlener Pfeffer

Zubereitungszeit: 20 Minuten

1. Sellerie putzen und die harten Außenfäden abziehen. Sellerie waschen, abtropfen lassen und in etwa 1 cm große Stücke schneiden.

2. Endiviensalat putzen, von den Blättern die oberen grünen Teile entfernen. Blätter klein schneiden. Das Herz des Salates ganz lassen und senkrecht zuerst in Viertel und dann quer in Streifen schneiden. Salat gut waschen und trocken tupfen oder schleudern. Salat in eine Schüssel legen, Selleriestücke darauf verteilen.

3. Walnusskerne hacken. Eier pellen und in Scheiben schneiden. Tunfisch abtropfen lassen und mit einer Gabel zerzupfen. Walnusskerne, Eierscheiben und Tunfisch auf dem angerichteten Salat verteilen. Mit den zu Röllchen gedrehten Sardellen garnieren.

4. Für die Sauce Zitronensaft und Essig gut verrühren, Olivenöl unterschlagen. Mit Salz und Pfeffer würzen. Die Sauce über den Salat träufeln, sofort servieren.

Beilage: Ofenfrisches Baguette.

Salat von Sardellenfilets

Acciughe allo scalogno e olive

Gut vorzubereiten

4 Portionen

Pro Portion:
E: 11 g, F: 32 g, Kh: 4 g, kJ: 1463, kcal: 349

1 Glas	*Sardellenfilets (Abtropfgewicht 180 g)*
je 1 Glas	*grüne und schwarze Oliven ohne Stein (Abtropfgewicht je 170 g)*
1 Bund	*Schnittlauch*
2	*Schalotten*
4 EL (40 ml)	*Olivenöl*
	frisch gemahlener Pfeffer
	Saft von
1	*Limette*

Zubereitungszeit: 30 Minuten

1. Sardellenfilets abtropfen lassen, eventuell kurz unter kaltem Wasser abspülen. Jedes Filet in 3 Stücke schneiden.

2. Beide Olivensorten in einem Sieb abtropfen lassen und in Scheiben schneiden.

3. Schnittlauch abspülen, trocken tupfen und in Röllchen schneiden. Schalotten abziehen und in Würfel schneiden.

4. Sardellenstücke mit Olivenscheiben, Schnittlauchröllchen, Zwiebelwürfeln und Öl in einer Schüssel mischen. Mit Pfeffer bestreuen. Limettensaft unterrühren.

Beilage: Aufgebackenes warmes Ciabatta-Brot.

Saltimbocca alla romana

Kalbsschnitzel auf römische Art

Schnell – mit Alkohol

4 Portionen

Pro Portion:
E: 25 g, F: 20 g, Kh: 7 g, kJ: 1401, kcal: 336

4 dünne Scheiben Kalbfleisch (je etwa 100 g, aus der Keule)
4 Salbeiblätter
4 Scheiben Parmaschinken
Salz, frisch gemahlener Pfeffer
20 g Weizenmehl
2–3 EL Speiseöl (z. B. Sonnenblumenöl)

Für die Sauce:
125 ml (1/8 l) Weißwein oder Wermut
125 g Crème Double oder Sahne
Zucker

Außerdem:
Holzstäbchen

Zubereitungszeit: 25 Minuten
Garzeit: 6–10 Minuten

1. Kalbfleisch unter fließendem kalten Wasser abspülen und trocken tupfen. Salbeiblätter abspülen und trocken tupfen. Kalbfleischscheiben mit jeweils 1 Scheibe Parmaschinken und 1 Salbeiblatt belegen, zusammenklappen und mit einem Holzstäbchen feststecken. Das Fleisch von beiden Seiten mit Salz und Pfeffer bestreuen und in Mehl wenden.

2. Speiseöl in einer Pfanne erhitzen. Das Fleisch von jeder Seite 3–5 Minuten braten. Das Fleisch herausnehmen, auf einer vorgewärmten Platte anrichten und zugedeckt warm stellen.

3. Für die Sauce den Bratensatz mit Wein oder Wermut loskochen und etwas einkochen lassen (reduzieren). Crème double oder Sahne unterrühren. Die Sauce erhitzen. Mit Salz, Pfeffer und Zucker abschmecken.

4. Den aus dem Fleisch ausgetretenen Fleischsaft unterrühren. Die Sauce auf dem Fleisch verteilen.

Sandwichtoast Tramezzino tostato

Raffiniert – einfach

10 Portionen

Pro Portion:
E: 9 g, F: 11 g, Kh: 39 g, kJ: 1232, kcal: 295

125 g Rucola (Rauke)
100 g getrocknete Tomaten in Öl
2 kleine, rote Zwiebeln
2 Pck. Ziegenfrischkäse (je 150 g)
20 Scheiben Sandwichtoast

Zubereitungszeit: 50 Minuten

1. Rucola waschen, trocken tupfen und grob zerkleinern. Tomaten in einem Sieb abtropfen lassen und in kleine Würfel schneiden. Zwiebeln abziehen und in dünne Scheiben schneiden.

2. Rucola und Tomatenwürfel mit dem Frischkäse verrühren. Die Hälfte der Toastscheiben damit bestreichen. Zwiebelscheiben darauf verteilen, die restlichen Toastscheiben darauflegen und leicht andrücken.

3. Die belegten Toastscheiben nacheinander in den vorgeheizten Sandwichtoaster (gefettet) legen und jeweils etwa 5 Minuten toasten.

4. Sandwichtoasts diagonal halbieren, warm stellen.

Sardellen, frittiert Acciughe fritte I

Preiswert

4 Portionen

Pro Portion:
E: 20 g, F: 20 g, Kh: 13 g, kJ: 1329, kcal: 317

600 g küchenfertige, frische Sardellen, Salz
2 Eier (Größe M)

Zum Ausbacken:
1 l Olivenöl

2 Bio-Zitronen (unbehandelt, ungewachst)

Zubereitungszeit: 45 Minuten

1. Sardellen von innen und außen unter fließendem kalten Wasser abspülen und trocken tupfen. Sardellen von innen und außen mit Salz einreiben.

2. Zum Ausbacken Olivenöl in einem Topf auf etwa 180 °C erhitzen.

3. Eier in einer flachen Schüssel verschlagen. Sardellen durch die Eiermasse ziehen und am Schüsselrand abstreifen. Sardellen in dem siedenden Olivenöl in etwa 2 Minuten von beiden Seiten ausbacken.

4. Die Zitronen heiß abwaschen, abtrocknen und in Spalten schneiden. Die Sardellen auf einer Platte mit den Zitronenspalten anrichten.

Tipp: Sardellen mit Mehl bestäuben und in einer Pfanne in erhitztem Speiseöl etwa 2 Minuten braten.

Sardinen auf sizilianische Art

Acciughe alla siciliana

Für Gäste

4 Portionen

Pro Portion:

E: 32 g, F: 47 g, Kh: 6 g, kJ: 2387, kcal: 570

800 g	*küchenfertige, frische Sardinen*
	Salz
	frisch gemahlener Pfeffer
	Zitronensaft
2 EL	*Weizenmehl*
125 ml (1/8 l)	*Olivenöl*
1	*kleine Zwiebel*
1/4	*rote Paprikaschote*
1/4	*grüne Paprikaschote*
5	*schwarze Oliven*
5	*grüne Oliven*
1	*Knoblauchzehe*
1 EL	*gehackte Petersilie*
	gerebelter Oregano

Zubereitungszeit: 35 Minuten
Garzeit: etwa 15 Minuten

1. Sardinen unter fließendem kalten Wasser abspülen und trocken tupfen. Mit Salz und Pfeffer bestreuen, mit Zitronensaft beträufeln und mit Mehl bestäuben.

2. Etwa 100 ml Olivenöl in einer großen Pfanne erhitzen, Sardinen darin von beiden Seiten etwa 10 Minuten braten, herausnehmen und warm stellen.

3. Die Zwiebel abziehen und in Streifen schneiden. Von den Paprikavierteln die Kerne und weißen Scheidewände entfernen. Paprikaviertel waschen, trocken tupfen und in Streifen schneiden. Oliven abtropfen lassen, vierteln und entkernen. Knoblauch abziehen und durch eine Knoblauchpresse drücken.

4. Restliches Olivenöl in der Pfanne erhitzen. Zwiebel-, Paprikastreifen und Olivenviertel darin etwa 5 Minuten dünsten. Mit Knoblauch, Salz, Pfeffer, Petersilie und Oregano würzen und auf den Sardinen verteilen.

Sauce neapolitanische Art

Ragù alla bolognese con prosciutto e basilico | **Klassisch**

4 Portionen

Pro Portion:
E: 21 g, F: 26 g, Kh: 9 g, kJ: 1493, kcal: 356

75 g roher Schinken
75 g durchwachsener Speck
1 Knoblauchzehe
1 Zwiebel
2 Möhren
1 kleiner Knollensellerie
2 EL Speiseöl
20 g Butter oder Margarine
1 EL gehackte Petersilie
1 EL gehackte Basilikumblättchen
250 g Gehacktes (halb Rind-, halb Schweinefleisch)
750 g Tomaten
Salz
frisch gemahlener Pfeffer

Zubereitungszeit: 35 Minuten

1. Schinken und Speck in kleine Würfel schneiden. Knoblauch und Zwiebel abziehen, ebenfalls klein würfeln. Möhren und Sellerie putzen, schälen, waschen, abtropfen lassen und in kleine Stücke schneiden.

2. Speiseöl in einer Pfanne erhitzen, Butter oder Margarine hinzufügen. Schinken-, Speck-, Knoblauch- und Zwiebelwürfel darin andünsten. Möhren- und Selleriestücke mitdünsten lassen. Petersilie und Basilikumblättchen unterrühren.

3. Gehacktes hinzufügen und etwa 5 Minuten mitschmoren lassen, dabei die Fleischklümpchen mit einer Gabel zerdrücken.

4. Tomaten waschen, kreuzweise einschneiden und einige Sekunden in kochendes Wasser legen. Tomaten kurz in kaltes Wasser legen, enthäuten, vierteln, entkernen und die Stängelansätze herausschneiden. Tomatenviertel unter die Hackfleischsauce rühren. Mit Salz und Pfeffer würzen. Die Sauce etwa 10 Minuten bei schwacher Hitze garen.

Beilage: Nudeln, z.B. Farfalle, Fettuccini, Tagliatelle, Penne.

Scampi mit Kräutern

Scampi alle erbe | **Für Gäste – schnell**

4 Portionen

Pro Portion:
E: 16 g, F: 24 g, Kh: 7 g, kJ: 1311, kcal: 312

32 Scampi (ohne Kopf, mit Schale)
1 Bund Thymian
1 Bund Majoran
1 Bund Basilikum
4 Fleischtomaten
2 Zwiebeln
2 Knoblauchzehen
4 EL Speiseöl
Salz
frisch gemahlener Pfeffer
100 g Butter

Außerdem:
8 Metallspieße

Zubereitungszeit: 30 Minuten
Garzeit: etwa 8 Minuten

1. Scampi unter fließendem kalten Wasser abspülen und trocken tupfen. Kräuter abspülen und trocken tupfen. Die Blättchen von den Stängeln zupfen. Blättchen klein schneiden.

2. Tomaten waschen, kreuzweise einschneiden und einige Sekunden in kochendes Wasser legen. Tomaten kurz in kaltes Wasser legen, enthäuten, halbieren. 1 Tomate in schmale Spalten schneiden. Restliche Tomaten entkernen und die Stängelansätze herausschneiden. Tomatenhälften in Würfel schneiden. Zwiebeln und Knoblauchzehen abziehen, klein würfeln. Die Scampi mit den Tomatenspalten abwechselnd auf 8 Spieße stecken.

3. Speiseöl in einer Pfanne erhitzen, die Scampi darin von jeder Seite etwa 4 Minuten braten. Scampi mit Salz und Pfeffer bestreuen, herausnehmen und warm stellen.

4. Das Öl aus der Pfanne gießen und die Butter in der Pfanne zerlassen. Zwiebel- und Knoblauchwürfel darin dünsten. Tomatenwürfel hinzugeben und in der Butter schwenken, Kräuter hinzufügen. Mit Salz und Pfeffer abschmecken und auf den Scampi verteilen.

Scharfe Gemüse-Frittata

Frittata di verdure piccanti | **Vegetarisch**

4 Portionen

Pro Portion:

E: 16 g, F: 18 g, Kh: 8 g, kJ: 1079, kcal: 257

je 1 rote und gelbe Paprikaschote
1 rote Zwiebel
1 Rispe Cocktailtomaten (etwa 12 Tomaten)
1–2 rote Chilischoten
8 Eier (Größe M)
Salz, frisch gemahlener Pfeffer
2 EL Olivenöl
1 Topf Basilikum

Zubereitungszeit: 20 Minuten
Garzeit: 25–30 Minuten

1. Paprika halbieren, entstielen, entkernen und die weißen Scheidewände entfernen. Schotenhälften waschen, trocken tupfen und grob würfeln. Zwiebel abziehen und klein würfeln.

2. Tomaten waschen, trocken tupfen, halbieren und eventuell Stängelansätze entfernen. Die Chilischoten abspülen, trocken tupfen und in feine Ringe schneiden.

3. Eier verschlagen und durch ein feines Sieb passieren. Mit Salz und Pfeffer würzen.

4. Olivenöl in einer großen, feuerfesten Pfanne erhitzen. Paprikawürfel darin unter mehrmaligem Wenden leicht anbraten. Tomatenhälften hinzufügen und mit den verschlagenen Eiern übergießen.

5. Die Pfanne auf dem Rost in den vorgeheizten Backofen schieben und die Frittata stocken lassen.
Ober-/Unterhitze: etwa 160 °C
Heißluft: etwa 140 °C
Garzeit: 25–30 Minuten.

6. In der Zwischenzeit Basilikum abspülen und trocken tupfen. Die Blättchen von den Stängeln zupfen.

7. Die fertige Frittata aus der Pfanne lösen, auf ein Küchenbrett stürzen und in Portionen teilen. Mit Basilikumblättchen bestreuen.

Schmorbraten Mailänder Art

Brasato di bue alla milanese I

Für Gäste – mit Alkohol

4 Portionen

Pro Portion:

E: 49 g, F: 21 g, Kh: 0 g, kJ: 1628, kcal: 388

1 kg Rindfleisch
100 g fetter Speck
2 EL Speiseöl
Salz, frisch gemahlener Pfeffer
1 Zwiebel
1 Stange Staudensellerie
1 Möhre
4 Tomaten
3 Gewürznelken
frisch geriebene Muskatnuss
150 ml Rotwein
125 ml (1/8 l) Fleischbrühe
evtl. etwas Weizenmehl

Zubereitungszeit: 25 Minuten
Garzeit: etwa 2 1/2 Stunden

1. Rindfleisch unter fließendem kalten Wasser abspülen und trocken tupfen. Speck in dicke Streifen schneiden. Das Rindfleisch damit spicken. Speiseöl in einem Bräter erhitzen. Rindfleisch darin von allen Seiten anbraten, mit Salz und Pfeffer bestreuen.

2. Die Zwiebel abziehen, zuerst in dünne Scheiben schneiden, dann in Ringe teilen. Sellerie putzen und die harten Außenfäden abziehen. Sellerie waschen, abtropfen lassen und in Scheiben schneiden. Möhre putzen, schälen, waschen, abtropfen lassen und in Scheiben schneiden.

3. Tomaten waschen, kreuzweise einschneiden und einige Sekunden in kochendes Wasser legen. Tomaten kurz in kaltes Wasser legen, enthäuten, halbieren, entkernen und die Stängelansätze herausschneiden. Tomatenhälften in Würfel schneiden.

4. Die vorbereiteten Gemüsezutaten zum Rindfleisch in den Topf geben und kurz anbraten. Nelken und Muskat hinzufügen. Rotwein hinzugießen und etwas ankochen lassen.

5. Nach und nach die Brühe hinzugeben. Das Rindfleisch zugedeckt bei sehr schwacher Hitze etwa 2 1/2 Stunden schmoren.

6. Das Rindfleisch mit dem Gemüse auf einer Platte anrichten. Nach Belieben die Sauce mit Weizenmehl binden und dazureichen.

Schokoauflauf mit Amaretti

Sformato di cioccolato con amaretti **I**

Für Gäste

4 Portionen

Pro Portion:
E: 14 g, F: 36 g, Kh: 57 g, kJ: 2555, kcal: 609

200 g Zartbitter-Schokolade
100 g Amaretti (italienisches Mandelgebäck)
4 Eier (Größe M)
50 g Zucker
100 g Schlagsahne
1 Prise Salz

Zum Bestreuen:
30 g gehobelte Mandeln

Zubereitungszeit: 20 Minuten, ohne Abkühlzeit
Garzeit: etwa 45 Minuten

1. Schokolade in Stücke brechen, in einem kleinen Topf im Wasserbad bei schwacher Hitze schmelzen und abkühlen lassen.

2. Amaretti in einen Gefrierbeutel geben, Beutel verschließen. Amaretti mit einer Teigrolle grob zerbröseln.

3. Eier trennen. Eigelb und 25 g Zucker mit Handrührgerät mit Rührbesen zu einer dicklichen Creme aufschlagen. Sahne unterrühren. Eiweiß mit Salz steif schlagen, dabei den restlichen Zucker nach und nach einrieseln lassen.

4. Die abgekühlte, flüssige Schokolade unter die Eigelbcreme rühren. Die Hälfte des Eischnees mit Handrührgerät mit Rührbesen unterrühren. Restlichen Eischnee und Amarettibrösel vorsichtig unterheben.

5. Die Masse in eine Auflaufform (gefettet) geben und mit Mandeln bestreuen. Die Form auf dem Rost in den vorgeheizten Backofen schieben.
Ober-/Unterhitze: etwa 160 °C
Heißluft: etwa 140 °C
Garzeit: etwa 45 Minuten.

Tipp: Den Schokoladenauflauf mit Vanilleeis oder halbsteif geschlagener Vanillesahne servieren. Achtung, der Auflauf fällt nach dem Backen etwas zusammen.

Schokoladencreme mit Rum

Crema di cioccolato al rum

Für Gäste – mit Alkohol

4 Portionen

Pro Portion:
E: 9 g, F: 33 g, Kh: 46 g, kJ: 2263, kcal: 540

2 Blatt	*weiße Gelatine*
100 g	*Zartbitter-Schokolade*
1 Pck.	*Dr. Oetker Pudding-Pulver Schokoladen-Geschmack*
500 ml (1/2 l)	*Milch*
75 g	*Zucker*
250 g	*Schlagsahne*
4 EL	*Rum*

Zubereitungszeit: 25 Minuten, ohne Abkühlzeit

1. Gelatine in kaltem Wasser nach Packungsanleitung einweichen. Schokolade in kleine Stücke brechen.

2. Pudding-Pulver mit etwas von der Milch und Zucker anrühren. Restliche Milch mit den Schokoladenstückchen in einem Topf unter Rühren zum Kochen bringen.

3. Angerührtes Pudding-Pulver einrühren, unter Rühren zum Kochen bringen und gut aufkochen lassen. Den Topf von der Kochstelle nehmen.

4. Gelatine leicht ausdrücken und unter Rühren in dem heißen Pudding auflösen. Den Pudding sofort mit Klarsichtfolie zudecken und erkalten lassen.

5. Sahne steif schlagen. Den erkalteten Pudding nochmals gut durchrühren, Rum unterrühren und die Sahne unterheben. Schokoladencreme in Gläser füllen und fest werden lassen.

Tipps: Die Schokoladencreme nach Belieben mit Raspelschokolade bestreuen. Für Kinder den Rum durch 4 Esslöffel Nuss-Nougat-Creme ersetzen.

Schokoladen-Tiramisu

Tiramisu al cioccolato | **Für Gäste**

6 Portionen

Pro Portion:
E: 14 g, F: 44 g, Kh: 47 g, kJ: 2738, kcal: 654

200 g Zartbitter-Schokolade
250 g Schlagsahne
1 kleine Dose Aprikosenhälften (Abtropfgewicht 240 g)
100–125 g Löffelbiskuits
250 g Mascarpone (italienischer Frischkäse)
250 g Magerquark
150 g Naturjoghurt
1 Pck. Dr. Oetker Vanillin-Zucker
30 g Zucker

Zubereitungszeit: 25 Minuten, ohne Abkühl- und Durchziehzeit

1. Die Schokolade in Stücke brechen, mit Sahne in einem kleinen Topf unter Rühren erwärmen, bis die Schokolade geschmolzen ist, abkühlen lassen.

2. Aprikosenhälften in einem Sieb abtropfen lassen, den Saft dabei auffangen. Löffelbiskuits in eine flache Form legen und mit etwas Aprikosensaft beträufeln.

3. Mascarpone, Quark, Joghurt, Vanillin-Zucker und Zucker mit der Schokosahne verrühren und auf den Löffelbiskuits verteilen. Aprikosenhälften evtl. nochmals halbieren und darauf verteilen. Tiramisu eine Zeit lang durchziehen lassen.

Tipp: Nach Belieben die Aprikosen in Spalten schneiden und einen Teil davon mit einschichten.

Seehecht aus dem Ofen

Nasello al forno | **Für Gäste**

4 Portionen

Pro Portion:

E: 42 g, F: 16 g, Kh: 3 g, kJ: 1376, kcal: 328

1 küchenfertiger Seehecht (geschuppt, etwa 1,2 kg)
Salz, frisch gemahlener Pfeffer
2 Stängel Rosmarin
2 Stängel Thymian
2 Fleischtomaten
4 EL Olivenöl
1 Topf Basilikum
1 Bio-Zitrone (unbehandelt, ungewachst)

Zubereitungszeit: 25 Minuten
Garzeit: etwa 35 Minuten

1. Seehecht unter fließendem kalten Wasser abspülen und trocken tupfen. Seehecht von innen und außen mit Salz und Pfeffer würzen.

2. Rosmarin und Thymian abspülen, trocken tupfen. Tomaten waschen, trocken tupfen, halbieren, entkernen und die Stängelansätze herausschneiden. Die Tomatenhälften in Würfel schneiden.

3. Rosmarin- und Thymianstängel in eine große, längliche Auflaufform (mit Olivenöl gefettet) geben. Den Seehecht darauflegen und mit Olivenöl beträufeln. Tomatenwürfel darauf verteilen. Die Form auf dem Rost in den vorgeheizten Backofen schieben.
Ober-/Unterhitze: etwa 180 °C
Heißluft: etwa 160 °C
Garzeit: etwa 35 Minuten.

4. Basilikum abspülen und trocken tupfen. Zitrone heiß abwaschen, abtrocknen und die Schale abreiben.

5. Den gegarten Seehecht mit Basilikumblättchen und Zitronenschale bestreut servieren.

Beilage: Tomatensalat.

Tipp: 2 Esslöffel feine Kapern auf den gegarten Seehecht geben.

Seeteufel mit geschmolzenen Tomaten und Oliven

Coda di rospo con pomodorini al forno

Raffiniert

2 Portionen

Pro Portion:
E: 33 g, F: 16 g, Kh: 5 g, kJ: 1256, kcal: 299

6 Seeteufelmedaillons (je etwa 70 g)
2 EL Olivenöl
1 EL Butter
Meersalz
frisch gemahlener, schwarzer Pfeffer
1 Knoblauchzehe
12 rotbraune Oliven
1 EL Kräuter der Provence

1 Rispe Cocktailtomaten (etwa 12 Tomaten)
etwas Olivenöl zum Bestreichen

Zubereitungszeit: 30 Minuten
Backzeit: etwa 10 Minuten

1. Seeteufelmedaillons unter fließendem kalten Wasser abspülen und trocken tupfen. Olivenöl in einer Pfanne erhitzen. Die Medaillons darin scharf anbraten. Wenn sie anfangen braun zu werden, Butter hinzufügen.

2. Medaillons umdrehen und weitere 3 Minuten braten. Medaillons aus der Pfanne nehmen, mit Salz und Pfeffer bestreuen, auf einen vorgewärmten Teller legen und warm stellen.

3. Den Knoblauch mit der flachen Hand aufschlagen. Oliven, Kräuter der Provence und Knoblauch in die heiße Pfanne geben. Die Zutaten unter mehrmaligem Schwenken erwärmen und ebenfalls warm stellen.

4. Die Cocktailtomaten (mit Rispe) vorsichtig kalt abspülen, trocken tupfen und mit Olivenöl bestreichen. Tomatenrispen auf ein Backblech legen. Das Backblech in den vorgeheizten Backofen schieben.
Ober-/Unterhitze: etwa 200 °C
Heißluft: etwa 180 °C
Backzeit: etwa 10 Minuten.

5. Die Cocktailtomaten so lange backen, bis die Haut aufplatzt. Cocktailtomaten mit Salz und Pfeffer bestreuen.

6. Je 3 Medaillons auf einen Teller legen. Die Oliven darum anrichten. Je ½ Cocktailtomatenripse auf die Medaillons legen. Sofort servieren.

Tipp: Mit Landbrot und gutem Olivenöl servieren.

Semifreddo di Marsala

Halbgefrorenes mit Marsala | **Mit Alkohol**

6–8 Portionen

Pro Portion:

E: 6 g, F: 30 g, Kh: 29 g, kJ: 1804, kcal: 430

500 g Schlagsahne
1 Vanilleschote
8 Eigelb (Größe M)
75 ml Marsala-Wein
1 Prise Salz
100 g Zucker
100 ml Wasser
100 g Amarettini (italienisches Mandelgebäck)
50 ml Marsala-Wein

Zubereitungszeit: 30 Minuten, ohne Gefrierzeit

1. Sahne steif schlagen und mit Klarsichtfolie zugedeckt kalt stellen. Vanilleschote aufschneiden und das Mark herauskratzen. Eigelb, Marsala, Vanillemark und Salz in eine Rührschüssel geben und mit Handrührgerät mit Rührbesen schaumig schlagen.

2. Zucker und Wasser zum Kochen bringen, bis der Zucker gelöst ist. Nach und nach den kochenden (!) Zuckersirup mit Handrührgerät mit Rührbesen auf niedrigster Stufe unter die Eigelbmasse rühren.

3. Die Masse mit Handrührgerät mit Rührbesen auf höchster Stufe kalt schlagen. Steif geschlagene Sahne mit einem Schneebesen unterheben.

4. Die Amarettini mit Marsala tränken. Die Hälfte der Sahnecreme in eine Terrinen- oder Auflaufform (1,2 l Inhalt, mit Frischhaltefolie ausgelegt) geben. Amarettini darauflegen. Restliche Sahnecreme darauf verteilen.

5. Die Form mit Klarsichtfolie zudecken, in das Gefrierfach stellen und mindestens 4 Stunden gefrieren lassen.

6. Semifreddo aus der Form stürzen und die Folie entfernen. Semifreddo in etwa 2 cm dicke Scheiben schneiden und anrichten.

Hinweis: Nur ganz frische Eier verwenden, die nicht älter als 5 Tage sind (Legedatum beachten!).

Spaghetti alla bolognese

Spaghetti nach Bologneser Art

Klassisch – für Kinder

4 Portionen

Pro Portion:
E: 37 g, F: 30 g, Kh: 101 g, kJ: 3470, kcal: 829

3 Zwiebeln
2 Knoblauchzehen
100 g Möhren
100 g Staudensellerie
300 g Zucchini
3 EL Olivenöl
400 g Gehacktes vom Schwein
1 Dose geschälte Tomaten (Einwaage 400 g)
½ gestr. EL Salz
1 EL Zucker
frisch gemahlener Pfeffer
1 TL gerebelter Thymian
1 TL gerebelter Oregano
1 Dose pürierte Tomaten (Einwaage 400 g)
1 Topf Basilikum
5 l Wasser
5 gestr. TL Salz
500 g Spaghetti

Zubereitungszeit: 50 Minuten

1. Zwiebeln und Knoblauch abziehen, in kleine Würfel schneiden. Möhren putzen, schälen, waschen. Sellerie putzen und die harten Außenfäden abziehen. Sellerie waschen. Zucchini waschen und die Enden abschneiden. Möhren, Sellerie und Zucchini abtropfen lassen und in kleine Würfel schneiden.

2. Olivenöl in einem großen Topf erhitzen. Zwiebel- und Knoblauchwürfel darin andünsten. Gehacktes hinzufügen und unter ständigem Rühren etwa 5 Minuten anbraten, dabei die Fleischklümpchen mit einer Gabel zerdrücken. Möhren-, Sellerie- und Zucchiniwürfel unterrühren. Geschälte Tomaten hinzugeben.

3. Die Zutaten unter Rühren zum Kochen bringen und etwa 5 Minuten unter Rühren kochen lassen. Mit Salz, Zucker, Pfeffer, Thymian und Oregano würzen. Tomatenpüree unterrühren. Die Sauce mit den Gewürzen abschmecken und warm stellen.

4. Basilikum abspülen und trocken tupfen. Die Blättchen von den Stängeln zupfen. Die Blättchen klein schneiden.

5. Wasser in einem großen Topf mit geschlossenem Deckel zum Kochen bringen. Dann Salz und Spaghetti zugeben. Die Spaghetti im geöffneten Topf bei mittlerer Hitze nach Packungsanleitung kochen lassen, dabei zwischendurch 4–5-mal umrühren.

6. Anschließend die Spaghetti in ein Sieb geben, mit heißem Wasser abspülen und abtropfen lassen. Spaghetti in eine Schüssel geben. Die Sauce hinzufügen und mit den Spaghetti vermengen. Mit Basilikum bestreut sofort servieren.

Spaghetti alla carbonara

Spaghetti nach Köhlerart **Klassisch**

4 Portionen

Pro Portion:

E: 36 g, F: 47 g, Kh: 90 g, kJ: 3885, kcal: 929

100 g Parmesan-Käse
2 Becher Crème fraîche (je 150 g)
4 Eier (Größe M)
1 EL gehacktes Basilikum
Salz
etwas Tabasco

5 l Wasser
5 gestr. TL Salz
500 g Spaghetti
oder dünne, grüne Bandnudeln

75 g geräucherter, durchwachsener Speck
1 EL Olivenöl

Zubereitungszeit: 30 Minuten

1. Parmesan-Käse auf einer Haushaltsreibe reiben. Parmesan-Käse mit Crème fraîche, Eiern und Basilikum verrühren. Mit Salz und Tabasco abschmecken.

2. Wasser in einem großen Topf mit geschlossenem Deckel zum Kochen bringen. Dann Salz und Nudeln zugeben. Die Nudeln im geöffneten Topf bei mittlerer Hitze nach Packungsanleitung kochen lassen, dabei zwischendurch 4–5-mal umrühren.

3. Anschließend die Nudeln in ein Sieb geben, mit heißem Wasser abspülen und abtropfen lassen.

4. Speck in kleine Würfel schneiden. Olivenöl in einer großen Pfanne erhitzen, Speckwürfel darin auslassen (anbraten). Nudeln und Käse-Crème-fraîche-Sauce unterrühren, unter Rühren erhitzen, bis die Sauce gebunden ist (nicht kochen lassen, da sie sonst gerinnt).

Tipps: Statt Crème fraîche kann auch Schlagsahne verwendet werden. Die Sauce wird dann etwas dünner. Sie können auch 1 Becher Crème fraîche durch 100 ml Weißwein ersetzen.

Spaghetti alla siziliana

Spaghetti melanzane e peperoni

Raffiniert – preiswert

4 Portionen

Pro Portion:
E: 20 g, F: 26 g, Kh: 79 g, kJ: 2639, kcal: 630

1 große Aubergine (etwa 300 g)
Salz
2 gelbe Paprikaschoten
400 g Tomaten
4 Sardellenfilets
2 EL Kapern
12 entsteinte, schwarze Oliven
3 Knoblauchzehen
6 EL Olivenöl
frisch gemahlener Pfeffer
einige vorbereitete Basilikumblättchen

4 l Wasser
4 gestr. TL Salz
400 g Spaghetti

40 g geriebener Parmesan-Käse

Zubereitungszeit: 45 Minuten, ohne Zieh- und Abkühlzeit
Garzeit: etwa 15 Minuten

1. Aubergine waschen und den Stängelansatz entfernen. Aubergine in etwa 1 cm dicke Scheiben schneiden, mit Salz bestreuen und etwa 15 Minuten ziehen lassen.

2. Paprika halbieren, entstielen, entkernen und die weißen Scheidewände entfernen. Schoten auf ein Backblech legen und unter dem vorgeheizten Grill rösten, bis die Haut Blasen wirft. Das Backblech herausnehmen. Schotenhälften mit einem feuchten Geschirrtuch zudecken und 5–10 Minuten abkühlen lassen. Dann die Haut von den Schotenhälften abziehen und das Fruchtfleisch in Würfel schneiden.

3. Auberginenscheiben kalt abspülen, trocken tupfen und in kleine Würfel schneiden. Die Tomaten waschen, kreuzweise einschneiden und einige Sekunden in kochendes Wasser legen. Tomaten kurz in kaltes Wasser legen, enthäuten, halbieren, entkernen und die Stängelansätze herausschneiden. Tomatenhälften in kleine Würfel schneiden.

4. Sardellenfilets abspülen und trocken tupfen. Kapern und Oliven abtropfen lassen. Knoblauch abziehen. Die vorbereiteten Zutaten in kleine Stücke schneiden.

5. Olivenöl in einem Topf erhitzen. Knoblauch darin andünsten. Restliche vorbereitete Zutaten hinzufügen, zum Kochen bringen und etwa 15 Minuten bei schwacher Hitze kochen lassen. Die Sauce mit Salz und Pfeffer würzen, Basilikumblättchen unterrühren.

6. Wasser in einem großen Topf mit geschlossenem Deckel zum Kochen bringen. Dann Salz und Spaghetti zugeben. Die Spaghetti im geöffneten Topf bei mittlerer Hitze nach Packungsanleitung kochen lassen, dabei zwischendurch 4–5-mal umrühren.

7. Anschließend die Spaghetti in ein Sieb geben, mit heißem Wasser abspülen, abtropfen lassen und in eine vorgewärmte Schüssel geben.

8. Spaghetti mit der Sauce vermischen und mit Parmesan-Käse bestreut servieren.

Spaghetti Genua

Spaghetti alla genovese | **Vegetarisch**

4 Portionen

Pro Portion:
E: 23 g, F: 40 g, Kh: 72 g, kJ: 3081, kcal: 736

1 Bund Basilikum
3–4 EL gehackte Petersilie
5 abgezogene Knoblauchzehen
1 gestr. TL Salz
50 g frisch geriebener Parmesan-Käse
70 g frisch geriebener Pecorino (italienischer Schafkäse)
125 ml (1/8 l) Olivenöl

4 l Wasser
4 gestr. TL Salz
400 g Spaghetti

Zubereitungszeit: 25 Minuten

1. Für die Sauce Basilikum abspülen und trocken tupfen. Mit Petersilie, Knoblauch und Salz in einem Mörser fein zerdrücken (oder ganz fein hacken).

2. Parmesan- und Pecorino-Käse hinzugeben und gut untermischen. Esslöffelweise Olivenöl unterrühren, bis eine cremige Masse entsteht (oder Olivenöl in den Mixer geben und mit den Kräutern und dem Käse zu einer cremigen Masse verrühren).

3. Wasser in einem großen Topf mit geschlossenem Deckel zum Kochen bringen. Dann Salz und Spaghetti zugeben. Die Spaghetti im geöffneten Topf bei mittlerer Hitze nach Packungsanleitung kochen lassen, dabei zwischendurch 4–5-mal umrühren.

4. Anschließend die Spaghetti in ein Sieb geben, mit heißem Wasser abspülen und abtropfen lassen.

5. Spaghetti in eine vorgewärmte Schüssel geben und mit der Kräuter-Käse-Sauce mischen, sofort servieren.

Spaghetti mit Fisch-Tomaten-Sauce

Spaghetti al sugo di tonno | **Einfach**

4 Portionen

Pro Portion:
E: 32 g, F: 28 g, Kh: 75 g, kJ: 2903, kcal: 694

4 l	*Wasser*
4 gestr. TL	*Salz*
400 g	*Spaghetti*

Für die Fisch-Tomaten-Sauce:

1 Dose	*geschälte Tomaten (Einwaage 800 g)*
200 g	*Schlagsahne*
	Salz
	frisch gemahlener Pfeffer
½ TL	*gerebelter Oregano*
2 Dosen	*Tunfisch, naturell (je 155 g)*

Zubereitungszeit: 25 Minuten

1. Wasser in einem großen Topf mit geschlossenem Deckel zum Kochen bringen. Dann Salz und Spaghetti zugeben. Die Spaghetti im geöffneten Topf bei mittlerer Hitze nach Packungsanleitung kochen lassen, dabei zwischendurch 4–5-mal umrühren.

2. Anschließend die Spaghetti in ein Sieb geben, mit heißem Wasser abspülen, abtropfen lassen und warm stellen.

3. Für die Sauce Tomaten mit dem Saft in einen Topf geben, dabei die Tomaten zerdrücken. Sahne unterrühren. Mit Salz, Pfeffer und Oregano würzen, zum Kochen bringen und bei mittlerer Hitze sämig einkochen.

4. Tunfisch gut abtropfen lassen und in kleine Stücke zerteilen, in die Sauce geben und erwärmen.

5. Die Spaghetti mit der Sauce anrichten.

Tipp: TK-Basilikum unter die Sauce rühren.

Spaghetti mit Garnelen

Spaghetti ai gamberi | **Raffiniert – mit Alkohol**

4 Portionen

Pro Portion:
E: 32 g, F: 13 g, Kh: 73 g, kJ: 2333, kcal: 558

4 l Wasser
4 gestr. TL Salz
400 g Spaghetti

4 Knoblauchzehen
1 Frühlingszwiebel
400 g frische Garnelen (mit Schwanz, ohne Schale)
3 Stängel glatte Petersilie
frischer Majoran
frischer Thymian
4 EL Olivenöl
Salz
frisch gemahlener Pfeffer
100 ml Weißwein

Zubereitungszeit: 25 Minuten

1. Wasser in einem großen Topf mit geschlossenem Deckel zum Kochen bringen. Dann Salz und Spaghetti zugeben. Die Spaghetti im geöffneten Topf bei mittlerer Hitze nach Packungsanleitung kochen lassen, dabei zwischendurch 4–5-mal umrühren.

2. Anschließend die Spaghetti in ein Sieb geben, mit heißem Wasser abspülen, abtropfen lassen und warm stellen.

3. Knoblauch abziehen und klein würfeln. Frühlingszwiebel waschen, abtropfen lassen und in Ringe schneiden.

4. Garnelen unter fließendem kalten Wasser abspülen, trocken tupfen und den Darm entfernen.

5. Kräuter abspülen und trocken tupfen. Die Blättchen von den Stängeln zupfen (einige Blättchen zum Bestreuen beiseitelegen) und dann die Blättchen klein schneiden.

6. Olivenöl in einer Pfanne erhitzen, Garnelen darin von beiden Seiten etwa 2 Minuten braten, mit Salz und Pfeffer bestreuen. Knoblauchwürfel, Zwiebelringe und Kräuter hinzufügen, kurz durchdünsten lassen. Den Wein hinzugießen und erhitzen.

7. Spaghetti mit der Kräutersauce und den Garnelen anrichten, mit den beiseitegelegten Kräuterblättchen bestreuen.

Spaghetti mit Meeresfrüchten

Spaghetti ai frutti di mare

Raffiniert – für Gäste

4 Portionen

Pro Portion:
E: 27 g, F: 8 g, Kh: 73 g, kJ: 2018, kcal: 482

4 l Wasser
4 gestr. TL Salz
400 g Spaghetti

200 g Muscheln mit Schalen
200 g küchenfertige, kleine Tintenfische
100 g Lachsfilet
2 EL Olivenöl
2 EL Zwiebelwürfel
2 abgezogene, gewürfelte Knoblauchzehen
150 g Tomatenwürfel
1 kleines Bund Basilikum
Salz
frisch gemahlener, grober, bunter Pfeffer

Zubereitungszeit: 30 Minuten

1. Wasser in einem großen Topf mit geschlossenem Deckel zum Kochen bringen. Dann Salz und Spaghetti zugeben. Die Spaghetti im geöffneten Topf bei mittlerer Hitze nach Packungsanleitung kochen lassen, dabei zwischendurch 4–5-mal umrühren.

2. Anschließend die Spaghetti in ein Sieb geben, mit heißem Wasser abspülen, abtropfen lassen und warm stellen.

3. In der Zwischenzeit Muscheln in reichlich kaltem Wasser gründlich waschen und einzeln abbürsten, bis sie nicht mehr sandig sind (Muscheln, die sich beim Waschen öffnen, sind ungenießbar). Eventuell die Fäden (Bartbüschel) entfernen. Tintenfische und Lachsfilet unter fließendem kalten Wasser abspülen und trocken tupfen. Anschließend das Lachsfilet in Würfel schneiden.

4. Olivenöl in einem Topf erhitzen. Zwiebel- und Knoblauchwürfel darin andünsten. Tintenfische, Muscheln und Lachswürfel hinzufügen und mit andünsten. Die Tomatenwürfel unterrühren.

5. Basilikum abspülen und trocken tupfen. Die Blättchen von den Stängeln zupfen (einige Blättchen zum Garnieren beiseitelegen). Blättchen klein schneiden und zu den Meeresfrüchten geben. Mit Salz und Pfeffer würzen.

6. Spaghetti mit der Sauce auf Tellern anrichten und mit den beiseitegelegten Basilikumblättchen garnieren.

Spaghetti mit Mozzarella

Spaghetti al sugo di pomodoro
e mozzarella

Einfach

4 Portionen

Pro Portion:
E: 27 g, F: 26 g, Kh: 77 g, kJ: 2757, kcal: 658

300 g Mozzarella-Käse
1 1/4 kg Tomaten
2 Knoblauchzehen
4 EL Olivenöl
Salz
frisch gemahlener Pfeffer
Zucker
1 Topf Basilikum

4 l Wasser
4 gestr. TL Salz
400 g grüne Spaghetti

Zubereitungszeit: 35 Minuten

1. Mozzarella in einem Sieb abtropfen lassen. Anschließend durch eine Kartoffelpresse drücken oder in sehr kleine Würfel schneiden.

2. Tomaten waschen, kreuzweise einschneiden und einige Sekunden in kochendes Wasser legen. Tomaten kurz in kaltes Wasser legen, enthäuten, halbieren, entkernen und die Stängelansätze herausschneiden. Tomaten in kleine Stücke schneiden.

3. Knoblauch abziehen und in kleine Würfel schneiden. 2 Esslöffel des Olivenöls in einem Topf erhitzen. Knoblauchwürfel darin andünsten. Tomatenstücke hinzufügen und kurz mit andünsten. Mit Salz, Pfeffer und Zucker würzen.

4. Basilikum abspülen und trocken tupfen. Die Blättchen von den Stängeln zupfen. Blättchen in Streifen schneiden und beiseitelegen.

5. Wasser in einem großen Topf mit geschlossenem Deckel zum Kochen bringen. Dann Salz und Spaghetti zugeben. Die Spaghetti im geöffneten Topf bei mittlerer Hitze nach Packungsanleitung kochen lassen, dabei 4–5-mal umrühren.

6. Anschließend die Spaghetti in ein Sieb geben, mit heißem Wasser abspülen und abtropfen lassen.

7. Spaghetti in dem restlichen Olivenöl schwenken und in eine große Schüssel geben. Die Mozzarella-, Tomatenmasse und Basilikumstreifen mit den Spaghetti mischen, sofort servieren.

Beilage: Feldsalat.

Spaghetti mit Olivensauce

Spaghetti al sugo di verdure con olive

Schnell

4 Portionen

Pro Portion:
E: 22 g, F: 28 g, Kh: 81 g, kJ: 2810, kcal: 671

Für die Olivensauce:

2 Zwiebeln
1 Knoblauchzehe
100 g Möhren
100 g Knollensellerie
½ Stange Porree (Lauch)
100 g schwarze Oliven ohne Stein
50 g Pinienkerne
3 EL Olivenöl
Paprikapulver edelsüß
1 Dose geschälte Tomaten (Einwaage 800 g)
1–2 EL Tomatenmark
Salz
1 Prise Zucker
Cayennepfeffer
1 Knoblauchzehe

4 l Wasser
4 gestr. TL Salz
400 g Spaghetti

40 g gehobelter Parmesan-Käse

Zubereitungszeit: 30 Minuten, ohne Abkühlzeit

1. Für die Sauce Zwiebeln abziehen und in kleine Würfel schneiden. Den Knoblauch abziehen und zerdrücken.

2. Möhren und Sellerie putzen, schälen, waschen, abtropfen lassen und in kleine Würfel schneiden. Porree putzen, die Stange längs halbieren, gründlich waschen, abtropfen lassen und in Streifen schneiden. Oliven halbieren oder vierteln.

3. Pinienkerne in einer Pfanne ohne Fett hellbraun rösten, herausnehmen und auf einem Teller erkalten lassen.

4. Das Olivenöl in einer Pfanne erhitzen, Zwiebelwürfel und Knoblauch darin andünsten. Möhren-, Selleriewürfel und Porreestreifen hinzufügen und mit andünsten, mit Paprika bestreuen. Tomaten mit dem Saft und Tomatenmark gut unterrühren, zum Kochen bringen, dabei die Tomaten etwas zerdrücken. Die Sauce bei schwacher Hitze etwa 5 Minuten sämig einkochen lassen.

5. Mit Salz, Zucker und Cayennepfeffer würzen. Knoblauch abziehen, zerdrücken, mit Oliven und Pinienkernen unterrühren.

6. Wasser in einem großen Topf mit geschlossenem Deckel zum Kochen bringen. Dann Salz und Spaghetti zugeben. Die Spaghetti im geöffneten Topf bei mittlerer Hitze nach Packungsanleitung kochen lassen, dabei zwischendurch 4–5-mal umrühren.

7. Anschließend die Spaghetti in ein Sieb geben, mit heißem Wasser abspülen und abtropfen lassen.

8. Spaghetti mit der Olivensauce anrichten und mit Käse bestreut servieren.

Spaghetti mit Peperoni

Spaghetti all'arrabbiata | **Vegetarisch**

4 Portionen

Pro Portion:
E: 21 g, F: 33 g, Kh: 77 g, kJ: 2911, kcal: 694

1 kleiner
Zweig Rosmarin
1 kleine Peperoni
2 Knoblauchzehen
100 ml Olivenöl
2 Dosen stückige Tomaten (Einwaage je 400 g)
10 Basilikumblättchen
Salz
frisch gemahlener Pfeffer

4 l Wasser
4 gestr. TL Salz
400 g Spaghetti

80 g geriebener Parmesan-Käse

Zubereitungszeit: 25 Minuten

1. Rosmarin und Peperoni abspülen und trocken tupfen. Knoblauch abziehen.

2. Olivenöl in einem Topf erhitzen. Rosmarinzweig, Peperoni und Knoblauch darin andünsten. Sobald der Knoblauch goldgelb geworden ist, Rosmarin und Knoblauch aus der Pfanne nehmen. Tomaten mit dem Saft hinzufügen, dabei die Tomaten etwas zerdrücken.

3. Die Sauce zum Kochen bringen und etwa 5 Minuten einkochen lassen. Basilikumblättchen abspülen, trocken tupfen, in Stückchen zupfen und unter die Sauce rühren. Peperoni entfernen. Mit Salz und Pfeffer abschmecken.

4. Wasser in einem großen Topf mit geschlossenem Deckel zum Kochen bringen. Dann Salz und Spaghetti zugeben. Die Spaghetti im geöffneten Topf bei mittlerer Hitze nach Packungsanleitung kochen lassen, dabei zwischendurch 4–5-mal umrühren. Spaghetti in ein Sieb geben, mit heißem Wasser abspülen und abtropfen lassen.

5. Spaghetti mit der Tomatensauce anrichten. Käse dazureichen.

Spaghetti mit Pilzsauce

Spaghetti con funghi e panna **| Für Gäste**

4 Portionen

Pro Portion:
E: 29 g, F: 46 g, Kh: 74 g, kJ: 3498, kcal: 836

Für die Pilzsauce:

750 g Champignons
100 g Schinkenspeck
1 Zwiebel
1 Knoblauchzehe
3–4 EL Olivenöl
Salz
frisch gemahlener Pfeffer
1 Becher Crème fraîche (150 g)
125 g Schlagsahne
80 g frisch geriebener Parmesan-Käse
2 EL Schnittlauchröllchen
2 EL gehackte, glatte Petersilie
einige gehackte Basilikumblättchen

4 l Wasser
4 gestr. TL Salz
400 g Spaghetti
1–2 EL Butter

Nach Belieben zum Garnieren:

Schnittlauchröllchen
etwas gehackte, glatte Petersilie
einige gehackte Basilikumblättchen

Zubereitungszeit: 35 Minuten

1. Für die Sauce Champignons putzen, mit Küchenpapier abreiben, eventuell abspülen und in Scheiben schneiden. Den Schinkenspeck in Streifen schneiden. Zwiebel und Knoblauch abziehen und in kleine Würfel schneiden.

2. Das Olivenöl in einem Topf erhitzen, Speckstreifen, Zwiebel- und Knoblauchwürfel darin andünsten. Die Champignonscheiben hinzufügen und unter Rühren dünsten, bis die Flüssigkeit fast verdampft ist. Mit Salz und Pfeffer würzen.

3. Crème fraîche mit Sahne und Käse verrühren, zu den Champignonscheiben geben und unter Rühren aufkochen lassen.

4. Schnittlauchröllchen, Petersilie und Basilikumblättchen unterrühren. Die Sauce mit Salz und Pfeffer abschmecken.

5. Wasser in einem großen Topf mit geschlossenem Deckel zum Kochen bringen. Dann Salz und Spaghetti zugeben. Die Spaghetti im geöffneten Topf bei mittlerer Hitze nach Packungsanleitung kochen lassen, dabei zwischendurch 4–5-mal umrühren.

6. Anschließend die Spaghetti in ein Sieb geben, mit heißem Wasser abspülen und abtropfen lassen. Butter zerlassen. Spaghetti darin schwenken und mit der Pilzsauce servieren.

7. Nach Belieben mit Schnittlauchröllchen, Petersilie und Basilikumblättchen garnieren.

Tipp: Statt Schinkenspeck können Sie auch 200 g gekochten Schinken verwenden.

Spaghetti mit Sardellen

Spaghetti alla puttanesca

Raffiniert

4 Portionen

Pro Portion:
E: 17 g, F: 17 g, Kh: 77 g, kJ: 2246, kcal: 536

1 kg	*reife Tomaten*
2	*Knoblauchzehen*
4 EL	*Olivenöl*
4 l	*Wasser*
4 gestr. TL	*Salz*
400 g	*Spaghetti*
4	*Sardellen*
150 g	*grüne Oliven*
2 EL	*Kapern*
	Salz
1 EL	*gehackte Petersilie*

Zubereitungszeit: 30 Minuten

1. Tomaten waschen, kreuzweise einschneiden und einige Sekunden in kochendes Wasser legen. Tomaten kurz in kaltes Wasser legen, enthäuten, halbieren, entkernen und die Stängelansätze herausschneiden. Tomatenhälften in kleine Würfel schneiden. Knoblauch abziehen.

2. Das Olivenöl in einem Topf erhitzen, Knoblauchzehen darin goldgelb anbraten. Tomatenwürfel in dem Knoblauchöl bei schwacher Hitze gar dünsten.

3. In der Zwischenzeit Wasser in einem großen Topf mit geschlossenem Deckel zum Kochen bringen. Dann Salz und Spaghetti zugeben. Die Spaghetti im geöffneten Topf bei mittlerer Hitze nach Packungsanleitung kochen lassen, dabei zwischendurch 4–5-mal umrühren.

4. Anschließend die Spaghetti in ein Sieb geben, mit heißem Wasser abspülen und abtropfen lassen.

5. Sardellen abspülen, trocken tupfen, entgräten und in kleine Stückchen schneiden. Oliven entkernen. Kapern abtropfen lassen.

6. Sardellenstückchen, Oliven und Kapern unter die Tomatensauce rühren. Mit Salz abschmecken.

7. Spaghetti mit der Sardellen-Tomaten-Sauce anrichten und mit Petersilie bestreut servieren.

Spaghetti mit Tomaten-Basilikum-Sauce

Spaghetti alla marinara I

Klassisch – mit Alkohol

4 Portionen

Pro Portion:
E: 26 g, F: 23 g, Kh: 95 g, kJ: 2956, kcal: 706

Für die Tomaten-Basilikum-Sauce:

1 kg Fleischtomaten
2 Zwiebeln
2 Knoblauchzehen
5 EL Olivenöl
3 EL Rotwein
Salz
frisch gemahlener Pfeffer
gerebelter Oregano
1 Topf Basilikum

5 l Wasser
5 gestr. TL Salz
500 g Spaghetti

100 g Parmesan-Käse

Zubereitungszeit: 35 Minuten

1. Für die Sauce Tomaten waschen, abtropfen lassen, kreuzweise einschneiden und einige Sekunden in kochendes Wasser legen. Tomaten kurz in kaltes Wasser legen, enthäuten, halbieren, entkernen und die Stängelansätze herausschneiden. Tomaten in Würfel schneiden. Zwiebeln und Knoblauch abziehen und klein würfeln.

2. Olivenöl in einer Pfanne erhitzen. Zwiebel- und Knoblauchwürfel darin andünsten. Tomatenwürfel hinzugeben und mit andünsten. Rotwein hinzufügen. Mit Salz, Pfeffer und Oregano würzen.

3. Basilikum abspülen und trocken tupfen. Die Blättchen von den Stängeln zupfen. Blättchen in Streifen schneiden und unterrühren.

4. Wasser in einem großen Topf mit geschlossenem Deckel zum Kochen bringen. Dann Salz und Spaghetti hinzugeben. Die Spaghetti im geöffneten Topf bei mittlerer Hitze nach Packungsanleitung kochen lassen, dabei zwischendurch 4–5-mal umrühren.

5. Anschließend die Spaghetti in ein Sieb geben, mit heißem Wasser abspülen und abtropfen lassen.

6. Spaghetti in 4 tiefen Tellern anrichten. Tomaten-Basilikum-Sauce daraufgeben. Mit Käse bestreuen.

Tipp: Statt der frischen Tomaten können Sie auch 1 Dose (800 g) geschälte Tomaten verwenden.

Spaghetti mit Tomaten-Muschel-Sauce

Spaghetti al sugo di vongole | **Einfach – schnell**

4 Portionen

Pro Portion:

E: 38 g, F: 31 g, Kh: 75 g, kJ: 3057, kcal: 731

Für die Tomaten-Muschel-Sauce:

4	*mittelgroße Tomaten*
etwa 200 g	*Muscheln (aus der Dose)*
2 Dosen	*Tunfisch, naturell (Abtropfgewicht je 185 g)*
4	*Knoblauchzehen*
6 EL	*Olivenöl*
	Salz, frisch gemahlener Pfeffer
2 EL	*gehackte, glatte Petersilie*
4 l	*Wasser*
4 gestr. TL	*Salz*
400 g	*Spaghetti*

Nach Belieben zum Bestreuen:

40 g	*gehobelter Parmesan-Käse*
etwas	*gehackte, glatte Petersilie*

Zubereitungszeit: 25 Minuten

1. Für die Sauce Tomaten waschen, abtropfen lassen, kreuzweise einschneiden und einige Sekunden in kochendes Wasser legen. Tomaten kurz in kaltes Wasser legen, enthäuten, halbieren, entkernen und Stängelansätze herausschneiden. Die Tomaten klein schneiden.

2. Muscheln in einem Sieb abtropfen lassen. Den Sud dabei auffangen. Tunfisch abtropfen lassen und mit einer Gabel etwas zerpflücken.

3. Knoblauch abziehen und klein würfeln. Olivenöl in einer großen Pfanne erhitzen. Knoblauchwürfel darin andünsten. Tomatenstücke hinzufügen und kurz mitdünsten lassen. Muscheln und Tunfisch vorsichtig unterrühren. Die Sauce erhitzen, eventuell den aufgefangenen Muschelsud unterrühren, bis die Sauce die gewünschte Konsistenz hat. Mit Salz und Pfeffer würzen. Petersilie untermischen.

4. Wasser in einem großen Topf mit geschlossenem Deckel zum Kochen bringen. Dann Salz und Spaghetti zugeben. Die Spaghetti im geöffneten Topf bei mittlerer Hitze nach Packungsanleitung kochen lassen, dabei zwischendurch 4–5-mal umrühren.

5. Spaghetti in ein Sieb geben, mit heißem Wasser abspülen, abtropfen lassen.

6. Die Spaghetti in eine vorgewärmte, große Schüssel geben. Die Muschelsauce darauf verteilen.

7. Nach Belieben mit Käse und Petersilie bestreuen und sofort servieren.

Spaghetti „Surprise“

Spaghetti al sugo esotico | **Raffiniert**

4 Portionen

Pro Portion:
E: 27 g, F: 8 g, Kh: 103 g, kJ: 2563, kcal: 612

Für die Gemüsesauce:

1 Zwiebel
1 Knoblauchzehe
300 g Möhren
2 Paprikaschoten (350 g)
2 EL Speiseöl
Salz
frisch gemahlener Pfeffer
1 Dose Ananasstücke (Abtropfgewicht 340 g)
125 ml (1/8 l) Ananassaft aus der Dose
200 g gekochter Schinken
500 g passierte Tomaten (aus dem Tetra Pak®)
Cayennepfeffer
evtl. etwas heller Saucenbinder

4 l Wasser
4 gestr. TL Salz
400 g Spaghetti

Zubereitungszeit: 30 Minuten

1. Zwiebel und Knoblauch abziehen, in kleine Würfel schneiden. Möhren putzen, schälen, waschen, abtropfen lassen und in Scheiben schneiden. Paprika halbieren, entstielen, entkernen und die weißen Scheidewände entfernen. Schoten waschen, abtropfen lassen und in Stücke schneiden.

2. Speiseöl in einem Topf erhitzen. Zwiebel- und Knoblauchwürfel darin andünsten. Möhrenscheiben und Paprikastücke hinzufügen und mit andünsten. Mit Salz und Pfeffer würzen.

3. Ananasstücke in einem Sieb abtropfen lassen, den Saft auffangen, 125 ml (1/8 l) davon abmessen und zu dem angedünsteten Gemüse geben. Das Gemüse zugedeckt etwa 10 Minuten garen.

4. Schinken in Würfel schneiden, mit den Ananasstücken und passierten Tomaten zum Gemüse geben. Mit Salz, Pfeffer und Cayennepfeffer kräftig würzen und erhitzen. Die Sauce nach Belieben mit Saucenbinder binden und warm stellen.

5. Wasser in einem großen Topf mit geschlossenem Deckel zum Kochen bringen. Dann Salz und Spaghetti zugeben. Die Spaghetti im geöffneten Topf bei mittlerer Hitze nach Packungsanleitung kochen lassen, dabei zwischendurch 4–5-mal umrühren.

6. Anschließend die Spaghetti in ein Sieb geben, mit heißem Wasser abspülen und abtropfen lassen.

7. Spaghetti mit der Gemüsesauce anrichten und sofort servieren.

Tipps: Sehr gut schmeckt dieses Gericht auch mit Putenbrustaufschnitt. Sie können es zusätzlich mit etwas Tomatenketchup abschmecken.

Spaghetti-Auflauf mit Muscheln und Lachs

Sformato di spaghetti con vongole e salmone **Für Gäste**

4 Portionen

Pro Portion:
E: 19 g, F: 33 g, Kh: 77 g, kJ: 2894, kcal: 691

200 g TK-Muscheln (ohne Schale)
2 1/2 l Wasser
2 1/2 gestr. TL Salz
250 g Spaghetti
150 g grüner Spargel
Salz
200 g Lachsfilet
1 Bund glatte Petersilie
frisch gemahlener Pfeffer
2–3 EL Zitronensaft
400 g Schlagsahne
2 Eier (Größe M)
2 EL frisch geriebener Parmesan-Käse
4 EL Semmelbrösel
40 g Butter

Zubereitungszeit: 50 Minuten, ohne Auftauzeit
Garzeit: etwa 30 Minuten

1. Die Muscheln nach Packungsanleitung auftauen lassen.

2. Wasser in einem großen Topf mit geschlossenem Deckel zum Kochen bringen. Dann Salz und Nudeln zugeben. Die Nudeln im geöffneten Topf bei mittlerer Hitze nach Packungsanleitung kochen lassen, dabei zwischendurch 4–5-mal umrühren.

3. Anschließend die Nudeln in ein Sieb geben, mit heißem Wasser abspülen und abtropfen lassen.

4. Von den Spargelstangen das untere Drittel schälen, die unteren Enden abschneiden. Die Spargelstangen in kochendem Salzwasser etwa 5 Minuten garen, anschließend in einem Sieb abtropfen lassen. Muscheln und Lachsfilet unter fließendem kalten Wasser abspülen und trocken tupfen. Lachsfilet in Würfel schneiden. Petersilie abspülen und trocken tupfen. Die Blättchen von den Stängeln zupfen, Blättchen klein schneiden.

5. Die Spaghetti mit Spargel, Muscheln, Lachswürfeln und Petersilie gut vermengen, mit Salz, Pfeffer und Zitronensaft würzen und in eine große Auflaufform (gefettet) füllen.

6. Sahne und Eier verschlagen, mit Salz und Pfeffer würzen und über die Spaghettimischung gießen. Den Parmesan-Käse mit Semmelbröseln mischen und daraufstreuen. Butterflöckchen darauf verteilen. Die Form auf dem Rost in den vorgeheizten Backofen schieben.
Ober-/Unterhitze: etwa 180 °C
Heißluft: etwa 160 °C
Garzeit: etwa 30 Minuten.

Spargel mit Parmesan-Käse

Asparagi alla parmigiana

Klassisch

4 Portionen

Pro Portion:
E: 17 g, F: 36 g, Kh: 9 g, kJ: 1816, kcal: 435

2 kg	*grüner Spargel*
500 ml (1/2 l)	*Wasser*
1 gestr. TL	*Salz*
40 g	*Butter*
100 g	*frisch geriebener Parmesan-Käse*
130 g	*zerlassene Butter*

Zubereitungszeit: 45 Minuten
Backzeit: etwa 5 Minuten

1. Von dem grünen Spargel das untere Drittel schälen und die unteren Enden abschneiden. Spargelstangen waschen und abtropfen lassen.

2. Wasser mit Salz und Butter in einem hohen Topf zum Kochen bringen. Spargelstangen hinzufügen, zum Kochen bringen und zugedeckt etwa 8 Minuten garen.

3. Die Spargelstangen mit einer Schaumkelle herausnehmen, abtropfen lassen und auf eine feuerfeste Platte legen. Spargelstangen mit Parmesan-Käse bestreuen. Butter darauf verteilen.

4. Die Platte auf dem Rost in den vorgeheizten Backofen schieben und den Spargel überbacken.
Ober-/Unterhitze: etwa 220 °C
Heißluft: etwa 200 °C
Backzeit: etwa 5 Minuten.

Spargel, venezianisch

Asparagi alla veneziana | **Einfach**

4 Portionen

Pro Portion:
E: 21 g, F: 63 g, Kh: 8 g, kJ: 2822, kcal: 674

1 kg weißer Spargel
1 kg grüner Spargel
500 ml (1/2 l) Wasser
1 gestr. TL Salz
etwas Zucker
1 TL Butter
1 EL Olivenöl
8 Eier (Größe M)
grobes Meersalz
frisch gemahlener Pfeffer
250 ml (1/4 l) Olivenöl
evtl. 8 EL Rotweinessig

Zubereitungszeit: 60 Minuten

1. Den weißen Spargel von oben nach unten schälen. Darauf achten, dass die Schalen vollständig entfernt, die Köpfe aber nicht verletzt werden. Die unteren Enden abschneiden (holzige Stellen vollkommen entfernen). Von dem grünen Spargel das untere Drittel schälen und die Enden abschneiden. Den Spargel waschen und abtropfen lassen.

2. Wasser mit Salz, Zucker, Butter und Olivenöl in einem großen Topf zum Kochen bringen. Spargel hinzufügen, zum Kochen bringen und zugedeckt garen (weißer Spargel 10–12 Minuten, grüner Spargel 8–10 Minuten). Den Spargel abtropfen lassen, auf einer vorgewärmten Platte anrichten und warm stellen.

3. Wasser in einem Topf zum Kochen bringen. Eier mit einem Löffel hineingleiten lassen und im geöffneten Topf in etwa 6 Minuten wachsweich kochen. Eier mit dem Löffel herausnehmen und mit kaltem Wasser abschrecken.

4. Eier pellen, grob hacken und auf dem angerichteten Spargel verteilen. Mit Salz und Pfeffer bestreuen. Olivenöl daraufgießen. Nach Belieben mit Essig beträufeln.

Tipp: Frisch aufgebackenes Ciabatta-Brot dazureichen.

Spargel-Risotto Risotto agli asparagi

Raffiniert

4 Portionen

Pro Portion:
E: 15 g, F: 25 g, Kh: 55 g, kJ: 2119, kcal: 507

2	*Zwiebeln*
4 EL	*Olivenöl*
250 g	*Risotto-Reis (z. B. Arborio-Reis oder Vialone-Reis), Salz*
½ Döschen	*Safranpulver (0,1 g)*
750 ml (¾ l)	*Geflügelbrühe*
750 g	*grüner Spargel*
100 g	*Schlagsahne*
3–4 EL	*gehobelter Parmesan-Käse*
	frisch gestoßener, schwarzer Pfeffer

Zubereitungszeit: 40 Minuten

1. Zwiebeln abziehen und in kleine Würfel schneiden. Olivenöl in einem Topf erhitzen, Zwiebelwürfel darin glasig dünsten. Reis hinzufügen. Mit Salz und Safran würzen. Brühe nach und nach hinzugießen. Den Reis zugedeckt nach Packungsanleitung garen, dabei gelegentlich umrühren, eventuell noch etwas Brühe hinzufügen.

2. Von dem Spargel nur das untere Drittel schälen und die Enden abschneiden. Spargel waschen, abtropfen lassen und in etwa 3 cm lange Stücke schneiden. Spargelstücke und Sahne etwa 10 Minuten vor Ende der Garzeit zum Reis geben und mitgaren lassen.

3. Risotto in einer Schüssel anrichten. Mit Parmesan-Käse und Pfeffer bestreuen.

Tipps: Sie können zusätzlich gegarte Scampi auf den Risotto geben oder auch Flusskrebse. Für Risotto immer Risotto-Reis verwenden, diese Sorten werden auch als Mittelkornreis bezeichnet, da sie in ihren Eigenschaften zwischen Rund- und Langkornreis liegen. Nur diese Risotto-Reis-Sorten verbinden sich auch optimal mit der Flüssigkeit.

Spargelsalat mit Garnelen

Insalata di asparagi e gamberi

Für Gäste – etwas teurer

8–10 Portionen

Pro Portion:
E: 16 g, F: 9 g, Kh: 5 g, kJ: 707, kcal: 169

600 g TK-Garnelen (ohne Kopf)
750 g weißer Spargel
500 g grüner Spargel
Salz
250 g Zuckerschoten
evtl. etwas Olivenöl

Für das Dressing:
4 EL Limettensaft
1–2 EL Sojasauce
frisch gemahlener Pfeffer
2–3 TL Sesamöl
4 EL Sonnenblumenöl
3 Knoblauchzehen, klein gewürfelt
100 g Feldsalat
½ Kopf Lollo Bionda

1 kleine Bio-Limette (unbehandelt, ungewachst)
rosa Pfefferbeeren

Zubereitungszeit: 40 Minuten, ohne Auftau- und Abkühlzeit

1. Garnelen nach Packungsanleitung auftauen lassen. In der Zwischenzeit den weißen Spargel von oben nach unten schälen. Darauf achten, dass die Schalen vollständig entfernt, die Köpfe aber nicht verletzt werden. Die unteren Enden abschneiden (holzige Stellen vollkommen entfernen). Von dem grünen Spargel nur das untere Drittel schälen und die Enden abschneiden. Spargel waschen, abtropfen lassen, in Stücke schneiden und in kochendem Salzwasser etwa 10 Minuten bissfest garen. Spargelstücke in einem Sieb abtropfen und erkalten lassen.

2. Zuckerschoten putzen und die Enden abschneiden. Zuckerschoten in kochendem Salzwasser 3–4 Minuten blanchieren. Schoten in ein Sieb geben, kurz in eiskaltes Wasser tauchen, damit die Schoten ihre Farbe behalten, abtropfen und erkalten lassen.

3. Aufgetaute Garnelen unter fließendem kalten Wasser abspülen und trocken tupfen. Garnelen nach Belieben kurz in erhitztem Olivenöl anbraten, mit Salz und Pfeffer bestreuen.

4. Für das Dressing Limettensaft mit Sojasauce verrühren, mit Salz und Pfeffer würzen. Sesam- und Sonnenblumenöl unterschlagen. Knoblauchwürfel hinzufügen.

5. Den Salat putzen, waschen, trocken tupfen oder schleudern. Dann Spargelstücke, Zuckerschoten und Salatblätter dekorativ auf einer Platte anrichten und mit dem Dressing beträufeln. Garnelen darauf verteilen.

6. Limetten heiß abwaschen, abtrocknen und in Scheiben schneiden. Den Salat mit Limettenscheiben garnieren und anschließend mit roten Pfefferbeeren bestreuen.

Spinatgemüse mit Pinienkernen

Minestra di riso e spinaci con pinoli

Vegetarisch

4 Portionen

Pro Portion:
E: 9 g, F: 23 g, Kh: 36 g, kJ: 1643, kcal: 392

500 g	*frischer Blattspinat*
5 EL	*Olivenöl*
2	*Knoblauchzehen*
1 gestr. TL	*Salz*
	Saft von
1	*Zitrone*
100 ml	*Gemüsebrühe*
	Salz, frisch gemahlener Pfeffer
	frisch geriebene Muskatnuss
	Cayennepfeffer
1 Prise	*Zucker*
2	*Tomaten*
100 g	*eingeweichte Korinthen*
250 g	*gekochter Reis*
1 Bund	*Zitronenmelisse*
75 g	*Pinienkerne*

Zubereitungszeit: 30 Minuten

1. Spinat putzen, gründlich waschen und in einem Sieb gut abtropfen lassen.

2. Olivenöl in einem Topf erhitzen. Knoblauch abziehen, mit Salz zerreiben, hinzugeben und kurz andünsten.

3. Spinat in das Knoblauchfett geben, mit Zitronensaft beträufeln und zugedeckt bei schwacher Hitze etwa 5 Minuten dünsten. Brühe hinzugießen. Den Spinat mit Salz, Pfeffer, Muskat, Cayennepfeffer und Zucker kräftig würzen.

4. Tomaten waschen, kreuzweise einschneiden und einige Sekunden in kochendes Wasser legen. Tomaten kurz in kaltes Wasser legen, enthäuten, halbieren, entkernen und die Stängelansätze herausschneiden. Tomaten in Würfel schneiden.

5. Korinthen, Tomatenwürfel und den gegarten Reis unter den Spinat rühren, bei schwacher Hitze weitere 5 Minuten garen, dabei ab und zu umrühren. Den Spinat noch einmal mit den Gewürzen kräftig abschmecken.

6. Zitronenmelisse abspülen und trocken tupfen. Die Blättchen von den Stängeln zupfen. Blättchen klein schneiden, mit den Pinienkernen unter den Spinat heben, nochmals erhitzen und servieren.

Tipp: Pinienkerne in einer Pfanne ohne Fett kurz anrösten, sie schmecken dann nussiger.

Spinat-Lasagne Lasagne agli spinaci

Einfach

4 Portionen

Pro Portion:
E: 25 g, F: 47 g, Kh: 27 g, kJ: 2645, kcal: 632

600 g TK-Blattspinat
9 Lasagneplatten, ohne Vorkochen
3 EL Speiseöl
2 Pck. Frühstücksspeck (je 100 g)
Salz
frisch gemahlener Pfeffer
frisch geriebene Muskatnuss
2–3 Becher Crème fraîche (je 150 g)
125 g Mozzarella-Käse

Zubereitungszeit: 20 Minuten, ohne Auftauzeit
Garzeit: etwa 30 Minuten

1. Spinat nach Packungsanleitung auftauen lassen.

2. Drei Lasagneplatten in eine rechteckige oder quadratische Form (gefettet) legen.

3. Speiseöl in einer Pfanne erhitzen. Frühstücksspeck in dünne Streifen schneiden und darin andünsten. Aufgetauten Spinat hinzugeben, kurz mitdünsten lassen. Mit Salz, Pfeffer und Muskat würzen.

4. Etwas von der Spinatmasse auf den Lasagneplatten verteilen, 3 Esslöffel Crème fraîche darauf verstreichen.

5. Wieder 3 Lasagneplatten, eine Portion Speck-Spinat-Masse und 3 Esslöffel Crème fraîche daraufgeben. Restliche Lasagneplatten, restliche Speck-Spinat-Masse und restliches Crème fraîche darauf verteilen.

6. Mozzarella abtropfen lassen, in dünne Scheiben schneiden und auf den Auflauf legen. Die Form auf dem Rost in den vorgeheizten Backofen schieben.
Ober-/Unterhitze: 180–200 °C
Heißluft: 160–180 °C
Garzeit: etwa 30 Minuten.

Spinatnudeln Pasta con spinaci e pinoli

Vegetarisch

3 Portionen

Pro Portion:
E: 22 g, F: 26 g, Kh: 63 g, kJ: 2435, kcal: 581

250 g Spaghetti
2 1/2 l Wasser
2 1/2 gestr. TL Salz

40 g Pinienkerne oder gestiftelte Mandeln
1–2 rote Peperoni
2 Zwiebeln
4 EL Olivenöl
450 g TK-Blattspinat
Salz
frisch gemahlener Pfeffer
40 g frisch gehobelter Parmesan-Käse

Zubereitungszeit: 35 Minuten, ohne Abkühlzeit

1. Spaghetti 2-mal durchbrechen. Wasser in einem großen Topf mit geschlossenem Deckel zum Kochen bringen. Dann Salz und Spaghetti zugeben. Die Spaghetti im geöffneten Topf bei mittlerer Hitze nach Packungsanleitung kochen lassen, dabei zwischendurch 4–5-mal umrühren.

2. Anschließend die Spaghetti in ein Sieb geben, mit heißem Wasser abspülen und abtropfen lassen.

3. In der Zwischenzeit Pinienkerne oder Mandeln in einer Pfanne ohne Fett goldbraun rösten, herausnehmen und auf einem Teller erkalten lassen. Die Peperoni der Länge nach aufschneiden, entkernen, abspülen, abtropfen lassen und in Ringe schneiden. Zwiebeln abziehen und in kleine Würfel schneiden.

4. Zwei Esslöffel Olivenöl in der Pfanne erhitzen. Zwiebelwürfel darin andünsten. Den unaufgetauten Blattspinat hinzugeben. Den Spinat zugedeckt etwa 10 Minuten garen. Anschließend den Deckel abnehmen und den Spinat weitergaren, bis die Flüssigkeit verdampft ist. Spinat herausnehmen.

5. Restliches Olivenöl in der Pfanne erhitzen. Die Nudeln darin anbraten. Peperoniringe hinzufügen und kurz mit anbraten. Spinat und Pinienkerne unter die Nudeln heben und erhitzen.

6. Die Spinatnudeln mit Salz und Pfeffer abschmecken. Vor dem Servieren mit Parmesan-Käse bestreuen.

Tipps: Die Spinatnudeln reichen für 4 Personen, wenn Sie sie als Beilage zu kurz gebratenem Fleisch (Lamm, Schweineschnitzel oder Geflügel) servieren. Es kann auch 1 kg frischer Spinat verwendet werden.

Abwandlung: Sie können die Spinatnudeln auch mit Walnusskernen zubereiten. Dann das Olivenöl durch neutrales Öl oder Nussöl ersetzen.

Spinatsalat mit Granatapfelkernen

Insalata con spinaci e melagrana | **Raffiniert**

4 Portionen

Pro Portion:
E: 3 g, F: 19 g, Kh: 15 g, kJ: 1010, kcal: 241

1 reifer, kleiner Granatapfel
30 g Pinienkerne
2 Knoblauchzehen
60 g Schalotten
3 Stängel Thymian
100 g frischer Blattspinat
5 EL Balsamico-Essig
6 EL Olivenöl
Salz, frisch gemahlener Pfeffer
Zucker

Zubereitungszeit: 20 Minuten, ohne Abkühlzeit

1. Granatapfel halbieren. Kerne vorsichtig herauslösen. Die weißen Trennwände entfernen. Pinienkerne in einer Pfanne ohne Fett goldgelb rösten, herausnehmen und auf einem Teller erkalten lassen.

2. Knoblauch und Schalotten abziehen und in kleine Würfel schneiden. Thymian abspülen und trocken tupfen. Die Blättchen von den Stängeln zupfen. Blättchen grob hacken.

3. Spinat putzen, gründlich waschen, gut abtropfen lassen und in breite Streifen schneiden.

4. Essig mit Knoblauch-, Schalottenwürfeln und Thymian verrühren, Olivenöl unterschlagen. Mit Salz, Pfeffer und Zucker würzen.

5. Spinat, Pinienkerne und Granatapfelkerne zur Marinade geben und unterheben. Den Salat nochmals mit den Gewürzen abschmecken.

Spinat-Schafkäse-Lasagne

Lasagne agli spinaci e pecorino | **Vegetarisch**

4 Portionen

Pro Portion:
E: 35 g, F: 47 g, Kh: 57 g, kJ: 3389, kcal: 810

3 Knoblauchzehen
3 mittelgroße Zwiebeln
4 EL Olivenöl
600 g TK-Blattspinat
2–3 EL Wasser
Salz
frisch gemahlener Pfeffer
etwas frisch geriebene Muskatnuss

Für die Béchamelsauce:
50 g Butter
50 g Weizenmehl
500 ml (1/2 l) Milch
500 ml (1/2 l) Gemüsebrühe
300 g Schafkäse

225 g Lasagneplatten, ohne Vorkochen
100 g geriebener Gratin-Käse

Zubereitungszeit: 50 Minuten
Garzeit: etwa 35 Minuten

1. Knoblauch und Zwiebeln abziehen, in kleine Würfel schneiden. Olivenöl in einer Pfanne erhitzen. Knoblauch- und Zwiebelwürfel darin glasig dünsten. Tiefgefrorenen Spinat und Wasser hinzufügen. Den Spinat zugedeckt bei schwacher Hitze nach Packungsanleitung auftauen lassen. Mit Salz, Pfeffer und Muskat würzen.

2. Für die Sauce Butter in einem Topf zerlassen. Mehl hinzufügen, unter Rühren so lange erhitzen, bis es hellbraun ist. Milch und Brühe hinzugießen, mit einem Schneebesen durchschlagen. Darauf achten, dass keine Klümpchen entstehen. Die Sauce unter Rühren zum Kochen bringen und bei schwacher Hitze etwa 5 Minuten kochen lassen. Mit Salz, Pfeffer und Muskat würzen.

3. Schafkäse zerbröseln. Etwas von der Sauce in eine eckige Auflaufform (gefettet) geben. Darauf Lasagneplatten legen, dann Spinat und Schafkäse darauf verteilen. Mit Sauce bedecken und mit jeder Schicht so verfahren, dass etwa 4 Lasagneschichten entstehen. Die oberste Schicht soll aus Sauce bestehen.

4. Die Lasagne mit Käse bestreuen. Die Form auf dem Rost in den vorgeheizten Backofen schieben.
Ober-/Unterhitze: etwa 200 °C
Heißluft: etwa 180 °C
Garzeit: etwa 35 Minuten.

Spinatsuppe mit Mozzarella

Zuppa di spinaci con mozzarella

Schnell – preiswert

4 Portionen

Pro Portion:
E: 9 g, F: 13 g, Kh: 2 g, kJ: 664, kcal: 159

400 g frischer Blattspinat
1 mittelgroße Zwiebel
30 g Butter oder Margarine
1 Knoblauchzehe
750 ml (3/4 l) Gemüsebrühe
125 g Mozzarella-Käse
Salz
frisch gemahlener Pfeffer

Zubereitungszeit: 30 Minuten

1. Spinat putzen, gründlich waschen, gut abtropfen lassen und in Streifen schneiden. Zwiebel abziehen und in kleine Würfel schneiden.

2. Butter oder Margarine in einem Topf zerlassen, Zwiebelwürfel darin andünsten. Knoblauch abziehen, durch eine Knoblauchpresse drücken, mit dem Spinat zu den Zwiebelwürfeln geben. Brühe hinzugießen, zum Kochen bringen und etwa 10 Minuten bei schwacher Hitze kochen lassen.

3. Mozzarella abtropfen lassen, in Scheiben schneiden, in die Suppe geben und einige Minuten schmelzen lassen. Suppe mit Salz und Pfeffer abschmecken.

Beilage: Toastscheiben.

Tipp: Statt frischem 300 g TK-Spinat verwenden.

Staudensellerie mit Gorgonzola und Feigensenf

Insalata di sedano con gorgonzola e senape di fichi | **Raffiniert**

4 Portionen

Pro Portion:
E: 22 g, F: 45 g, Kh: 19 g, kJ: 2359, kcal: 563

100 g Pinienkerne

1 kleiner Staudensellerie mit Grün
1 kleiner Radicchio
4 EL mildes Olivenöl
frisch gemahlener Pfeffer
Salz
250 g Gorgonzola (Blauschimmelkäse)

1 Glas Feigensenf (etwa 60 g) (erhältlich beim italienischen Feinkosthändler)
Grissini (italienische Gebäckstangen)

Zubereitungszeit: 25 Minuten, ohne Abkühlzeit

1. Pinienkerne auf einem Backblech verteilen und bei Ober-/Unterhitze: etwa 180 °C, Heißluft: etwa 160 °C etwa 10 Minuten rösten. Oder Pinienkerne in einer Pfanne ohne Fett hellbraun rösten. Pinienkerne erkalten lassen.

2. Staudensellerie putzen und die harten Außenfäden abziehen. Selleriegrün beiseitelegen. Anschließend die Selleriestangen waschen, gut abtropfen lassen und schräg in dünne Scheiben schneiden.

3. Radicchio putzen und die äußeren welken Blätter entfernen. Radicchio halbieren und den Strunk herausschneiden. Blätter waschen, abtropfen lassen und in feine Streifen schneiden.

4. Selleriescheiben und Radicchiostreifen nebeneinander auf eine große Platte legen. Mit Olivenöl beträufeln, mit Pfeffer bestreuen und leicht salzen (vorsichtig salzen, da der Käse salzig ist).

5. Gorgonzola mit 2 Gabeln zerbröseln. Beiseitegelegtes Selleriegrün waschen, trocken tupfen und die Blättchen von den Stängeln zupfen. Gorgonzolabrösel auf dem Salat verteilen. Mit Pinienkernen und Sellerieblättern bestreuen. Mit Feigensenf und z. B. Grissini servieren.

Steinpilze, gebraten Porcini trifolati

Schnell

4 Portionen

Pro Portion:
E: 5 g, F: 21 g, Kh: 2 g, kJ: 898, kcal: 215

4 mittelgroße Tomaten
600 g mittelgroße Steinpilze
60 g Butter
3 EL Olivenöl
Salz
frisch gemahlener Pfeffer
1 EL gehackte, glatte Petersilie
Knoblauchpulver

Zubereitungszeit: 30 Minuten

1. Tomaten waschen, kreuzweise einschneiden und einige Sekunden in kochendes Wasser legen. Tomaten kurz in kaltem Wasser abschrecken, enthäuten, halbieren, entkernen und Stängelansätze entfernen. Die Tomatenhälften in Würfel schneiden.

2. Steinpilze putzen, mit Küchenpapier abreiben, evtl. kurz abspülen und trocken tupfen. Steinpilze in dicke Scheiben schneiden.

3. Butter in einer Pfanne zerlassen, Olivenöl miterhitzen, Pilzscheiben darin portionsweise unter mehrmaligem Wenden 2–3 Minuten braten. Mit Salz und Pfeffer bestreuen. Pilzscheiben herausnehmen und auf vorgewärmten Tellern anrichten.

4. Tomatenwürfel und Petersilie in die Pfanne zum Bratfett geben, kurz erwärmen und auf den Pilzscheiben verteilen. Mit Salz, Pfeffer und Knoblauch bestreuen.

Beilage: Ofenfrisches Baguette.

Südtiroler Zwiebelsuppe

Zuppa tirolese di cipolle | **Mit Alkohol**

6 Portionen

Pro Portion:
E: 10 g, F: 19 g, Kh: 6 g, kJ: 1081, kcal: 259

600 g	*Zwiebeln*
120 g	*Südtiroler Bauernspeck*
4 EL	*Olivenöl*
1 TL	*Fenchelsamen*
250 ml (1/4 l)	*trockener Weißwein*
1 1/2 l	*Fleischbrühe*
1 Bund	*Schnittlauch*
	Salz, frisch gemahlener Pfeffer
100 g	*frisch geriebener Bergkäse*

Zubereitungszeit: 60 Minuten
Garzeit: etwa 30 Minuten

1. Zwiebeln abziehen, zuerst in Scheiben schneiden, dann in Ringe teilen. Speck in kleine Würfel schneiden. Olivenöl in einem Topf erhitzen.

2. Zwiebelringe und Speckwürfel darin andünsten. Fenchelsamen hinzufügen, mit Wein ablöschen.

3. Brühe hinzugießen, zum Kochen bringen und zugedeckt etwa 30 Minuten garen, bis die Zwiebeln ganz weich sind.

4. Schnittlauch abspülen, trocken tupfen und in feine Röllchen schneiden.

5. Die Suppe mit Salz und Pfeffer abschmecken, in tiefen Tellern anrichten, mit Schnittlauchröllchen und Bergkäse bestreuen.

Beilage: Südtiroler Schüttelbrot.

Süßer Reiskuchen Torta di riso

Einfach – für Kinder

Insgesamt:
E: 83 g, F: 111 g, Kh: 293 g, kJ: 2510, kcal: 10511

150 g Arborio-Reis
100 g
+ 1 TL Zucker
750 ml (3/4 l) Milch
100 g abgezogene, gemahlene Mandeln
1 Msp. Salz
2 Eier (Größe M)
2 Eigelb (Größe M)
1 Pck. Dr. Oetker Finesse Geriebene Zitronenschale
1 Pck. Dr. Oetker Finesse Natürliches Orangenschalen-Aroma
1 EL fein gehacktes Zitronat (Succade)
2 Eiweiß (Größe M)

Puderzucker

Zubereitungszeit: 40 Minuten, ohne Abkühlzeit
Backzeit: etwa 45 Minuten

1. Für den Teig Reis, Zucker und Milch in einem Topf unter Rühren zum Kochen bringen, bei schwacher Hitze unter mehrmaligem Rühren etwa 20 Minuten nach Packungsanleitung gar kochen.

2. Mandeln und Salz hinzufügen und gut unterrühren. Reismasse etwas abkühlen lassen. Dann Eier, Eigelb, Zitronen-, Orangenschale und Zitronat unterrühren. Eiweiß steif schlagen und unterheben.

3. Den Teig in eine Tarteform (Ø 30 cm, gefettet, gemehlt) geben und glatt streichen. Die Form auf dem Rost in den vorgeheizten Backofen schieben.
Ober-/Unterhitze: etwa 160 °C
Heißluft: etwa 140 °C
Backzeit: etwa 45 Minuten.

4. Die Tarte auf einem Kuchenrost erkalten lassen. Vor dem Servieren mit Puderzucker bestäuben.

Beilage: Fruchtpüree, z. B. aus Aprikosen.

Tagliatelle mit grünem Spargel

Tagliatelle agli asparagi verdi | **Raffiniert**

4 Portionen

Pro Portion:
E: 5 g, F: 18 g, Kh: 5 g, kJ: 821, kcal: 198

500 g	*grüner Spargel*
350 ml	*Gemüsebrühe*
1 Bund	*glatte Petersilie*
1 Becher	*Crème fraîche (150 g)*
	Salz, frisch gemahlener Pfeffer
40 g	*Haselnusskerne*
5 l	*Wasser*
5 gestr. TL	*Salz*
500 g	*Tagliatelle*

Zubereitungszeit: 30 Minuten

1. Vom Spargel das untere Drittel schälen und die Enden abschneiden. Den Spargel in etwa 1 cm lange Stücke schneiden, dabei die Spargelspitzen 2–3 cm lang lassen.

2. Gemüsebrühe in einem Topf erhitzen. Die Spargelstücke darin etwa 6 Minuten garen. Spargelspitzen aus der Brühe nehmen und beiseitelegen.

3. Petersilie abspülen und trocken tupfen. Die Blättchen von den Stängeln zupfen. Blättchen klein schneiden. Petersilie in die Spargelbrühe geben.

4. Die Brühe mit den Spargelstücken und der Petersilie mit einem Pürierstab fein pürieren, Crème fraîche unterrühren. Die Sauce mit Salz und Pfeffer würzen, warm stellen.

5. Haselnusskerne grob hacken, in einer Pfanne ohne Fett leicht bräunen.

6. Wasser in einem großen Topf mit geschlossenem Deckel zum Kochen bringen. Dann Salz und Nudeln zugeben. Die Nudeln im geöffneten Topf bei mittlerer Hitze nach Packungsanleitung kochen lassen, dabei zwischendurch 4–5-mal umrühren.

7. Anschließend die Nudeln in ein Sieb geben, mit heißem Wasser abspülen und abtropfen lassen.

8. Die Tagliatelle in eine vorgewärmte Schüssel geben und mit der Sauce vermengen. Mit den beiseitegelegten Spargelspitzen und Haselnusskernen garniert servieren.

Tipp: Bestreuen Sie das Gericht mit geraspeltem Comté (Hartkäse).

Tagliatelle mit Rucola und getrockneten Tomaten

Tagliatelle alla rucola e pomodori secchi **I**

Beliebt – vegetarisch

4 Portionen

Pro Portion:

E: 5 g, F: 21 g, Kh: 5 g, kJ: 945, kcal: 226

200 g Rucola (Rauke)
120 g getrocknete Tomaten in Öl
2 Zwiebeln
2 Knoblauchzehen
60 g Butter
40 g Pinienkerne
1 Bund glatte Petersilie
Salz
frisch gemahlener Pfeffer

5 l Wasser
5 gestr. TL Salz
500 g Tagliatelle

Zubereitungszeit: 30 Minuten

1. Rucola putzen und die unteren Stiele abschneiden. Blätter waschen und abtropfen lassen. Tomaten in einem Sieb etwas abtropfen lassen, Tomaten in Streifen schneiden. Zwiebeln und Knoblauch abziehen und würfeln.

2. Butter in einer großen Pfanne zerlassen. Zwiebel- und Knoblauchwürfel darin andünsten. Pinienkerne hinzugeben und mitbräunen lassen. Tomatenstreifen unterrühren.

3. Petersilie abspülen und trocken tupfen. Die Blättchen von den Stängeln zupfen. Rucola in Stücke zupfen und mit den Petersilienblättchen kurz in der Pfanne erwärmen. Die Sauce mit Salz und Pfeffer abschmecken, warm stellen.

4. Wasser in einem großen Topf mit geschlossenem Deckel zum Kochen bringen. Dann Salz und Nudeln zugeben. Die Nudeln im geöffneten Topf bei mittlerer Hitze nach Packungsanleitung kochen lassen, dabei zwischendurch 4–5-mal umrühren.

5. Anschließend die Nudeln in ein Sieb geben, mit heißem Wasser abspülen und abtropfen lassen.

6. Tagliatelle in eine vorgewärmte Schüssel geben, mit der Sauce vermengen und sofort servieren.

Tipp: Reichen Sie frisch geriebenen Parmesan-Käse dazu.

Tagliolini mit Waldpilzen

Tagliolini ai funghi di bosco **I Dauert länger**

3 Portionen

Pro Portion:
E: 22 g, F: 24 g, Kh: 72 g, kJ: 2544, kcal: 608

300 g Weizenmehl
4 Eier (Größe M)
1 Prise Salz
1 EL Olivenöl

300 g Waldpilze (z. B. Steinpilze, Pfifferlinge, Maronen)
2 Schalotten
4 Stängel glatte Petersilie
2 EL Butter
Salz, frisch gemahlener Pfeffer

3 l Wasser
3 gestr. TL Salz

Zubereitungszeit: 65 Minuten, ohne Kühl- und Trockenzeit

1. Mehl in eine große Rührschüssel sieben und eine Vertiefung eindrücken. Eier mit Salz verschlagen, mit Olivenöl in die Vertiefung geben.

2. Die Zutaten mit Handrührgerät mit Knethaken zu einem glatten Teig verarbeiten. Anschließend auf einer leicht bemehlten Arbeitsfläche mit den Händen etwa 3 Minuten durchkneten. Den Teig in Folie gewickelt mindestens 1 Stunde kalt stellen und ruhen lassen.

3. Den Teig auf der leicht bemehlten Arbeitsfläche mit einer Teigrolle etwa 2 mm dünn ausrollen, mit einem scharfen Messer oder auf der Nudelmaschine in 2–3 mm breite Bandnudeln schneiden. Die Nudeln etwa 3 Stunden trocknen lassen.

4. Pilze putzen, mit Küchenpapier abreiben, eventuell abspülen, abtropfen lassen und je nach Größe halbieren oder vierteln. Schalotten abziehen und in feine Würfel oder Ringe schneiden. Petersilie abspülen und trocken tupfen. Die Blättchen von den Stängeln zupfen und in Streifen schneiden.

5. Butter in einer Pfanne zerlassen. Schalottenwürfel darin andünsten. Die Pilze hinzugeben. Mit Salz und Pfeffer würzen, etwa 5 Minuten dünsten lassen. Pilze herausnehmen und warm stellen.

6. Wasser in einem großen Topf mit geschlossenem Deckel zum Kochen bringen. Dann Salz und Nudeln zugeben. Die Nudeln im geöffneten Topf bei mittlerer Hitze 2–3 Minuten kochen lassen, dabei zwischendurch 2–3-mal umrühren.

7. Anschließend die Nudeln in ein Sieb geben, mit heißem Wasser abspülen und abtropfen lassen.

8. Nudeln in eine vorgewärmte große Schüssel geben und mit den warm gestellten Pilzen mischen. Mit Petersilie bestreut servieren.

Tipp: Da selbst gemachte Nudeln immer sehr weich sind, ist es ratsam, nur kleine Mengen auf einmal zu kochen.

Tintenfisch auf Safransauce

Calamari allo zafferano | **Für Gäste**

4 Portionen

Pro Portion:
E: 11 g, F: 30 g, Kh: 4 g, kJ: 1398, kcal: 334

12	*küchenfertige, kleine Tintenfische*
2 Stängel	*Thymian*
1 l	*Fischfond*
1	*Lorbeerblatt*
1 TL	*grüne Pfefferkörner in Lake*
	Salz
1	*Sternanis*
2 EL	*Olivenöl*
2 EL	*Schalottenwürfel*
2 EL	*Knollenselleriewürfel*
2 EL	*rote und grüne Paprikawürfel*
1 Döschen	*Safran (0,2 g)*
200 g	*Schlagsahne*
	frisch gemahlener Pfeffer
	Limettensaft
40 g	*Butter*

Zubereitungszeit: 50 Minuten

1. Tintenfische unter fließendem kalten Wasser abspülen und trocken tupfen.

2. Thymian abspülen und trocken tupfen. Fischfond mit Lorbeerblatt, Thymian, abgetropften Pfefferkörnern, Salz und Anis in einem Topf zum Kochen bringen. Tintenfische hineingeben und etwa 20 Minuten ziehen lassen.

3. Für die Sauce Olivenöl in einem Topf erhitzen, Gemüsewürfel darin andünsten und dann Safran hinzufügen.

4. Von dem Kräuter-Fischfond 100 ml abmessen, mit der Sahne zum Gemüse geben, zum Kochen bringen, etwas einkochen lassen.

5. Mit Salz, Pfeffer und Limettensaft würzen. Dann Butterflöckchen darunterschwenken.

6. Tintenfische aus dem Sud nehmen und auf der Safransauce anrichten.

Tintenfische, frittiert Calamari fritti

Einfach – preiswert

4 Portionen

Pro Portion:

E: 61 g, F: 14 g, Kh: 16 g, kJ: 1809, kcal: 431

1 ½ kg küchenfertige Tintenfische
60 g Weizenmehl
Salz

Zum Frittieren:

1 l Olivenöl

Zum Garnieren:

Zitronenspalten
vorbereitete
Basilikumblättchen

Zubereitungszeit: 50 Minuten

1. Tintenfische unter fließendem kalten Wasser abspülen, trocken tupfen und in Ringe schneiden (kleine Tintenfische ganz lassen). Mehl in einen flachen Teller geben. Tintenfischringe darin wenden. Überflüssiges Mehl abschütteln.

2. Zum Frittieren Olivenöl in einer Fritteuse oder in einem Topf erhitzen. Tintenfischringe in dem heißen Olivenöl knusprig frittieren, dabei ab und zu wenden.

3. Tintenfischringe mit einer Schaumkelle herausnehmen und auf Küchenpapier abtropfen lassen. Mit Salz bestreuen.

4. Tintenfischringe mit Zitronenspalten und Basilikumblättchen garnieren und servieren.

Tintenfischsalat

Insalata di seppie al limone | **Preiswert**

6 Portionen

Pro Portion:
E: 21 g, F: 30 g, Kh: 4 g, kJ: 1557, kcal: 372

800 g TK-Tintenfisch
6 EL Olivenöl
1 Knoblauchzehe
1 Bund Petersilie
Saft von
1 Zitrone
Salz
frisch gemahlener Pfeffer
125 ml (1/8 l) Olivenöl
einige vorbereitete Salatblätter
12 vorbereitete, halbierte Cocktailtomaten

Zubereitungszeit: 30 Minuten, ohne Auftau- und Durchziehzeit

1. Tintenfisch nach Packungsanleitung auftauen lassen. Anschließend unter fließendem kalten Wasser abspülen und trocken tupfen.

2. Tintenfisch in Ringe schneiden. Jeweils etwas Olivenöl in einer Pfanne erhitzen. Tintenfischringe darin portionsweise von beiden Seiten 3–5 Minuten anbraten. Tintenfischringe herausnehmen und in eine Schüssel geben.

3. Knoblauch abziehen und in kleine Würfel schneiden. Petersilie abspülen und trocken tupfen. Die Blättchen von den Stängeln zupfen. Blättchen klein schneiden. Zitronensaft mit Salz und Pfeffer verrühren, Öl unterschlagen.

4. Die Marinade mit den Knoblauchwürfeln und Petersilie zu den Tintenfischringen geben, gut untermengen und etwas durchziehen lassen.

5. Tintenfischsalat mit Salatblättern und Tomaten anrichten und kalt oder warm servieren.

Tiramisu Tiramisu | Beliebt – mit Alkohol

6 Portionen

Pro Portion:
E: 9 g, F: 39 g, Kh: 44 g, kJ: 2460, kcal: 587

500 g Mascarpone (italienischer Frischkäse)
150 ml Milch
75 g Zucker
1 Pck. Dr. Oetker Bourbon-Vanille-Zucker
40 ml Amaretto (Mandellikör)
250 ml (1/4 l) kalter Espresso oder starker Kaffee
200 g Löffelbiskuits

Zum Bestäuben:
2 EL Kakaopulver

Zubereitungszeit: 30 Minuten, ohne Durchziehzeit

1. Den Mascarpone mit Milch, Zucker, Vanille-Zucker und der Hälfte des Amarettos in einer Schüssel glatt rühren.

2. Restlichen Amaretto mit Espresso oder Kaffee verrühren. Die Hälfte der Löffelbiskuits in eine flache, eckige Form (etwa 30 x 18 cm) legen, mit der Hälfte der Kaffee-Amaretto-Mischung beträufeln und mit der Hälfte der Mascarponecreme bedecken. Die restlichen Zutaten in gleicher Reihenfolge daraufschichten.

3. Tiramisu in den Kühlschrank stellen und einige Stunden durchziehen lassen. Tiramisu vor dem Servieren dick mit Kakao bestäuben.

Tipps: Ein Tiramisu eignet sich gut als Partydessert. Sie können die Hälfte des Mascarpones durch 250 g Speisequark (20 % Fett i. Tr.) ersetzen. Das spart Kalorien.

Abwandlung: Für ein **Tiramisu mit Pfirsichen** zusätzlich 1 Dose Pfirsichhälften (Abtropfgewicht 470 g) abtropfen lassen und in dünne Scheiben schneiden. Die Mascarponecreme wie oben angegeben zubereiten. Die Hälfte der Löffelbiskuits in die Form legen, mit der Hälfte der Kaffee-Amaretto-Mischung beträufeln. Die Hälfte der Pfirsiche darauflegen. Die restlichen Pfirsiche mit den restlichen Zutaten in gleicher Reihenfolge darauf schichten. Wie unter Punkt 3 angegeben fortfahren.

Toast Toskana Bruschetta toscana

Raffiniert – vegetarisch

10 Portionen

Pro Portion:
E: 17 g, F: 27 g, Kh: 34 g, kJ: 1881, kcal: 450

2 Ciabatta-Brote (zum Aufbacken, je etwa 300 g)
4 Knoblauchzehen
800 g Austernpilze
125 ml (1/8 l) Olivenöl
Salz
frisch gemahlener Pfeffer
1 Glas getrocknete Tomaten in Öl (Abtropfgewicht 340 g)
180 g schwarze Olivenpaste
250 g Mozzarella-Käse
100 g frisch geraspelter Parmesan-Käse

Zum Bestreuen:
1 Bund Petersilie

Zubereitungszeit: 60 Minuten, ohne Abkühlzeit
Backzeit: 5–6 Minuten je Backblech

1. Ciabatta nach Packungsanleitung aufbacken und etwas abkühlen lassen. Jedes Brot in etwa 15 Scheiben schneiden. Die Brotscheiben auf Backbleche (mit Backpapier belegt) legen. Die Backbleche nacheinander unter den vorgeheizten Grill schieben. Die Scheiben von jeder Seite 2–3 Minuten toasten.

2. Knoblauch abziehen und in kleine Würfel schneiden. Austernpilze putzen, mit Küchenpapier abreiben, evtl. abspülen und trocken tupfen.

3. Das Olivenöl in einer großen Pfanne erhitzen. Die Austernpilze darin portionsweise anbraten und anschließend mit Salz, Pfeffer und Knoblauchwürfeln würzen.

4. Tomaten in einem Sieb abtropfen lassen. Die getoasteten Brotscheiben zunächst mit Olivenpaste bestreichen und danach mit Austernpilzen und Tomaten belegen.

5. Mozzarella abtropfen lassen, in Scheiben schneiden und auf die vorbereiteten Toastscheiben legen. Parmesan-Käse daraufstreuen. Die Backbleche nacheinander (bei Heißluft zusammen) in den vorgeheizten Backofen schieben.
Ober-/Unterhitze: etwa 200 °C
Heißluft: etwa 180 °C
Garzeit: 5–6 Minuten je Backblech.

6. Zum Bestreuen Petersilie abspülen und trocken tupfen. Die Blättchen von den Stängeln zupfen. Blättchen klein schneiden. Die Toasts mit Petersilie bestreut servieren.

Tipps: Statt der getrockneten Tomaten können Sie auch 6–8 enthäutete, entkernte und in Würfel geschnittene Tomaten verwenden. Geben Sie zusätzlich einige in Streifen geschnittene Basilikumblättchen unter die Tomatenwürfel.

Tomaten-Mozzarella-Tarte

Crostata di pomodori e zucchine | **Raffiniert**

4 Portionen

Pro Portion:
E: 24 g, F: 59 g, Kh: 62 g, kJ: 3651, kcal: 872

Für den Teig:
300 g Weizenmehl
150 g kalte Butter
150 g saure Sahne
1 gestr. TL Salz
2 EL kaltes Wasser

Für den Belag:
250 g Zucchini
3 EL Olivenöl
1 Knoblauchzehe
Salz
frisch gemahlener Pfeffer
5 mittelgroße Tomaten
250 g Mozzarella-Käse
gerebelter Oregano

Zum Bestreichen:
1 Eigelb

Zubereitungszeit: 65 Minuten, ohne Kühl- und Abkühlzeit
Backzeit: etwa 40 Minuten

1. Für den Teig Mehl in eine Rührschüssel sieben. Butter in kleine Stücke schneiden und hinzufügen. Saure Sahne, Salz und Wasser ebenfalls hinzufügen.

2. Die Zutaten mit Handrührgerät mit Knethaken zunächst kurz auf niedrigster, dann auf höchster Stufe zu einem glatten Teig verarbeiten. Den Teig mit angefeuchteten Händen zu einer Kugel formen und in Folie gewickelt etwa 30 Minuten kalt stellen.

3. Für den Belag Zucchini waschen, abtrocknen und die Enden abschneiden. Zucchini grob raspeln.

4. Olivenöl in einer Pfanne erhitzen. Zucchiniraspel darin andünsten. Knoblauch abziehen, durch eine Knoblauchpresse drücken und hinzufügen. Mit Salz und Pfeffer würzen.

5. Tomaten waschen, abtrocknen und die Stängelansätze herausschneiden. Tomaten in etwa ½ cm dicke Scheiben schneiden. Mozzarella in einem Sieb abtropfen lassen und ebenfalls in Scheiben schneiden.

6. Knapp die Hälfte des Teiges auf einer bemehlten Arbeitsfläche zu einer runden Platte (Ø etwa 30 cm) ausrollen und ein Gitter mit Hilfe einer Gitterrolle herstellen oder mit einem Teigrädchen 16–20 Streifen ausschneiden.

7. Zwei Drittel des restlichen Teiges auf der bemehlten Arbeitsfläche zu einer runden Platte (Ø etwa 30 cm) ausrollen und in eine Tarteform (Ø 30 cm, gefettet) legen. Die Form auf dem Rost in den vorgeheizten Backofen schieben und den Boden vorbacken.
Ober-/Unterhitze: etwa 180 °C
Heißluft: etwa 160 °C
Backzeit: etwa 15 Minuten.

8. Die Form auf einen Kuchenrost stellen. Den Boden etwas abkühlen lassen.

9. Restlichen Teig zu einer langen Rolle formen, sie auf den Boden legen und so an die Form drücken, dass ein Rand entsteht.

10. Die Zucchinimasse auf dem vorgebackenen Boden verteilen. Tomaten- und Mozzarellascheiben dachziegelartig darauf verteilen. Mit Salz, Pfeffer und Oregano bestreuen.

11. Die Teigstreifen gitterförmig darauflegen und etwas andrücken. Eigelb verschlagen, die Teigstreifen damit bestreichen.

12. Die Form wieder auf dem Rost in den heißen Backofen schieben und die Tarte **bei gleicher Backofeneinstellung in etwa 25 Minuten fertig backen.**

Tipps: Wer keine Gitterrolle hat, kann auch die Oberfläche ganz mit der Teigplatte bedecken und etwa 10 kleine Löcher (Ø etwa 1 cm) in den Teig schneiden, damit der Dampf entweichen kann.

Tomaten-Pesto Pesto rosso | Klassisch

Insgesamt:
E: 17 g, F: 133 g, Kh: 17 g, kJ: 5478, kcal: 1325

150 g getrocknete Tomaten in Öl
3 Knoblauchzehen
1 Bund Basilikum
20 g frischer Parmesan-Käse
30 g gehobelte Mandeln
100 ml Olivenöl
Salz
frisch gemahlener Pfeffer

Zubereitungszeit: 20 Minuten

1. Tomaten in einem Sieb abtropfen lassen. Knoblauch abziehen und durch eine Knoblauchpresse drücken. Basilikum abspülen und trocken tupfen. Die Blättchen von den Stängeln zupfen. Parmesan-Käse fein reiben.

2. Tomaten, Mandeln und Basilikum getrennt sehr fein hacken und in eine Schüssel geben. Knoblauch, Parmesan-Käse und Olivenöl untermengen. Mit Salz und Pfeffer würzen.

Tipps: Tomaten-Pesto passt gut zu Fisch, Fleisch und Gemüse. Pesto in ein Schraubverschlussglas geben, mit Olivenöl bedecken und mit dem Deckel verschließen. Kalt gestellt hält es etwa 3 Wochen.

Tomatenpizza Pizza al pomodoro

Klassisch

4 Portionen

Pro Portion:
E: 21 g, F: 30 g, Kh: 27 g, kJ: 1943, kcal: 463

1 Pck. Pizzateig (250 g) Italienische Art
500 g Cocktailtomaten
frisch gemahlener Pfeffer
75 g Salamischeiben
100 g Gouda-Käse
125 g Mozzarella-Käse
1 EL gehackte Majoranblättchen
1 EL gehackte Basilikumblättchen
2 EL Olivenöl

Zubereitungszeit: 45 Minuten
Backzeit: etwa 20 Minuten

1. Den Pizzateig nach Packunganleitung zubereiten. Den Teig auf einem Backblech (30 x 40 cm, gefettet) ausrollen. Die beiliegende Sauce aus der Packung nach Packungsanleitung zubereiten und auf dem Teig verteilen.

2. Tomaten waschen, abtrocknen und die Stängelansätze entfernen. Tomaten halbieren und mit der Schnittfläche nach oben auf den Pizzateig legen. Mit Pfeffer bestreuen.

3. Salamischeiben halbieren oder vierteln, in die Zwischenräume der Tomatenhälften legen. Gouda-Käse grob reiben und daraufstreuen. Mozzarella abtropfen lassen, in Würfel schneiden und auf den Tomatenhälften verteilen. Mit Majoran- und Basilikumblättchen bestreuen, mit Olivenöl beträufeln. Das Backblech in den vorgeheizten Backofen schieben.
Ober-/Unterhitze: 200–220 °C
Heißluft: 180–200 °C
Backzeit: etwa 20 Minuten.

Tipp: Statt der Pizzateig-Mischung einen salzigen Hefeteig aus 250 g Weizenmehl, 1 Päckchen Dr. Oetker Trockenbackhefe, 1 Teelöffel Zucker, ½ gestrichenen Teelöffel Salz, 4 Esslöffeln Speiseöl und knapp 200 ml lauwarmem Wasser zubereiten. Stückige Tomaten aus der Dose darauf verteilen.

Tomatensuppe mit Mozzarella

Zuppa ai pomodori con mozzarella e timo

Raffiniert – mit Alkohol

4 Portionen

Pro Portion:
E: 16 g, F: 26 g, Kh: 29 g, kJ: 1792, kcal: 427

1 1/2 kg	*Fleischtomaten*
2	*Zwiebeln*
2	*Knoblauchzehen*
60 g	*durchwachsener Speck*
4 EL	*Olivenöl*
1	*Thymianzweig*
1 EL	*Tomatenmark*
500 ml (1/2 l)	*Gemüsebrühe*
3 EL	*geschlagene Schlagsahne*
	Salz
	frisch gemahlener Pfeffer
2–3 EL	*Sherry*
125 g	*Mozzarella-Käse*
50 g	*Weizenmehl*
100 g	*Semmelbrösel*
1	*Ei (Größe M)*
8 EL	*Olivenöl*
	vorbereitete Thymianblättchen

Zubereitungszeit: 45 Minuten
Garzeit: etwa 15 Minuten

1. Tomaten waschen, trocken tupfen, vierteln, entkernen und die Stängelansätze herausschneiden. Tomatenviertel in Würfel schneiden. Zwiebeln und Knoblauch abziehen, in kleine Würfel schneiden. Speck ebenfalls würfeln.

2. Das Olivenöl in einem Topf erhitzen. Speckwürfel darin anbraten. Zwiebel- und Knoblauchwürfel hinzufügen und andünsten. Tomatenwürfel hinzugeben und unter Rühren mit andünsten.

3. Thymian abspülen und trocken tupfen, zusammen mit dem Tomatenmark zur Tomaten-Speck-Masse geben und kurz rösten lassen. Brühe hinzugießen, zum Kochen bringen und etwa 15 Minuten leicht kochen lassen. Die Suppe pürieren oder nach Belieben durch ein feines Sieb passieren. Sahne unterheben. Anschließend mit Salz, Pfeffer und Sherry abschmecken.

4. Mozzarella in einem Sieb abtropfen lassen und in Scheiben schneiden. Mit Salz und Pfeffer bestreuen. Mehl und Semmelbrösel jeweils in einen flachen Teller geben. Ei in einer flachen Schüssel verschlagen.

5. Mozzarellascheiben zuerst in Mehl wenden, dann durch die verschlagenen Eier ziehen, am Schüsselrand abstreifen und zuletzt in Semmelbröseln wenden. Panade etwas andrücken.

6. Das Olivenöl in einer Pfanne erhitzen. Mozzarellascheiben darin von beiden Seiten goldbraun braten.

7. Suppe mit Mozzarellascheiben und Thymianblättchen garniert servieren.

Torta della nonna Großmuttertorte

Raffiniert

Für die Füllung:
E: 162 g, F: 408 g, Kh: 696 g, kJ: 29846, kcal: 7122

Für den Knetteig:

2 Pck. Dr. Oetker Pudding-Pulver Vanille-Geschmack
60 g Zucker
750 ml (3/4 l) Milch
1 Eigelb (Größe M)

Für den Teig:

250 g weiche Butter
200 g Zucker
1 Pck. Dr. Oetker Bourbon-Vanille-Zucker
3 Eier (Größe M)
3 Eigelb (Größe M)
500 g Ricotta (ital. Frischkäse)
250 g Sahnequark (40 %)
200 g Weizenmehl
3 gestr. TL Dr. Oetker Backin

Zum Bestreichen und Bestreuen:

200 g Orangenmarmelade
60 g fein gehackte Zartbitter-Schokolade

Zum Garnieren:

Puderzucker
halbierte Orangenscheiben

Zubereitungszeit: 45 Minuten, ohne Abkühlzeit
Backzeit: etwa 90 Minuten

1. Für die Füllung aus Pudding-Pulver, Zucker und Milch (aber mit den hier angegebenen Zutaten) nach Packungsanleitung einen Pudding zubereiten. Eigelb unterrühren. Den Pudding mit Frischhaltfolie zugedeckt lauwarm abkühlen lassen.

2. Für den Teig Butter mit Handrührgerät mit Rührbesen geschmeidig rühren. Nach und nach Zucker und Vanille-Zucker unterrühren. So lange rühren, bis eine gebundene Masse entstanden ist. Eier und Eigelb nach und nach unterrühren (jedes Ei, Eigelb etwa 1/2 Minute). Ricotta und Quark gut unterrühren. Mehl mit Backpulver mischen, auf die Ricotta-Quark-Masse geben und kurz unterrühren.

3. Zwei Drittel des Ricottateiges so in eine Springform (Ø 26 cm, Boden gefettet, bemehlt) geben, dass der Rand 2–3 cm höher ist und somit eine Mulde entsteht. Die vorbereitete Füllung in die Mulde geben und mit Marmelade bestreichen. Schokoladenstückchen daraufstreuen. Restlichen Ricottateig darauf verteilen. Die Form auf dem Rost in den vorgeheizten Backofen schieben.
Ober-/Unterhitze: etwa 160 °C
Heißluft: etwa 140 °C
Backzeit: etwa 90 Minuten.

6. Die Torte etwa 10 Minuten im ausgeschalteten Backofen stehen lassen. Anschließend die Form auf einen Kuchenrost stellen. Die Torte etwas abkühlen lassen, dann aus der Form nehmen. Die Torte mit Puderzucker bestäuben und mit den halbierten Orangenscheiben garnieren. Die Torte lauwarm oder kalt servieren.

Tortellini in Gorgonzolasauce

Tortellini al gorgonzola | **Für Gäste**

6 Portionen

Pro Portion:

E: 34 g, F: 38 g, Kh: 73 g, kJ: 3286, kcal: 784

1 kg Tortellini (aus dem Kühlregal)
Salz
evtl. Speiseöl

Für die Gorgonzolasauce:

40 g Butter
40 g Weizenmehl
500 ml (1/2 l) Gemüsebrühe
oder halb Milch, halb Brühe
200 g Gorgonzola (Blauschimmelkäse)
200 g Schlagsahne
oder Schmand (Sauerrahm)
frisch gemahlener Pfeffer
250 g gekochter oder roher Schinken
geriebener Parmesan-Käse
evtl. 2 EL gehackte Petersilie

Zubereitungszeit: 40 Minuten

1. Die Tortellini in kochendem Salzwasser mit Speiseöl nach Packungsanleitung bissfest garen. Tortellini in ein Sieb geben, mit kaltem Wasser übergießen, abtropfen lassen und warm stellen.

2. Für die Sauce Butter in einem Topf zerlassen. Mehl unter Rühren so lange darin erhitzen, bis es hellgelb ist. Nach und nach Brühe oder halb Brühe und Milch hinzugießen. Mit einem Schneebesen durchschlagen. Darauf achten, dass keine Klümpchen entstehen.

3. Gorgonzola in Stückchen schneiden. Sahne oder Schmand und Gorgonzolastückchen unterrühren. Die Sauce etwa 3 Minuten bei schwacher Hitze kochen lassen, bis der Käse geschmolzen ist. Die Sauce mit Salz und Pfeffer würzen.

4. Den Schinken in Würfel schneiden und unterrühren. Die Sauce mit den Tortellini vermengen, mit Parmesan-Käse und nach Belieben mit Petersilie bestreuen, sofort servieren.

Tipp: Anstelle der Tortellini aus dem Kühlregal können natürlich auch getrocknete Tortellini verwendet werden.

Tramezzini mit Eiercreme

Tramezzini gustosi con uova sode **| Einfach**

10 Stück

Pro Stück:

E: 10 g, F: 14 g, Kh: 14 g, kJ: 906, kcal: 217

Für die Eiercreme:

8	*hart gekochte Eier*
1 Becher	*Crème fraîche (150 g)*
2 EL	*Salatmayonnaise*
2 TL	*körniger Senf*
	Salz
	frisch gemahlener Pfeffer
4	*Frühlingszwiebeln*
etwa 100 g	*marinierte, rote Paprikaschoten (aus dem Glas)*
10 Scheiben	*Mehrkorn-Toastbrot*
10 Scheiben	*Bacon (Frühstücksspeck)*
einige	*Salatblätter (z. B. Lollo Bionda)*

Zubereitungszeit: 35 Minuten

1. Eier pellen, in Stücke schneiden, grob pürieren und mit Crème fraîche, Mayonnaise und Senf verrühren. Mit Salz und Pfeffer würzen.

2. Frühlingszwiebeln putzen, waschen, gut abtropfen lassen und in feine Ringe schneiden. Paprikaschoten abtropfen lassen, trocken tupfen und in kleine Würfel schneiden.

3. Von den Brotscheiben die Rinde abschneiden. Die Rinde von 4 Brotscheiben in kleine Würfel schneiden und unter die Eiermasse rühren. Paprikawürfel und Frühlingszwiebelringe unterheben.

4. Baconscheiben in je 3 Stücke schneiden und in einer Pfanne kross ausbraten. Die Salatblätter abspülen und trocken tupfen.

5. Die Hälfte der Toastbrotscheiben mit den Salatblättern belegen. Die Eiermasse daraufstreichen und die Speckscheiben darauf verteilen. Mit den restlichen Brotscheiben belegen und etwas andrücken. Die Brotscheiben diagonal halbieren, fest in Klarsichtfolie einwickeln und etwas durchziehen lassen.

Tunfischsalat Insalata di tonno | **Raffiniert**

4 Portionen

Pro Portion:
E: 25 g, F: 35 g, Kh: 5 g, kJ: 1814, kcal: 433

400 g frischer Tunfisch
200 g Austernpilze
je 1 rote und grüne Paprikaschote (je etwa 250 g), Salz
8 EL Olivenöl
frisch gemahlener Pfeffer

Für die Marinade:
4–5 Stängel Thymian
3 EL weißer Balsamico-Essig

Zubereitungszeit: 40 Minuten, ohne Durchziehzeit

1. Tunfisch abspülen, trocken tupfen und in mundgerechte Stücke schneiden. Pilze putzen, mit Küchenpapier abreiben, evtl. kurz abspülen, trocken tupfen und in große Stücke schneiden. Paprika halbieren, entstielen, entkernen und die weißen Scheidewände entfernen. Die Schoten waschen, trocken tupfen und in Würfel schneiden.

2. Die Paprikawürfel in kochendem Salzwasser etwa 2 Minuten blanchieren. Anschließend in ein Sieb geben, mit eiskaltem Wasser übergießen und gut abtropfen lassen.

3. Etwas von dem Olivenöl in einer Pfanne erhitzen. Tunfischstücke von allen Seiten etwa 5 Minuten darin braten, herausnehmen, mit Salz und Pfeffer würzen. Tunfischstücke in eine Schüssel geben.

4. Paprikawürfel und Pilzstücke in 1 Esslöffel des verbliebenen Olivenöls unter Rühren andünsten, zum Fisch geben.

5. Für die Marinade Thymian abspülen und trocken tupfen (einige Stängel beiseitelegen). Die Blättchen von den Stängeln zupfen. Essig mit Salz und Pfeffer verrühren. Restliches Olivenöl unterschlagen. Die Marinade zu den Salatzutaten geben, vorsichtig untermischen und kalt gestellt 1–2 Stunden durchziehen lassen, dabei ab und zu umrühren. Den Salat mit den Gewürzen pikant abschmecken und mit den beiseitegelegten Thymianstängeln garniert servieren.

Tipp: Der Tunfisch kann auch durch Lachs ersetzt werden.

Tunfischsteaks auf buntem Gemüse

Bistecca di tonno con verdure stufate

Raffiniert

4 Portionen

Pro Portion:
E: 37 g, F: 49 g, Kh: 14 g, kJ: 2680, kcal: 640

Für das Gemüse:

1 Gemüsezwiebel
2 Knoblauchzehen
1 rote Paprikaschote (etwa 200 g)
2 kleine Zucchini (etwa 300 g)
1 kleine Aubergine (etwa 300 g)
2 Fleischtomaten
8 EL Olivenöl
Salz
frisch gemahlener Pfeffer
gerebelter Oregano
100 ml Gemüsebrühe
2 TL Basilikumstreifen
1 EL gehackte, glatte Petersilie

4 Tunfischsteaks (je etwa 150 g)
1 EL Zitronensaft
40 g Weizenmehl
3 EL Olivenöl

Zubereitungszeit: 35 Minuten

1. Für das Gemüse Zwiebel und Knoblauch abziehen, in kleine Würfel schneiden. Paprika halbieren, entkernen und die weißen Scheidewände entfernen. Schote waschen, trocken tupfen und würfeln.

2. Zucchini und Aubergine waschen, abtrocknen und die Enden abschneiden. Zucchini und Aubergine ebenfalls in Würfel schneiden. Tomaten waschen, kreuzweise einschneiden und einige Sekunden in kochendes Wasser legen. Tomaten kurz in kaltes Wasser legen, enthäuten, halbieren, entkernen und die Stängelansätze herausschneiden. Tomatenhälften in Stücke schneiden.

3. Das Olivenöl in einem Topf erhitzen. Zwiebel-, Knoblauch-, Zucchini- und Auberginenwürfel darin andünsten. Mit Salz, Pfeffer und Oregano würzen. Tomatenstücke unterrühren. Brühe hinzugießen und zum Kochen bringen. Das Gemüse etwa 5 Minuten bei schwacher Hitze garen. Basilikumstreifen und Petersilie unterrühren. Das Gemüse mit den Gewürzen abschmecken.

4. Tunfischsteaks unter fließendem kalten Wasser abspülen und trocken tupfen. Mit Salz und Pfeffer würzen, mit Zitronensaft beträufeln und mit Mehl bestäuben.

5. Olivenöl in einer Pfanne erhitzen. Tunfischsteaks darin etwa 8 Minuten von beiden Seiten braten. Tunfischsteaks herausnehmen und auf dem Gemüse anrichten.

Tunfischsteaks in Kräutern und Knoblauch

Tonno al cartoccio con erbe di Provenza

Einfach – schnell

4 Portionen

Pro Portion:
E: 29 g, F: 23 g, Kh: 1 g, kJ: 1360, kcal: 325

Zum Vorbereiten:
4 Bögen Alufolie
1 1/2 EL Speiseöl

4 Tunfischsteaks (je etwa 130 g, etwa 2 cm dick)
2–3 Knoblauchzehen
1/2 Pck. TK-Kräuter der Provence
Salz
frisch gemahlener, grober, bunter Pfeffer

Zubereitungszeit: 40 Minuten, ohne Durchziehzeit
Garzeit: etwa 12 Minuten

1. Zum Vorbereiten die Alufolie auf einer Seite mit Speiseöl bestreichen und auf eine Arbeitsfläche legen.

2. Tunfischsteaks unter fließendem kalten Wasser abspülen, trocken tupfen.

3. Knoblauch abziehen, in sehr dünne Scheiben schneiden und mit den Kräutern mischen.

4. Dann je 1 Tunfischsteak auf je 1 mit Speiseöl bestrichenes Stück Alufolie legen. Die Tunfischsteaks mit der Kräuter-Knoblauch-Masse bestreichen, mit Salz und Pfeffer bestreuen. Die Tunfischsteaks jeweils in der Alufolie zu einem Päckchen einpacken, in den Kühlschrank legen und über Nacht durchziehen lassen.

5. Die Tunfischsteak-Päckchen auf ein Backblech legen. Das Backblech in den vorgeheizten Backofen schieben.
Ober-/Unterhitze: etwa 200 °C
Heißluft: etwa 180 °C
Garzeit: etwa 12 Minuten.

Beilage: Ein bunt gemischter Salat aus Paprikaschoten- und Zucchiniwürfeln, Tomaten- und Olivenscheiben in Essig-Öl-Dressing, Baguette oder andere Brotsorten.

Tipp: Sie können die Tunfischsteaks auch auf dem Grill garen. Dann die Tunfischsteak-Päckchen auf den heißen Grill legen und unter gelegentlichem Wenden etwa 15 Minuten grillen.

Tuttifrutti mit Schokoladensauce

Macedonia tutti frutti con gocce di cioccolato | **Für Kinder**

4 Portionen

Pro Portion:
E: 8 g, F: 9 g, Kh: 56 g, kJ: 1422, kcal: 340

1 Dose Fruchtcocktail (Abtropfgewicht 850 g)
150 g Löffelbiskuits

Für die Schokoladensauce:
200 ml Milch
50 g Zartbitter-Schokolade
10 g Speisestärke
etwa 20 g Zucker

Zubereitungszeit: 20 Minuten, ohne Durchzieh- und Abkühlzeit

1. Fruchtcocktail in einem Sieb abtropfen lassen und den Saft dabei auffangen. Löffelbiskuits nach Bedarf 1- oder 2-mal durchbrechen, damit sie in 4 Glasschälchen passen. Löffelbiskuits abwechselnd mit den gemischten Früchten und etwas von dem aufgefangenen Saft in die Schälchen schichten und eine Zeit lang durchziehen lassen.

2. Für die Schokoladensauce von der Milch 3 Esslöffel abnehmen. Restliche Milch in einem Topf erhitzen. Schokolade grob zerkleinern und unter Rühren in der Milch auflösen.

3. Speisestärke mit der abgenommenen Milch anrühren, in die Schokoladen-Milch einrühren und unter Rühren aufkochen lassen. Die Schokoladensauce mit Zucker abschmecken und erkalten lassen. Anschließend die Sauce zu der Löffelbiskuit-Früchte-Mischung servieren.

Tipps: Wenn nur Erwachsene mitessen, die Löffelbiskuits nach Belieben mit etwas Amaretto beträufeln. Noch schneller geht es, wenn man anstelle der selbst gekochten Schokoladensauce eine fertige Schokoladensauce verwendet.

Überbackene Auberginen

Melanzane alla parmigiana

Raffiniert

4 Portionen

Pro Portion:
E: 23 g, F: 34 g, Kh: 13 g, kJ: 1909, kcal: 455

- *4 mittelgroße Auberginen (je etwa 300 g)*
- *Salz*
- *3 Knoblauchzehen*
- *4 EL Olivenöl*
- *500 g passierte Tomaten (aus dem Tetra Pak®)*
- *frisch gemahlener Pfeffer*
- *1 Topf Basilikum*
- *500 ml (1/2 l) Speiseöl*
- *125 g Mozzarella-Käse*
- *150 g gekochter Schinken*
- *60 g frisch geriebener Parmesan-Käse*

Zubereitungszeit: 40 Minuten, ohne Ziehzeit
Backzeit: etwa 30 Minuten

1. Auberginen waschen, abtrocknen und die Stängelansätze abschneiden. Auberginen längs in etwa 1/2 cm dicke Scheiben schneiden. Mit Salz bestreuen und etwa 30 Minuten ziehen lassen.

2. Auberginenscheiben abspülen und trocken tupfen. Knoblauch abziehen und durch eine Knoblauchpresse drücken.

3. Olivenöl in einem Topf erhitzen. Knoblauch darin andünsten. Tomaten hinzufügen, mit Salz und Pfeffer würzen.

4. Basilikum abspülen und trocken tupfen. Die Blättchen von den Stängeln zupfen. Blättchen klein schneiden und zu den passierten Tomaten geben. Tomatenmasse zum Kochen bringen und dicklich einkochen lassen.

5. Speiseöl in einer Fritteuse oder in einem hohen Topf auf etwa 180 °C erhitzen. Auberginenscheiben darin goldbraun frittieren, mit einem Schaumlöffel herausnehmen und auf Küchenpapier abtropfen lassen.

6. Mozzarella abtropfen lassen, in feine Streifen schneiden. Schinken ebenfalls in Streifen schneiden.

7. Abwechselnd Auberginenscheiben, Tomatensauce, ein wenig Parmesan-Käse, Mozzarellascheiben und Schinkenstreifen in eine feuerfeste Form oder Auflaufform (jeweils gefettet) schichten. Die oberste Schicht sollte aus Tomatensauce bestehen. Restlichen Parmesan-Käse daraufstreuen. Die Form auf den Rost in den vorgeheizten Backofen schieben.
Ober-/Unterhitze: etwa 180 °C
Heißluft: etwa 160 °C
Backzeit: etwa 30 Minuten.

Beilage: Gemischter Salat.

Tipps: Überbackene Auberginen schmecken auch kalt sehr gut. Die Auberginenscheiben können auch in erhitztem Speiseöl in einer Pfanne angebraten werden.

Überbackene Basilikumtomaten

Pomodori gratinati **| Einfach**

4 Portionen

Pro Portion:
E: 15 g, F: 22 g, Kh: 25 g, kJ: 1489, kcal: 354

8	*mittelgroße Fleischtomaten (je etwa 180 g)*
	Salz, frisch gemahlener Pfeffer
6 Scheiben	*Vollkorn-Toastbrot*
2 Töpfe	*Basilikum*
4 EL	*Olivenöl*
1	*Knoblauchzehe*
200 g	*Schafkäse*

Zubereitungszeit: 45 Minuten
Backzeit: etwa 20 Minuten

1. Tomaten waschen, abtrocknen und die Stängelansätze herausschneiden. Von den Tomaten jeweils einen Deckel abschneiden. Die Tomaten vorsichtig mit einem Teelöffel aushöhlen, von innen mit Salz und Pfeffer bestreuen. Tomaten beiseitestellen.

2. Brotscheiben toasten. Das Basilikum abspülen und trocken tupfen. Die Blättchen von den Stängeln zupfen. Blättchen in Streifen schneiden.

3. Olivenöl mit der Hälfte des ausgehöhlten Tomatenfleisches in einem hohen Rührbecher pürieren. Knoblauch abziehen, fein hacken und hinzufügen.

4. Toastscheiben in kleine Würfel schneiden, mit dem Tomatenpüree und den Basilikumstreifen mischen, mit Salz und Pfeffer abschmecken.

5. Schafkäse in Würfel schneiden, mit der Tomaten-Brot-Masse in die ausgehöhlten Tomaten füllen und in eine Auflaufform (gefettet) setzen. Restliche Tomaten-Brot-Masse in den Zwischenräumen verteilen. Die Form auf dem Rost in den vorgeheizten Backofen schieben.

Ober-/Unterhitze: etwa 180 °C
Heißluft: etwa 160 °C
Backzeit: etwa 20 Minuten.

Tipp: Servieren Sie die Basilikumtomaten mit gegrilltem Fleisch als Hauptspeise.

Überbackene Brokkolinudeln

Pasta al forno con broccoli | **Für Kinder**

4 Portionen

Pro Portion:
E: 20 g, F: 34 g, Kh: 47 g, kJ: 2445, kcal: 584

2 1/2 l Wasser
2 1/2 gestr. TL Salz
250 g Fettuccine verdi mit Spinat (grüne Bandnudeln)

500 g Brokkoli
125 ml (1/8 l) Gemüsebrühe
250 g Schlagsahne
3 Eier (Größe M)
100 g frisch geriebener mittelalter Gouda-Käse
Salz
frisch geriebene Muskatnuss

Zubereitungszeit: 35 Minuten
Backzeit: etwa 35 Minuten

1. Wasser in einem großen Topf mit geschlossenem Deckel zum Kochen bringen. Dann Salz und Nudeln zugeben. Die Nudeln im geöffneten Topf bei mittlerer Hitze nach Packungsanleitung kochen lassen, dabei zwischendurch 4–5-mal umrühren. Anschließend die Nudeln in ein Sieb geben, mit heißem Wasser abspülen und abtropfen lassen.

2. Vom Brokkoli die Blätter entfernen. Den Brokkoli waschen, abtropfen lassen und in Röschen teilen. Brühe in einem Topf zum Kochen bringen. Brokkoliröschen hinzufügen und in etwa 8 Minuten garen. Brokkoliröschen in einem Sieb abtropfen lassen und die Brühe dabei auffangen.

3. Den Brokkoli mit den Nudeln mischen. Sahne mit Eiern, geriebenem Käse und der aufgefangenen Brühe verrühren. Mit Salz und Muskat würzen. Zwei Drittel davon unter die Brokkoli-Nudel-Mischung geben und in eine flache Auflaufform (gefettet) geben. Die restliche Brokkoli-Nudel-Mischung darauf verteilen. Die Form auf dem Rost in den vorgeheizten Backofen schieben.

Ober-/Unterhitze: etwa 180 °C
Heißluft: etwa 160 °C
Backzeit: etwa 35 Minuten.

Tipps: Brokkolinudeln mit 50 g gerösteten Pinienkernen bestreuen. Oder zusätzlich 150 g in Streifen geschnittenen Schinken unter die Brokkoli-Nudel-Mischung heben.

Venezianische Linsensuppe

Zuppa di lenticchie alla veneziana | **Preiswert**

6 Portionen

Pro Portion:
E: 20 g, F: 16 g, Kh: 35 g, kJ: 1535, kcal: 367

2 Knoblauchzehen
1 Stange Porree (Lauch)
1 große Möhre
400 g Linsen
2 Stängel Thymian
100 g durchwachsener Speck
2 EL Olivenöl
1 Lorbeerblatt
2 l Hühnerbrühe
Salz
frisch gemahlener, schwarzer Pfeffer
4 EL kräftiges Olivenöl

Zubereitungszeit: 80 Minuten
Garzeit: etwa 60 Minuten

1. Knoblauch abziehen und durch eine Knoblauchpresse drücken. Den Porree putzen, die Stange längs halbieren, gründlich waschen, abtropfen lassen und in Ringe schneiden. Möhre putzen, schälen, waschen, abtropfen lassen und in Würfel schneiden. Linsen unter fließendem kalten Wasser gründlich abspülen und abtropfen lassen. Thymian abspülen und trocken tupfen.

2. Speck in Würfel schneiden. Olivenöl in einem Topf erhitzen. Die Speckwürfel darin leicht anbraten. Knoblauch, Porreeringe und Möhrenwürfel hinzufügen, unter mehrmaligem Rühren etwa 5 Minuten mitdünsten lassen. Linsen, Thymianstängel und Lorbeerblatt hinzugeben.

3. Brühe hinzugießen. Mit Salz und Pfeffer würzen, zum Kochen bringen und zugedeckt bei schwacher Hitze etwa 60 Minuten leicht köcheln lassen. Die Linsen sollen ganz weich sein.

4. Thymianstängel und Lorbeerblatt aus der Suppe entfernen. Die Hälfte der Suppe pürieren und mit der anderen Hälfte verrühren. Mit Salz und Pfeffer abschmecken. Die heiße Suppe mit Olivenöl beträufelt servieren.

Beilage: Krustenbrot.

Venusmuscheln in Mandelbutter

Vongole gratinate al burro e mandorle

Mit Alkohol

4–6 Portionen

Pro Portion:
E: 6 g, F: 22 g, Kh: 4 g, kJ: 993, kcal: 237

1 kg große Venusmuscheln
1 Zwiebel
1 Möhre
2 Thymianstängel
4 EL Olivenöl
125 ml (1/8 l) Weißwein
125 ml (1/8 l) Wasser

Für die Mandelbutter:
1 kleine Knoblauchzehe
Schale und Saft von
1 Bio-Zitrone
(unbehandelt, ungewachst)
100 g weiche Butter
3 EL abgezogene, gemahlene Mandeln
2 EL gehackte Petersilie
Salz, frisch gemahlener Pfeffer

grobes Meersalz

Zubereitungszeit: 45 Minuten

1. Muscheln in reichlich kaltem Wasser gründlich waschen und einzeln abbürsten, bis sie nicht mehr sandig sind (Muscheln, die sich beim Waschen öffnen, sind ungenießbar). Eventuell die Fäden (Bartbüschel) entfernen.

2. Zwiebel abziehen und in kleine Würfel schneiden. Möhre putzen, schälen, waschen, abtropfen lassen und in dünne Scheiben schneiden. Thymian abspülen und trocken tupfen.

3. Olivenöl in einem Topf erhitzen. Zwiebelwürfel und Möhrenscheiben darin andünsten. Muscheln, Thymian, Wein und Wasser hinzufügen. Die Zutaten zum Kochen bringen und zugedeckt etwa 10 Minuten dünsten, bis alle Muscheln geöffnet sind (Muscheln, die sich nach dem Garen nicht öffnen, sind ungenießbar).

4. Für die Mandelbutter Knoblauch abziehen und durch eine Knoblauchpresse drücken. Zitrone heiß abwaschen und trocken reiben. Die Schale abreiben und den Saft auspressen. Butter mit Mandeln, Petersilie und Knoblauch zu einer geschmeidigen Masse verrühren. Zitronenschale unterrühren. Die Butter mit Salz, Pfeffer und etwas Zitronensaft abschmecken.

5. Ein Backblech mit Meersalz bestreuen. Die geöffneten Muscheln großzügig mit der Mandelbutter bestreichen und nebeneinander auf das Backblech setzen, damit sie nicht umkippen.

6. Das Backblech in den Backofen schieben. Die Muscheln unter dem vorgeheizten Backofengrill in etwa 5 Minuten goldgelb gratinieren. Muscheln sofort servieren.

Beilage: Ofenfrisches Baguette und Blattsalat.

Tipp: Sie können die Muscheln auch im vorgeheizten Backofen bei Ober-/Unterhitze: etwa 240 °C, Heißluft: etwa 220 °C in etwa 10 Minuten goldgelb überbacken.

Vitello tonnato

Kalbfleisch mit Tunfischsauce

Dauert länger – gut vorzubereiten

6 Portionen

Pro Portion:

E: 34 g, F: 40 g, Kh: 2 g, kJ: 2111, kcal: 505

600 g mageres Kalbfleisch
2 Zwiebeln
2 l Salzwasser
2 Lorbeerblätter
4 Gewürznelken

Für die Tunfischsauce:

2 Dosen Tunfisch, naturell (Abtropfgewicht je 185 g)
Saft von 1–2 Zitronen
150 g Delikatess-Mayonnaise
1 Becher Crème fraîche (150 g)
2 EL Kapern
Salz, frisch gemahlener Pfeffer

Zubereitungszeit: 45 Minuten, ohne Abkühlzeit
Garzeit: etwa 1 1/2 Stunden

1. Kalbfleisch unter fließendem kalten Wasser abspülen. Zwiebeln abziehen und vierteln. Salzwasser in einem Topf zum Kochen bringen. Kalbfleisch, Lorbeerblätter, Nelken und Zwiebelviertel hinzufügen. Das Wasser wieder zum Kochen bringen und das Kalbfleisch zugedeckt bei schwacher Hitze etwa 1 1/2 Stunden garen lassen. Das Kalbfleisch nach der Garzeit in dem Sud erkalten lassen.

2. Für die Sauce Tunfisch gut abtropfen lassen und mit Zitronensaft pürieren. Mayonnaise und Crème fraîche unterrühren.

3. Kapern abtropfen lassen. 1 Esslöffel der Kapern fein hacken und unter die Tunfischmasse rühren. Mit Salz und Pfeffer würzen.

4. Das kalte Fleisch aus dem Sud nehmen, trocken tupfen und in sehr dünne Scheiben schneiden (am besten mit einer Aufschnittmaschine) und auf eine Platte legen.

5. Die Sauce auf den Fleischscheiben verteilen und mit den restlichen Kapern bestreuen.

Tipp: Nach Belieben mit Zitronenspalten garnieren.

Zabaione Weinschaum

Schnell – mit Alkohol

4 Portionen

Pro Portion:
E: 5 g, F: 10 g, Kh: 17 g, kJ: 898, kcal: 214

6 Eigelb (Größe M)
60 g feinster Zucker
200 ml Marsala-Wein

Zubereitungszeit: 20 Minuten

1. Eigelb, Zucker und Marsala in einer Edelstahlschüssel oder einem Edelstahltopf miteinander verrühren.

2. Die Masse mit einem Schneebesen oder mit Handrührgerät mit Rührbesen auf niedrigster Stufe bei mittlerer Hitze im heißen Wasserbad so lange durchschlagen, bis die Masse durch und durch schaumig ist (das Volumen muss sich etwa verdoppeln – Wasser und Sauce nicht kochen lassen, da die Sauce sonst gerinnt). Den Weinschaum sofort servieren.

Beilage: Beerenfrüchte oder Vanilleeis.

Hinweis: Nur ganz frische Eier verwenden, die nicht älter als 5 Tage sind (Legedatum beachten!).

Tipps: Etwas Zimt oder wenig abgeriebene Schale von 1 Bio-Zitrone (unbehandelt, ungewachst) hinzufügen oder mit etwas Likör oder Rum abschmecken.

Zitronen-Risotto mit Hummer

Risotto al limone con astice **Mit Alkohol**

6 Portionen

Pro Portion:

E: 31 g, F: 23 g, Kh: 35 g, kJ: 2119, kcal: 507

3 TK-Hummer (gekocht, je etwa 800 g)
1 Bund Suppengrün
2 l Wasser
Salz
1 EL Kümmelsamen
1 1/2 l Hühnerbrühe
1 Zwiebel
1 EL Olivenöl
250 g italienischer Rundkornreis (z. B. Carnaroli-Reis)
100 ml trockener Weißwein
2 Bio-Zitronen (unbehandelt, ungewachst)
1 Bund Rucola (Rauke)
100 g Butter
100 g frisch geriebener Parmesan-Käse
Zitronensaft
frisch gemahlener Pfeffer

Zubereitungszeit: 55 Minuten, ohne Auftauzeit

1. Hummer nach Packungsanleitung auftauen lassen. Suppengrün putzen, eventuell schälen, waschen, abtropfen lassen und klein schneiden.

2. Wasser in einem großen Topf mit Suppengrün, 1 guten Prise Salz und Kümmel zum Kochen bringen. Die Kochplatte ausschalten. Den Hummer in den Sud legen und erwärmen (das Wasser darf nicht kochen, da das Hummerfleisch sonst gummiartig wird).

3. Die Hühnerbrühe in einem Topf aufkochen lassen. Zwiebel abziehen und in kleine Würfel schneiden. Das Olivenöl in einem 3-Liter-Topf erhitzen, Zwiebelwürfel darin andünsten. Reis hinzufügen und unter Rühren glasig dünsten. Mit Wein ablöschen. Nach und nach die siedende Hühnerbrühe unterrühren. Den Reis in etwa 20 Minuten fertig garen.

4. Zitronen heiß abwaschen, abtrocknen und die Schale abreiben. Rucola putzen, waschen, abtropfen lassen und grob zerkleinern.

5. Nacheinander Butter und Parmesan-Käse unter den Risotto-Reis rühren. Risotto sollte eine cremige, weiche Konsistenz haben. Mit etwas Zitronensaft, Zitronenschale, Rucola, Salz und Pfeffer abschmecken.

6. Hummer aus dem Sud nehmen und mit einem großen Messer der Länge nach durchtrennen. Den Hummer mit dem Zitronen-Risotto servieren.

Zitrusfrüchte, eingelegt

Agrumi sott'olio con erbe aromatiche

Raffiniert

etwa 2 Gläser je 400 ml

Insgesamt:
E: 6 g, F: 504 g, Kh: 81 g, kJ: 20358, kcal: 4863

3 Bio-Limetten (etwa 240 g, unbehandelt, ungewachst)
3 Bio-Zitronen (etwa 300 g, unbehandelt, ungewachst)
3 kleine Bio-Orangen (etwa 450 g, unbehandelt, ungewachst)
10 Limequats (unbehandelt, etwa 150 g)
10 Kumquats (unbehandelt, etwa 150 g)
100 g grobes Salz

1 kleines Bund Zitronenthymian
einige Zweige Rosmarin
500 ml (1/2 l) Olivenöl
1 EL rosa Pfefferbeeren

Zubereitungszeit: 30 Minuten, ohne Durchzieh- und Reifezeit

1. Die Limetten, Zitronen und Orangen gründlich waschen, abtrocknen und in etwa 1/2 cm dicke Scheiben schneiden oder nach Belieben vierteln oder achteln. Limequats und Kumquats ebenfalls gründlich waschen, abtrocknen und halbieren.

2. Die Fruchtstücke in ein hohes Gefäß schichten, dabei jede Schicht mit Salz bestreuen. Das Gefäß mit Klarsichtfolie zudecken und die Fruchtstücke etwa 15 Stunden durchziehen lassen.

3. Fruchtstücke in ein Sieb geben, gut abtropfen lassen, auf ein Backblech geben, mit Küchenpapier trocken tupfen, in vorbereitete Gläser schichten.

4. Thymian und Rosmarin abspülen, trocken tupfen. Olivenöl mit Pfefferbeeren, Thymian und Rosmarin mischen. Die eingeschichteten Zitrusfrüchte mit dem Olivenöl auffüllen, mit Frischhaltefolie zudecken, dunkel und kalt gestellt etwa 10 Tage reifen lassen.

Tipps: Die eingelegten Zitrusfrüchte sind mehrere Monate lagerfähig. Nach Entnahme einzelner Fruchtstücke darauf achten, dass die restlichen Fruchtstücke immer mit Olivenöl bedeckt sind. Reichen Sie die eingelegten Zitrusfrüchte zu gegrilltem Fleisch und Fisch oder als fruchtige Beilage zu Salaten. Das Olivenöl kann z. B. für Salatsaucen verwendet werden.

Zucchini, frittiert Zucchine fritte I

Preiswert – vegetarisch

4 Portionen

Pro Portion:
E: 15 g, F: 28 g, Kh: 33 g, kJ: 1860, kcal: 444

Für den Teig:
200 g Weizenmehl
125 ml (1/8 l) Milch
4 Eier (Größe M)
Salz

8 kleine Zucchini (je etwa 125 g)
frisch gemahlener Pfeffer

Zum Frittieren:
1 l Speiseöl

evtl. 1 Rosmarinzweig

Zubereitungszeit: 40 Minuten, ohne Ruhezeit

1. Für den Teig Mehl in eine Rührschüssel sieben und in die Mitte eine Vertiefung eindrücken. Milch, Eier und Salz mit einem Schneebesen verschlagen, etwas davon in die Vertiefung geben. Von der Mitte aus Eierflüssigkeit und Mehl verrühren, nach und nach die restliche Eierflüssigkeit hinzugeben. Dabei darauf achten, dass keine Klümpchen entstehen. Den Teig etwa 15 Minuten ruhen lassen.

2. Zucchini waschen, abtrocknen und die Enden abschneiden. Zucchini der Länge nach halbieren. Die Hälften in jeweils 4 Stücke teilen, mit Salz und Pfeffer bestreuen.

3. Zum Frittieren Speiseöl in einer Fritteuse oder in einem Topf auf etwa 180 °C erhitzen. Zucchinistücke mit einer Gabel durch den Backteig ziehen und am Schüsselrand abstreifen.

4. Die Zucchinistücke portionsweise in dem heißen Speiseöl knusprig braun frittieren, dabei ab und zu wenden.

5. Die Zucchinistücke mit einer Schaumkelle herausnehmen, auf Küchenpapier abtropfen lassen, mit Salz und Pfeffer bestreuen. Nach Belieben mit einem Rosmarinzweig garnieren und heiß servieren.

Beilage: Knoblauchdip.

Zucchini-Risotto Risotto con zucchine

Preiswert

4 Portionen

Pro Portion:
E: 9 g, F: 12 g, Kh: 69 g, kJ: 1787, kcal: 427

500 g	*Zucchini*
2	*Gemüsezwiebeln*
30 g	*Butter*
300 g	*italienischer Rundkornreis (z. B. Carnaroli-Reis)*
1 gestr. TL	*Salz*
	frisch gemahlener Pfeffer
	frisch geriebene Muskatnuss
750 ml (3/4 l)	*Gemüsebrühe*
	frisch gehackte Petersilie
	Butter

Zubereitungszeit: 60 Minuten
Garzeit: etwa 30 Minuten

1. Zucchini waschen, abtrocknen und die Enden abschneiden. Zucchini in etwa 1 x 1 cm große Würfel schneiden. Gemüsezwiebeln abziehen und in etwa 1 x 1 cm große Würfel schneiden.

2. Butter in einem Topf zerlassen. Zuerst Zwiebel- und Zucchiniwürfel darin andünsten, dann Reis hinzufügen und mit andünsten. Mit Salz, Pfeffer und Muskat würzen.

3. 250 ml (1/4 l) von der Brühe hinzugießen, zum Kochen bringen und bei geöffnetem Deckel so lange leicht kochen lassen, bis der Reis die Flüssigkeit aufgenommen hat.

4. Den Reis etwa 30 Minuten garen, dabei immer wieder Brühe hinzugießen (eventuell zuletzt noch etwas Wasser hinzugeben).

5. Petersilie und Butter unter den Reis rühren und den Zucchini-Risotto nochmals abschmecken.

Zucchini-Tomaten-Gemüse

Stufato di zucchine e pomodori con erbette

Schnell

4 Portionen

Pro Portion:
E: 2 g, F: 8 g, Kh: 4 g, kJ: 406, kcal: 96

3 Knoblauchzehen
500 g Zucchini
250 g Tomaten
3 EL Olivenöl
Salz, frisch gemahlener Pfeffer
1 Prise Zucker

frisch gehackte Oreganoblättchen
frisch gehackte Basilikumblättchen

Zubereitungszeit: 25 Minuten

1. Knoblauch abziehen und in kleine Würfel schneiden. Zucchini waschen, abtrocknen und die Enden abschneiden. Zucchini in Scheiben schneiden.

2. Tomaten waschen, kreuzweise einschneiden und einige Sekunden in kochendes Wasser legen. Tomaten kurz in kaltes Wasser legen, enthäuten, halbieren, entkernen und die Stängelansätze herausschneiden. Tomatenhälften vierteln.

3. Olivenöl in einer großen Pfanne erhitzen, Knoblauchwürfel darin andünsten, Zucchinischeiben hinzufügen und etwa 5 Minuten mitdünsten lassen.

4. Tomatenviertel hinzufügen und das Ganze mit Salz, Pfeffer und Zucker würzen. Die Gemüsezutaten in etwa 5 Minuten bei schwacher Hitze gar dünsten lassen.

5. Gemüse mit Salz, Pfeffer und Zucker abschmecken. Mit Oregano- und Basilikumblättchen bestreuen.

Zuppa inglese Biskuitcremetorte

Mit Alkohol – für Gäste

Insgesamt:
E: 79 g, F: 108 g, Kh: 604 g, kJ: 16381, kcal: 3911

Für den Biskuitteig:
4 Eier (Größe M)
130 g Zucker
1 Pck. Dr. Oetker Finesse Geriebene Zitronenschale
100 g Weizenmehl
100 g Speisestärke
2 gestr. TL Dr. Oetker Backin

Zum Tränken:
3 EL roter Orangenlikör
3 EL Wasser
5 EL Rum
3 EL Wasser

Für die Füllung:
50 g Speisestärke
40 g Zucker
500 ml (1/2 l) Milch
3 Eigelb (Größe M)
50 g Butter
1 TL Dr. Oetker Finesse Natürliches Bourbon-Vanille-Aroma
125 g gemischte, kandierte Früchte

Zum Bestreichen:
3 Eiweiß (Größe M)
100 g Puderzucker

25 g kandierte, halbierte Kirschen

Zubereitungszeit: 65 Minuten, ohne Abkühlzeit
Backzeit: 40–45 Minuten

1. Für den Teig Eier mit Handrührgerät mit Rührbesen auf höchster Stufe in 1 Minute schaumig schlagen. Zucker und Zitronenschale mischen, in 1 Minute einstreuen, dann noch etwa 2 Minuten schlagen.

2. Mehl mit Speisestärke und Backpulver mischen, die Hälfte davon auf die Eiercreme sieben und kurz auf niedrigster Stufe unterrühren. Restliches Mehlgemisch auf die gleiche Weise unterarbeiten. Eine Springform (Ø 22 cm) fetten und mehlen. Den Springformrand mit einem Streifen Backpapier so auslegen, dass der Streifen etwa 3 cm höher als die Form ist.

3. Den Teig in die Springform geben und glatt streichen. Anschließend die Form auf dem Rost in den vorgeheizten Backofen schieben.
Ober-/Unterhitze: etwa 180 °C
Heißluft: etwa 160 °C
Backzeit: etwa 30 Minuten.

4. Den Biskuitboden aus der Form lösen und auf einem mit Backpapier belegten Kuchenrost erkalten lassen. Den Biskuitboden zweimal waagerecht durchschneiden. Den unteren Boden auf eine feuerfeste Platte legen. Den oberen Boden so schneiden, dass eine abgeflachte Kuppel entsteht.

5. Zum Tränken Likör mit Wasser verrühren. Den mittleren Boden damit beträufeln. Rum mit Wasser verrühren. Den unteren und oberen Boden damit tränken.

6. Für die Füllung Speisestärke mit Zucker und etwas von der Milch anrühren. Restliche Milch in einem Topf zum Kochen bringen. Angerührte Speisestärke in die von der Kochstelle genommene Milch rühren und unter Rühren nochmals kurz aufkochen lassen.

7. Den Topf von der Kochstelle nehmen, Eigelb, Butter und Aroma unterrühren. Den Pudding mit Klarsichtfolie zudecken und lauwarm abkühlen lassen.

8. Die kandierten Früchte unter die Puddingmasse rühren (2 Esslöffel zum Garnieren beiseitelegen). Den unteren Boden mit der Hälfte der Pudding-Frucht-Masse bestreichen, den mittleren Boden darauflegen, die restliche Pudding-Frucht-Masse darauf verteilen. Den kuppelartigen Boden daraufgeben und leicht andrücken.

9. Zum Bestreichen Eiweiß mit Handrührgerät mit Rührbesen auf höchster Stufe steif schlagen. Der Schnee muss so fest sein, dass ein Messerschnitt sichtbar bleibt. Nach und nach kurz Puderzucker unterschlagen. Die Kuppeltorte locker mit der Eischnee-

masse bestreichen, eventuell mit einem Esslöffel Vertiefungen eindrücken. Die beiseitegelegten Früchte darauf verteilen. Zusätzlich noch mit kandierten Kirschhälften belegen. Anschließend die Torte mit der Platte auf dem Rost in den vorgeheizten Backofen schieben.

Ober-/Unterhitze: etwa 140 °C
Heißluft: etwa 120 °C
Backzeit: 10–15 Minuten.

10. Die Torte mit der Platte auf einen Kuchenrost stellen und erkalten lassen.

Zuppa pavese Käsesuppe | **Schnell**

4 Portionen

Pro Portion:
E: 14 g, F: 17 g, Kh: 26 g, kJ: 1318, kcal: 315

1 l kräftige Rindfleischbrühe
10 Scheiben geröstetes Stangenweißbrot (Baguette, nicht zu dünn)
8 Eigelb (Größe M)
2 EL frisch geriebener Parmesan-Käse

Zubereitungszeit: 15 Minuten
Überbackzeit: 8–10 Minuten

1. Die Rindfleischbrühe in einem Topf erhitzen.

2. Eine feuerfeste Form mit den Brotscheiben auslegen. Eigelb verschlagen und vorsichtig darauf verteilen. Mit Parmesan-Käse bestreuen.

3. Die heiße Brühe nach und nach hinzugießen und unter dem vorgeheizten Grill 8–10 Minuten überbacken. Sofort servieren.

Zwiebel-Orangen-Salat

Insalata con cipolle e arance I

Gut vorzubereiten

2 Portionen

Pro Portion:

E: 3 g, F: 14 g, Kh: 23 g, kJ: 1029, kcal: 246

2	*kleine Zwiebeln*
2–3	*Orangen*
1 EL	*Speiseöl*
50 ml	*frisch gepresster Orangensaft*
etwas	*Zitronensaft*
	Salz, frisch gemahlener Pfeffer
50 g	*schwarze Oliven*
einige	*vorbereitete Pfefferminzblättchen*

Zubereitungszeit: 20 Minuten

1. Zwiebeln abziehen, halbieren und in feine Streifen schneiden. Orangen so schälen, dass die weiße Haut mitentfernt wird. Orangen filetieren.

2. Speiseöl und Orangensaft verrühren, mit Zitronensaft, Salz und Pfeffer würzen.

3. Die Sauce mit den Zwiebelstreifen und Orangenfilets vermischen. Eventuell nochmals abschmecken.

4. Den Salat anrichten, mit Oliven und Pfefferminzblättchen garnieren.

Tipp: Den Salat zu Schweinefilet oder zu Curry-Geschnetzeltem servieren.

D/F

G

I

L

M

T

V/Z

Antipasti

Fleisch

Geflügel und Wild

Fisch und Meeresfrüchte

Gemüse und Kartoffeln

Eierspeisen

Pasta, Pizza und Polenta

Risotto und Reis

Gnocchi

Salate

Suppen

Saucen

Desserts

Gebäck

Getränke

Für Fragen, Vorschläge oder Anregungen steht Ihnen der Verbraucherservice der Dr. Oetker Versuchsküche Telefon: 00800 71 72 73 74 Mo.–Fr. 8:00–18:00 Uhr, Sa. 9:00–15:00 Uhr (gebührenfrei in Deutschland) oder die Mitarbeiter des Dr. Oetker Verlages Telefon: +49 (0) 521 520650 Mo.-Fr. 9:00–15:00 Uhr zur Verfügung.

Oder schreiben Sie uns:
Dr. Oetker Verlag KG, Am Bach 11, 33602 Bielefeld oder besuchen Sie uns im Internet unter www.oetker-verlag.de oder www.oetker.de.

Umwelthinweis Dieses Buch und der Einband wurden auf chlorfrei gebleichtem Papier gedruckt. Die Einschrumpffolie – zum Schutz vor Verschmutzung – ist aus umweltfreundlichem und recyclingfähigem PE-Material.

Redaktion Carola Reich, Annette Riesenberg

Lektorat no:vum, Susanne Noll, Leinfelden-Echterdingen

Innenfotos Studio Büttner, Bielefeld (S.102)
Thomas Diercks, Kai Boxhammer, Christiane Krüger, Hamburg (S. 5, 10, 12, 15–18, 20, 23, 26, 28, 29, 32, 33, 37, 40, 43, 44, 45, 49, 53, 55, 57, 59, 63, 64, 66, 67, 69, 71, 73, 76, 77, 79–82, 85–89, 92, 93, 94, 97, 101, 103, 104, 106–109, 111–122, 124, 126, 127, 130, 132, 133, 134, 137, 138, 141, 143–148, 151–158, 161–166, 171, 172, 175, 176, 180, 182, 183, 185, 186, 189, 190, 192, 193, 194, 197, 201–205, 208, 209, 211–213, 215, 221–223, 225, 227–230, 232, 234, 235, 237, 238, 239, 241, 243, 244–247, 249, 250, 253, 254, 256–260, 262, 267, 269–275, 277–282, 285, 288–290, 294–296, 299–303, 305, 307, 309, 310)
Ulli Hartmann, Bielefeld (S. 22, 24, 31, 38, 52, 56, 139, 159, 170, 242, 287)
Bela Hoche, Hamburg (S. 11, 51, 60, 126, 149, 150, 231, 292, 304)
Bernd Lippert (S. 21, 47, 74, 96, 98, 129, 198, 263, 264, 265, 291, 293)
Herbert Maas, Hamburg (S. 83, 174)
Christiane Pries, Borgholzhausen (S. 7, 236)
Hans-Joachim Schmidt, Hamburg (S. 8, 34, 90, 99, 178, 179, 199, 240, 268, 276)
Axel Struwe, Bielefeld (S. 135, 142, 160, 168, 173, 184, 191, 214, 233, 283)
Norbert Toelle, Bielefeld (S. 9, 13, 14, 19, 27, 30, 41, 54, 65, 70, 91, 95, 105, 131, 167, 207, 216, 219, 220, 251, 266, 306)
Brigitte Wegner, Bielefeld (S. 6, 25, 39, 42, 46, 48, 58, 61, 68, 110, 123, 125, 128, 169, 177, 188, 210, 217, 224, 226, 248, 252, 255, 286, 297, 298)
Bernd Wohlgemuth, Hamburg (S. 62, 84, 261, 311)

Rezeptentwicklung und -beratung Rocco Dressel, Hamburg

Übersetzung Martina Straub, Salzkotten

Nährwertberechnungen Nutri Service, Hennef

Grafisches Konzept und Gestaltung MDH Haselhorst, Bielefeld
Titelgestaltung kontur:design GmbH, Bielefeld
Satz und Layout MDH Haselhorst, Bielefeld
Druck und Bindung Mohn media Mohndruck GmbH, Gütersloh

ISBN: 978–3–7670–0524–2